Gaby Pailer

Charlotte Schiller

Gaby Pailer

Charlotte Schiller

Leben und Schreiben
im klassischen Weimar

Umschlaggestaltung: Finken & Bumiller, Stuttgart
Umschlagabbildung: Charlotte Luise Schiller, geb. von Lengefeld.
Ölgemälde von Ludovike Simanowiz (1794).
© Deutsches Literaturarchiv Marbach.

Die Deutsche Nationalbibliothek verzeichnet diese Publikation
in der Deutschen Nationalbibliografie;
detaillierte bibliografische Daten sind im Internet über
http://dnb.d-nb.de abrufbar.

Die Herausgabe dieses Werks wurde durch die Vereinsmitglieder
der WBG ermöglicht.
Gedruckt mit Unterstützung des Hampton Fund
der University of British Columbia Vancouver
Satz: Janß GmbH, Pfungstadt
Gedruckt auf säurefreiem und alterungsbeständigem Papier
Printed in Germany

Besuchen Sie uns im Internet: www.wbg-wissenverbindet.de

ISBN 978-3-534-21973-5

Inhalt

I Schillers ‚andere Hälfte': Vorbemerkungen

Während der Schwabenreise Friedrich und Charlotte Schillers 1793/94 malt die Stuttgarter Künstlerin Ludovike Simanowitz ein Porträtpaar. Berühmt ist ihre Darstellung des sinnend-schöpferischen Dichters, den Kopf sanft geneigt, eine Hand im Revers. Weniger bekannt ist seine ‚andere Hälfte', die selbstbewusst und klug aus einem Buch aufblickt.[1] Als treusorgende Gefährtin und etwas biedere Mutter von vier Kindern ist Charlotte Schiller bisher geschildert worden. Wenig beachtet wurde ihre umfangreiche Beschäftigung mit Literatur, und noch weniger weiß man über ihre eigene jahrzehntelange Literaturproduktion. Dass sie für sich selbst keine Berühmtheit angestrebt hat, hängt mit den Geschlechtervorstellungen der damaligen Zeit sowie mit denen ihres Mannes unmittelbar zusammen. Veranschaulichen lässt sich das anhand eines Schiller-Gedichtes, *Die berühmte Frau*, an das sich Charlotte am Silvesterabend 1812 erinnert fühlt. Angesichts zahlreicher Besucher im Weimarer Wohnhaus an der Esplanade – es handelt sich um Bekannte aus Rudolstadt, aber auch weither gereiste Schiller-Verehrer –, schreibt sie: „[D]ie übrigen Tage hatte ich so viel *visiten*, daß mir die Stelle aus der berühmten Frau einfiel, es sah aus als wär ich auch berühmt. Kaum ist der Morgen grau, so krachen schon die Treppen [...] denn ich schlief gewöhnlich etwas lang, dann kamen *visiten*, dann hatt ich mit Bescheeren zu thun, dann musste ich nach vier uhr schon daran denken, ins Theater zu gehen, um nur Plaz zu bekommen."[2]

Schillers Gedicht *Die berühmte Frau* entwirft das Schreckensszenario einer dichtenden Gattin. In Form eines Briefes klagt ein Mann einem anderen, der sich von seiner Frau betrogen fühlt, den Umstand, dass seine Ehehälfte in einem anderen Sinn ‚fremdgehe', ja, sich mit ihrem Schreiben geradezu prostituiere:

> Dich schmerzt, daß sich in Deine Rechte
> ein zweyter theilt? – Beneidenswerther Mann!
> M e i n Weib gehört dem ganzen menschlichen Geschlechte.
> Vom Belt bis an der Mosel Strand,
> bis an die Apenninenwand,
> bis in die Vaterstadt der Moden,
> wird sie in allen Buden feil geboten [...][3]

Den Tausch der Geschlechterrollen im Feld der Literatur brandmarkt der Betrogene als verkehrte Welt, in der er als Mann zum Assistenten seiner vielbesuchten Frau mutiert:

> Kaum ist der Morgen grau,
> so kracht die Treppe schon von blau und gelben Röcken,
> mit Briefen, Ballen, unfrankierten Päcken,
> signiert: an die berühmte Frau.
> Sie schläft so süß! – Doch darf ich sie nicht schonen
> „Die Zeitungen, Madam, aus Jena und Berlin!"
> Rasch öfnet sich das Aug der holden Schläferinn,
> ihr erster Blick fällt – auf Recensionen.[4]

Schillers mehrseitiges Gedicht illustriert die Vorstellung zweier naturgegebener Geschlechtscharaktere, wie sie sich gerade in der Zeit um 1800 verfestigt. ‚Männlichkeit‘ verbindet sich mit der öffentlichen Sphäre, mit Aktivität und Produktivität, ‚Weiblichkeit‘ dagegen mit der häuslichen Sphäre, mit Passivität und Rezeptivität.[5] Autorschaft erscheint als eine Form der Exhibition, die der ‚Natur‘ des weiblichen Geschlechts angeblich widerspricht. Während der Mann als ein durch Reflexion zutiefst gespaltenes Kulturwesen seine Geistesprodukte einer anonymen Menge aussetzen darf, soll der Umgang der Frau „unmittelbar, persönlich, von Angesicht zu Angesicht erfolgen" und wirkt obszön, wo diese Grenze überschritten wird.[6]

Eine Frau, die schreibt, das zeigt etwa das Beispiel der eine Generation älteren Sophie von La Roche, ist mithin in einer paradoxen Situation.[7] Es muss daher nicht wundern, dass Autorinnen, wenn überhaupt, anonym oder unter Pseudonym veröffentlichen[8] – oder aber für ihre eigene literarische Produktion weder Kunstanspruch erheben noch Veröffentlichung anstreben, wie eben ‚Schillers Gattin‘. Das Schicksal der *berühmte[n] Frau* wählt sie nicht selbst, es kommt zu ihr, wie ihre Bemerkung aus dem Jahr 1812 nahelegt, als Heimsuchung. Im Unterschied zur obszönen Tätigkeit des Veröffentlichens sieht sie ihre eigene Berühmtheit in der Rolle der Dichtergattin und -witwe, beansprucht keine Aufmerksamkeit für ihr eigenes Werk. Ihre Autorschaft ist ‚heimlich‘ in einem doppelten Sinn der absichtsvoll nicht-öffentlichen, im häuslichen Raum gehaltenen Produktion.

Charlotte von Lengefeld wird 1766 im thüringischen Rudolstadt geboren. 1790 heiratet sie Friedrich Schiller, lebt mit ihm erst in Jena, ab 1800 in Weimar. Vier Kinder bringt sie zur Welt, Karl, Ernst, Caroline und Emilie. Bei Schillers Tod, 1805, ist das jüngste erst acht Monate alt. Charlotte überlebt ihren Mann um 21 Jahre, sie stirbt 1826 in Bonn. Schon als Jugendliche beschäftigt sie sich mit Literatur, liest insbesondere englische und französische Werke, studiert Übersetzungen antiker Epen und Geschichtswerke, schreibt und übersetzt, vor allem Gedichte. Während der Ehezeit mit Schiller verfasst und adaptiert sie eine Reihe von historischen und zeitgenössischen

Prosaerzählungen und Erzählgedichten und schreibt einen kurzen Schwank anlässlich eines Weimarer Kulturspektakels. Das Gros ihrer Literaturproduktion entsteht allerdings erst nach Schillers Tod: neben zahlreichen Gedichten handelt es sich um weitere Erzählungen bis hin zu ausführlichen Konzeptfassungen zweier Romane. Zudem bearbeitet sie Komödien und entwirft ein historisches Drama. Hinterlassen sind darüber hinaus autobiographische Aufzeichnungen, Reiseschilderungen sowie Erinnerungen an Schiller und andere Zeitgenossen.[9]

Was Friedrich Schiller selbst von der literarischen Tätigkeit seiner Frau hält, ist nicht bekannt. Nur wenige briefliche Äußerungen zwischen den Ehepartnern liegen vor (was auch damit zu tun hat, dass sie selten für längere Zeit getrennt waren). Auch gegenüber Freunden, Bekannten und Kollegen schweigt der Dichter zu diesem Thema. Anhand seines Umgangs mit anderen Autorinnen der Zeit wie etwa Sophie Albrecht, Charlotte von Stein, Amalie von Imhoff, Sophie Mereau oder Caroline von Wolzogen kann man indessen leicht ersehen, dass ‚weibliches Schreiben' dem Vorurteil ausgesetzt ist, nicht im selben Maße künstlerisch zu sein wie ‚männliche Autorschaft'.[10]

Um Veröffentlichung ihrer Werke bemüht sich Charlotte selbst nie, obwohl es mindestens zwei Mentoren gibt, die sie zum Schreiben ermutigen: ihre Patin Charlotte von Stein, die selbst eine Reihe dramatischer Texte verfasst (diese aber aus Geschlechts- und Standesgründen bis auf einen unveröffentlicht lässt), und Hofrat und Prinzenerzieher Karl Ludwig von Knebel, mit dem sie vor und nach der Ehe mit Schiller einen ausgedehnten Briefwechsel unterhält. Charlottes Äußerungen über ihr Schreiben, Angaben und Hinweise dazu, wie wichtig ihr Schreiben und Literaturbeschäftigung sind, wie sie hofft, in den Morgenstunden am Schreibtisch nicht durch Kinder oder Dienstpersonal gestört zu werden, stehen in sonderbarem Gegensatz zum rigorosen Schweigen darüber, *was* sie schreibt. Trotz der zahlreichen Briefe, die hinterlassen sind, stellt es eine regelrechte Puzzle-Aufgabe dar, die Anregungen und Quellen ihrer literarischen Werke zu ermitteln, die Entstehungszeit und -umstände näher zu bestimmen.

Posthum veröffentlicht wurde von ihrem umfangreichen Werk bisher so auch nur, was in direkter Verbindung zu Friedrich Schiller steht, also Aufschluss über die Kreativität des ‚berühmten Mannes' erteilt. Die bislang ausführlichste „Werkausgabe", will man es so nennen, ist Ludwig Urlichs' dreibändige Sammlung *Charlotte von Schiller und ihre Freunde* (1860–1865), deren erster Band auch eine kleine Auswahl literarischer Texte enthält.[11] Zu ihren Lebzeiten wurden fünf ihrer Erzählungen aus der Zeit um 1800 durch Schiller anonym in den Zeitschriften *Flora* und *Journal der Romane* publiziert, die später in die *Nationalausgabe* von Schillers Werken aufgenommen wurden.[12] Eine Neuedition aller literarischen Werke ist seit langem Desiderat.[13] Ebenso lassen die im 19. Jahrhundert gedruckten Briefe und Briefwechsel mit Angehörigen und Zeitgenossen in der Auswahl und Editionspraxis den Fokus auf Friedrich Schiller erkennen. Neben mehreren Briefbänden zum Themenkreis *Schiller und Lotte*[14] trifft dies vor allem auf die Briefausgaben von Urlichs und Geiger zu. Weniger drastisch sind die Eingriffe im Fall der Korrespondenzen mit Knebel oder dem Bonner Freund Bartholomäus Fischenich.[15]

Charlotte Schiller war, das will die vorliegende Darstellung entfalten, eine facettenreiche Autorin im Umfeld des ‚klassischen' Weimar. Vor, mit und nach Schiller nimmt sie eine ganze Reihe von Rollen im literarischen Leben ein, die über die der Dichtergattin weit hinausweisen: als Lesende, Reisende, Kommentatorin, Berichterstatterin; als Übersetzerin, die mithin wichtige Beiträge zum Kulturtransfer der damaligen Zeit leistet; als Verfasserin von literarischen Werken in verschiedenen Genres. Die ‚Heimlichkeit' ihres Schreibens mag dabei symptomatisch sein für den einer Frau damals zugewiesenen Ort innerhalb des politischen und kulturellen Lebens: Beobachterin, Berichterstatterin, Übersetzerin, nicht genial, bestenfalls kongenial soll sie sein. So wird weibliche Kreativität konnotiert, im zeitgenössischen Diskurs wie von vielen Frauen selbst. Nur zu leicht wird vergessen, dass auch männliche Schriftsteller sich innerhalb einer kulturellen Tradition bewegen, nicht allein aus sich selbst schöpfen, wie es das Genie-Ideal vorsieht, sondern im kulturellen Austausch, oft mit literarischen Vorgängern und anderen Nationalliteraturen, produktiv sind. Übersetzungstätigkeiten pauschal als weniger kreativ zu bewerten als ‚Originalwerke', widerspricht zutiefst einer modernen Auffassung intertextueller Vorgänge auf dem literarischen Markt.[16] Blickt man auf die lange Reihe von *Theorien der Autorschaft*, so ist unübersehbar, dass der männliche Autor als autonomer Urheber seines Werks ein kulturgeschichtliches Konstrukt von begrenzter Dauer ist.[17] Eng gekoppelt ist der Entwurf im deutschsprachigen Raum ab dem frühen 19. Jahrhundert an teleologisch auf Blüte- und Verfallszeiten ausgerichtete Modelle nationaler *Poesiegeschichtsschreibung*.[18] Es ist insbesondere die gerne als „Goethezeit" oder „Kunstperiode" klassifizierte Zeit um 1800, in der man eine entsprechende Blüte ansiedelt und das Ideal männlich-autonomer Literaturproduktion feiert.

Für die Biographie einer Autorin dieser Zeit scheint daher besondere Vorsicht geboten, wenn es darum geht, ältere Einschätzungen, das unterschwellig stets präsente Geschlechtermodell der Zeit, nicht kritiklos zu übernehmen. Es gilt zu trennen zwischen den zeitgenössischen Diskursen um Geschlecht und Autorschaft und den Quellen, Lebenszeugnissen und Schriften, die Aufschluss über das Selbstverständnis der behandelten Autorin geben. Ferner ist zu berücksichtigen, inwieweit diese Quellen bisher überhaupt präsent waren. Auch Abbildungen können in dieser Hinsicht doppeldeutig sein. Das Porträt von Simanowitz zeigt Charlotte als Lesende, nicht Schreibende, spiegelt einerseits traditionell ‚weibliche' Züge wie Rezeptivität und Kongenialität. Andererseits begegnet uns die Dargestellte mit weltoffenenem Blick, der aktive Beteiligung ausstrahlt.

Allen bisherigen Darstellungen von Charlotte Schillers Leben liegt die zeitgenössische Vorstellung von männlicher Autorschaft und weiblicher Kongenialität implizit, manchmal auch explizit, zugrunde. Das spiegelt sich bereits in Titeln wie *Schillers Lotte*, *Schillers Doppelliebe* oder *Schiller und die zwei Schwestern*.[19] Die jüngste Charlotte Schiller gewidmete Biographie führt ein Schiller-Zitat (in neuer deutscher Rechtschreibung) im Titel, „*Mein Geschöpf musst du sein*".[20] Programmatisch weist dies auf den Umstand voraus, dass Schillers kreuzbrave Gattin (angeblich) weder schreiben wollte, konnte, noch durfte. Biographische Mythen dieser Art können auf eine lange Tradition zurückblicken. Das beginnt 1830 mit *Schillers Leben* von Charlottes Schwester Caroline (veheiratete von Wolzogen), die Lotte dem Typus der treusorgenden Hausfrau und Mutter zuordnet, sich selbst dagegen als schöngeistige Gesprächspartnerin des männlichen Genies entwirft.[21] Eine scharfe Trennung zwischen der häuslich-mütterlichen Charlotte und der dichterisch begabten Caroline vollzieht 1852 entsprechend Heinrich Döring.[22] Karl Fulda, der 1878 die erste Einzelbiographie vorlegt, entwirft Charlotte als deutsche Mustergattin.[23] Hermann Mosapps Darstellung, erstmals erschienen 1896, gipfelt schließlich in einem Naturvergleich:

> Ist ein Vergleich aus der Natur erlaubt, so möchten wir Karoline dem bunten Falter vergleichen, der leichtbeschwingt von Blume zu Blume hüpft, bald da, bald dort verweilt, wo's ihm gefällt, bald fröhlich flattert, bald in sich geduckt in einem Blütenkelche sitzt; Charlotte dagegen der ernsteren Honigbiene, die zielbewußt ihrem Berufe lebt, wohl auch fröhlich sich tummelt über des Schöpfers farbenprächtigen Gebilden, aber immer den ernsten Zweck vor Augen hat, süßen Gewinn aus ihnen zu ziehen.[24]

Die Metaphorik assoziiert zwei Flugtiere mit ‚weiblichen' Eigenschaften, zielstrebig und nützlich das eine, bunt und flatterhaft das andere. Dem Symboltier für geistigen Höhenflug, dem Adler, sind freilich beide entgegengesetzt.

Dass Friedrich Schiller offenbar beide Lengefeld-Töchter liebt, Charlotte sowie die bereits verheiratete Caroline, hat Biographen stets beschäftigt. Schon im 19. Jahrhundert wird die Verlobungszeit von *Schiller und Lotte* zum Gegenstand theatralischer Aufbereitung, wobei das stereotype Bild der beiden Schwestern, der geistreich-poetischen Caroline, der unbedarft-beflissenen Charlotte, entsprechend bedient wird.[25] Mit mehr Bemühen um biographisch-historische Faktizität gerät das ‚Liebesdreieck' erst in neuerer Zeit ins Blickfeld: Wie die ältere, unglücklich verheiratete Caroline die Regie im Dreiecksverhältnis übernimmt und ihre eigene Neigung zu Schiller pflegen kann, indem sie diesem die Ehe mit Charlotte nahelegt, dokumentiert etwa Ursula Naumann.[26] Romanhaft präsentiert die Verhältnisse Jörg Aufenanger.[27] Und mit geradezu kriminalistischem Spürsinn ermitteln Kirsten Jüngling und Brigitte Roßbeck die Zustände, bis hin zu Mutmaßungen über Schiller als potentiellem Vater von Caroline von Wolzogens Sohn Adolf.[28]

Für alle biographischen Darstellungen gilt, dass Charlottes Leben vor und in den 21 Jahren nach dem Zusammenleben mit Schiller kaum Aufmerksamkeit erfährt, ihre eigene Literaturproduktion stets flüchtig und abwertend erwähnt wird.[29] Dagegen ist das Ziel der vorliegenden Biographie, möglichst anschaulich ihre literarische Tätigkeit zu Wort kommen zu lassen, vor allem auch im weiteren Kontext ihrer Bekanntschaften. Nicht zuletzt hat sie seit früher Jugend Umgang mit Weimarer Persönlichkeiten, seien es Frauen im Umfeld des Weimarer Hofes wie Charlotte von Stein, Luise von Imhoff und Sophie von Schardt oder Herzogin Luise selbst, seien es Johann Wolfgang Goethe, Johann Gottfried Herder oder Christoph Martin Wieland. Sie pflegt Umgang mit fürstlichen Familien, Hofangehörigen, Gelehrten, Schriftstellern und Schriftstellerinnen auch lange noch nach Schillers Tod.

In bisherigen Darstellungen ist neben der häufigen Wiederholung biographischer Mythen zuweilen der Ton auffällig, der zu einer feuilletonistisch saloppen Abwertung der Person führt, deren Leistungen eigentlich im Zentrum stehen sollen.[30] Auch wenn es umgekehrt nicht darum gehen kann, Schillers ‚andere Hälfte' an dessen Stelle auf den Thron der deutschen Klassik setzen zu wollen, sollen voreilige (Ab-)Wertungen, so gut es geht, vermieden werden, zumal Charlotte Schillers Schriften kaum je in adäquater Form veröffenlicht worden sind und einen vorurteilsfreien Blick deshalb kaum zulassen. Die Textgestalt, in der sich uns ein älteres Werk präsentiert, ist nicht unerheblich für unsere Wahrnehmung. Das zeigt etwa das Beispiel der abgedruckten Erzählungen Charlotte Schillers in der *Nationalausgabe* von Friedrich Schillers Werken: Die Korrekturen Schillers sind in größerer Schrifttype gesetzt als der Haupttext von Charlottes Hand. Einen bereits anderen Eindruck bietet die Lektüre derselben Erzählungen im zeitgenössischen Druckbild der Zeitschriften *Flora* und *Journal der Romane*.[31]

Eine vergleichsweise neutrale Namensverwendung empfiehlt sich zudem. Ist es einerseits generell schwierig, für Autorinnen einen bestimmten Familiennamen (ohne Vornamen) zu verwenden, verhält es sich bei männlichen Autoren umgekehrt: je berühmter der Mann, desto überflüssiger der Vorname.[32] Charlotte nennt ihren Mann Schiller, wenn sie über ihn schreibt, nicht Friedrich, geschweige denn Fritz. Sie selbst dagegen wird in Briefen als Lotte, Lottchen (z. B. von Fritz von Stein), als Lolo, Lologen (z. B. von Charlotte von Stein) angeredet, bezeichnet sich auch selbst oft mit einer dieser Koseformen. In ihrer Korrespondenz mit der Weimarer Prinzessin Karoline Luise gibt sie sich den Kunstnamen Loloa. Das ist alles interessant zu wissen, in der folgenden Darstellung wird jedoch grundsätzlich der Vorname Charlotte verwendet, gelegentlich ersetzt durch Lotte, vor allem dann, wenn Verwechslungsgefahr mit den zahlreichen anderen Charlotten des Umfeldes (z. B. von Kalb, von Stein) besteht.

Ein Blick auf neuere biographische Darstellungen anderer Dichterfreundinnen und -gattinnen, die zu Friedrich und Charlotte Schillers direktem Umfeld gehören, ist zudem aufschlussreich. Während Dichterbiographien grundsätzlich Leben und Werk behandeln, wird in Biographien von Frauen, auch wenn sie selbst geschrieben haben, zumeist das Leben in Verbindung zu einem geliebten Dichter behandelt, das Werk jedoch in den Hintergrund gerückt. Doris Maurers Darstellung zu *Charlotte von Stein* erwähnt nur am Rande die literarische Produktivität der Goethe-Freundin. Ähnliches gilt für Ursula Naumanns *Schillers Königin*, eine Lebensschilderung der Charlotte von

Kalb. Ihr Umgang mit der Freundin nicht nur Schillers, sondern auch Jean Pauls, gibt zudem ein anschauliches Beispiel davon, wie schwer es ist, vorurteilsfrei mit dem Schreiben von Autorinnen umzugehen. So bemerkt sie einerseits zutreffend über das intellektuelle Umfeld um 1800: „Weibliches Schreiben schien nur halbwegs akzeptabel, solange es ökonomisch einträglich war und dilettantisch betrieben wurde, welcher Dilettantismus dann natürlich das männliche Vorurteil bestätigte, daß Frauen zu derlei Beschäftigung von Natur aus nicht taugten".[33] Andererseits schließt sie sich selbst diesem Vorurteil an, wenn sie die Literatur von Autorinnen pauschal geringschätzt: „Doch die Frauenliteratur der klassischen und romantischen Epoche und lange darüber hinaus enttäuscht vor allem inhaltlich. Die Frauen zeigten sich in ihren Schriften nur so, wie sie sein wollten und sein sollten, färbten sich im Spiegel ihrer Heldinnen schön und gut und zeigten sich blind für das Problematische, Abgründige in sich."[34]

In der nachfolgenden Biographie Charlotte Schillers soll gerade nicht nur ihr Selbstverständnis als Dichtergattin, Mutter und Erzieherin, ihre Mitarbeit an Schillers (Nach-)Ruhm oder die Verwaltung seines Erbes behandelt werden, es geht vielmehr darum, ihre eigene literarische Tätigkeit im Umfeld des klassischen, einschließlich des vor- und nachklassischen, Weimar auf neue Weise zu erfassen. Dabei gilt der Bezug eben nicht nur den männlichen Vertretern der „Goethezeit", sondern auch den zahlreichen anderen (schreibenden) Frauen, mit denen sie verwandt oder bekannt ist.

Die Kapiteleinteilung orientiert sich weitgehend chronologisch an einzelnen Lebensabschnitten und versucht jeweils eine Auswahl von Charlottes literarischen Arbeiten einzublenden. Was die Zuordnung zu einzelnen Lebensphasen betrifft, ist die Datierung für viele Texte schwer zu sichern. Eine chronologische Ordnung lässt sich am ehesten anhand des lyrischen Werks rekonstruieren. Neben Briefen sind vor allem viele der Gedichte mit Daten versehen und die Entwicklung der Handschrift von den Jugendjahren zum Alter zeichnet sich auch hier deutlich ab. Um Art und Charakter ihrer vielfach nicht oder nicht originalgetreu veröffentlichten Texte anschaulich werden zu lassen, werden dabei auch ausführliche Zitate eingefügt. Da zum Zeitpunkt des Erscheinens dieser Monographie eine Neuedition der Werke Charlotte Schillers noch nicht vorliegt, wird grundsätzlich nach den Manuskriptfassungen zitiert. Auch Zitate aus Briefen folgen weitgehend den handschriftlichen Originalen, insbesondere wo keine kritische Edition vorliegt.[35] Dabei werden die historische Orthographie, die Interpunktion sowie Hervorhebungen quellengetreu übernommen,[36] Passagen in lateinischer Schrift (z. B. englische und französische Namen) kursiviert.

Erinnert sei an dieser Stelle daran, dass die Orthographie um 1800 einschließlich der grammatischen Beugungsformen und Interpunktion im damaligen Schriftdeutsch alles andere als einheitlich ist, auch wenn bereits eine *Vollständige Anweisung zur Deutschen Orthographie* von Johann Christoph Adelung seit 1788 existiert. Groß- und Kleinschreibung sind häufig inkonsequent gesetzt, Formulierungen und Stilformen in aller Regel regional gefärbt. Naumann bemerkt dazu: „Schiller schrieb ein bißchen anders als Körner und Körner als Humboldt und Humboldt als Caroline und Caroline als Charlotte, die auch nach den Maßstäben ihrer Zeit am ‚falschesten' schrieb, aber niemand hätte sie deswegen gescholten und gering von ihren geistigen Fähigkeiten gedacht."[37] In Betracht ziehen muss man vermutlich auch die ‚Mündlichkeit' der individuellen Ausdrucksweise. So heißt es etwa in einer Edition von 1879 über Charlotte von Kalb: „Denn die Verfasserin schrieb beinahe so unorthographisch und grammatikfeindlich, wie Schillers Mutter und Blücher, und schrieb ebenso falsch, wie heut zu Tage leider noch eine sehr große Menge gebildeter Deutscher spricht: d statt t; b statt p, den statt dem, ihn statt ihm."[38] Gerade zum letzteren Aspekt, den Dativ- und Akkusativflexionen, herrscht in Charlotte Schillers Texten durchgängig Konfussion.

Wie die weitgehend chronologische Verfahrensweise der nachfolgenden Darstellung sichtbar machen will, nimmt sich die Literaturtätigkeit Charlottes in den einzelnen Lebensphasen unterschiedlich aus: In den Jugendjahren (Kapitel II und III) schreibt sie Gedichte und Reflexionen, verfasst eine Reiseschilderung und beschäftigt sich intensiv mit Reiseliteratur überhaupt. Ihre Orientierung gilt in dieser Zeit vor allem der englischen Geschichte und Literatur. In der Zeit der Verlobung und im ersten Ehejahrzehnt ist ihre eigene literarische Produktion dagegen zurückhaltender, was zum Teil durch Schillers schwere Erkrankung gleich zu Beginn der Ehe und ihre drei Schwangerschaften bedingt sein mag. Doch auch in dieser Zeit arbeitet sie an verschiedenen Erzählgedichten zu antik-biblischen Stoffen und imaginiert etwa in lyrischer Form Schillers Geburt und Kindheit (Kapitel IV und V). Ihre Schreibtätigkeit intensiviert sich mit dem Umzug nach Weimar; nun beginnt sie mehrere Erzählungen, dramatische Texte und weitere Balladen zu verfassen (Kapitel VI). Nach Schillers unerwartet frühem Tod steht im Zentrum ihres Schreibens zunächst ihr Selbstverständnis als Schillers Witwe, als neue Aufgabe wächst ihr das ‚Kulturmanagement' von Schillers Erbe zu (Kapitel VII). Was sie nach Schillers Tod in der politisch gesprochen napoleonischen Ära, kulturell betrachtet in der Nachklassik, schriftstellerisch produziert, ist wesentlich umfangreicher als alles Vorherige: Lesen, Schreiben und – soweit ihr möglich – Reisen sind nun ihre Haupttätigkeiten. Es entstehen weitere Erzählungen, Gedichte sowie ausgedehnte Dramenentwürfe (Kapitel VIII und IX). Indem erstmals Charlotte Schillers literarisches Schaffen in das kulturelle Umfeld der Weimarer Klassik eingeordnet wird, wird es hoffentlich möglich sein, das Verhältnis von „Lotte und Weimar" (Kapitel X) bisheriger Mythenbildungen zu entkleiden und insgesamt auf neue und andere Weise zu bestimmen.

Anmerkungen

1 Das Doppelporträt befindet sich im Bildarchiv des Deutschen Literaturarchivs Marbach a. N. (DLA), Inventar-Nr. II 52 (Friedrich Schiller, 1793) und II 53 (Charlotte Schiller, 1794). Vgl. auch die Abbildung des Doppelporträts in Theml: *Friedrich Schillers Jenaer Jahre*, S. 36 f. Zu diesen und weiteren Abbildungen der Familie Schiller s. Davidis: *Die Schillers – Eine Familiengalerie*. In: *Schillers Familie*.

2 An Karoline Luise von Mecklenburg-Schwerin, 31. Dezember 1812. In: GSA 83/1920,2.
3 Schiller: *NA*, Bd. 1, S. 196–200, hier S. 196.
4 Ebd., S. 197.
5 Vgl. Bovenschen: *Die imaginierte Weiblichkeit*, S. 221–224.
6 Koschorke: *Geschlechterpolitik und Zeichenökonomie*, S. 587.
7 Vgl. Loster-Schneider: *Sophie La Roche.*
8 Vgl. Kord: *Sich einen Namen machen.*
9 Die Handschriften der literarischen Werke sowie die umfangreiche Korrespondenz liegen im Goethe- und Schiller-Archiv Weimar (GSA), Zeichnungen im Goethe National Museum (GNM). Weitere Materialen, insbesondere Briefe und Zeichnungen, befinden sich im Deutschen Literaturarchiv Marbach a. N. (DLA).
10 Vgl. Pailer: *Literaturbeziehungen und Geschlechterentwürfe.*
11 Überwiegend enthalten die drei Bände von Urlichs (Hg.): *Charlotte*, Briefe und Briefwechsel, davon insgesamt mehr Briefe an Charlotte Schiller als von ihr. Das gilt auch für die auf einen Band kondensierte Ausgabe von Geiger (Hg.): *Charlotte.*
12 Schiller: *NA*, Bd. 16, S. 225–360.
13 Ein im Mai 2007 an der University of British Columbia Vancouver (Kanada) von mir begonnenes Forschungsprojekt unternimmt eine solche Neuedition mit Unterstützung der Stiftung Weimarer Klassik sowie des Hampton Funds der Universität.
14 Gleichen-Rußwurm/Hennes (Hg.): *Schiller und Lotte. 1788. 1789*; Gleichen-Rußwurm (Hg.): *Schiller und Lotte.* In neuerer Zeit: Weber (Hg.): *Schillers Lottchen*; Theml (Hg.): *Auch meine Liebe ist still …*
15 Düntzer (Hg.): *Briefe von Schiller's Gattin*; Hennes (Hg.): *Fischenich*; Seufert (Hg.): *Charlotte Schiller*; Lengefeld, Charlotte von: *Fünf Briefe.*
16 Zur Übersetzungstätigkeit von Autorinnen vgl. Wehinger/Brown (Hg.): *Übersetzungskultur im 18.* Jahrhundert.
17 Einen Überblick über psychoanalytische, hermeneutische, formalistische, strukturalistische, poststrukturalistische und genderorientierte Konzepte von Autorschaft gibt der Band: Janidis u. a. (Hg.): *Texte zur Theorie der Autorschaft.*
18 Vgl. Formann: *Das Projekt der deutschen Literaturgeschichte. Entstehung und Scheitern einer nationalen Poesiegeschichtsschreibung zwischen Humanismus und Deutschem Kaiserreich.*
19 Kiene: *Schillers Lotte*; Aufenanger: *Schiller und die zwei Schwestern*; Jüngling/Roßbeck: *Schillers Doppelliebe.*
20 Baur: *„Mein Geschöpf musst du sein“*. Vgl. dagegen Schiller an Charlotte von Lengefeld und Caroline von Beulwitz, 15. November 1789. In: Schiller: *NA*, Bd. 25, S. 329: „und m e i n Geschöpf mußt Du sein“.
21 Wolzogen: *Schillers Leben*. Vgl. zur Interpolation der Briefe: Bierbaum: *Karoline von Wolzogen*; und Kurscheidt: *„… das geistige Leben mehr in Idealen halten“*, besonders S. 67–71. Zur Selbststilisierung Wolzogens vgl. *Schillers Leben*, Tl. 1, S. 266 f.; Charlotte als passionierte Mutter, Tl. 2, S. 309.
22 Döring: *Schiller's Familienkreis.*
23 Fulda: *Leben Charlottens von Schiller.*
24 Mosapp: *Charlotte von Schiller*, S. 40.
25 Henzen: *Schiller und Lotte* (1891), präsentiert ein Sammelsurium von Aspekten aus Schil-

lers Leben, die sich alle auf einen fiktiven Besuch in Rudolstadt im Sommer 1789 verdichten. Den Rahmen des Lustspiels bilden Gespräche zwischen Frau von Lengefeld und Körner, die sich uneins sind, welche der beiden Töchter zu Schiller besser passe. Goethe und Carl August kommen zu Besuch. Caroline ist im Stück mit Beulwitz erst verlobt, noch nicht verheiratet, und muss am Ende einsehen, dass dieser zu ihr passt, während Lotte sich die Gegenliebe und den Heiratsantrag Schillers verdient.

26 Naumann: *Schiller, Lotte und Line.*

27 Aufenanger: *Schiller und die zwei Schwestern.*

28 Jüngling/Roßbeck: *Schillers Doppelliebe*, S. 179 f.

29 Ältere Biographien brachten immerhin noch eine Auswahl Gedichte im Anhang. Döring: *Schillers Familienkreis*, S. 103–117. Fulda: *Leben Charlottens*, S. 301–321. Beide Anhänge enthalten die Gedichte *Die Kapelle im Walde* und *Die Nonne*, die 1797 in Schillers *Die Horen* erschienen waren. Hatte Charlotte von Stein vermutet, Charlotte Schiller sei die Verfasserin, so stammen sie nachweislich von Luise Brachmann (Hss. GSA 83/97).

30 Dies gilt besonders für Baur: *„Mein Geschöpf musst du sein"*. „Aber taugt solch ein Musterexemplar, das den Hunger auf Skandale keinesfalls stillen kann, zur Heldin einer Biographie?" (S. 9) fragt sie eingangs bezüglich Charlotte, um den Mangel an Skandalhaftem durch Äußerungen über andere Weimarer Persönlichkeiten, nicht zuletzt Schiller selbst, auszugleichen. Pauschal abgewertet wird Caroline von Wolzogen, erfolgreiche Autorin des Romans *Agnes von Lilien*: „Wie ungenießbar ihre Ergüsse sind, wissen nur Germanisten, die sich mit einer Kostprobe bereits den Appetit auf mehr verdorben haben" (S. 12). Eine Neuausgabe besagten Romans besorgte im selben Jahr der Germanist Thomas Anz. Anachronistische Anglizismen stören die Darstellung von Hilde Lermann (Hg.): *Schillers Sohn Ernst*. Die Rede ist etwa von „Swinging Weimar" (S. 17) oder der „Bonner High-Society" (S. 31).

31 *Charlotte Schillers Erzählungen. Bearbeitet von Schiller.* In: Schiller: *NA*, Bd. 16, S. 225–360. Zu den Erstdrucken von *Die Nonne*, *Die neue Pamela*, *Autun und Manon* und *Der Prozeß*, s. Literaturverzeichnis. Ausführlicher behandelt diese Erzählungen Kapitel VI.

32 Vgl. Hahn: *Unter falschem Namen.*

33 Naumann: *Schillers Königin*, S. 342.

34 Ebd.

35 Für Korrespondenzen von und mit Friedrich Schiller liegt die *Nationalausgabe* (zitiert als *NA*) zugrunde. Für Charlotte Schiller können zumindest die Editionen von Hennes und Düntzer als nahezu zuverlässig gelten, während der dreibändigen Ausgabe von Urlichs die Originale weitgehend vorgezogen werden. Hervorhebungen folgen jeweils der zitierten Quelle. Bei Angaben aus handschriftlichem Archivmaterial wird ggf. die Blattzahl mit Hinweis auf Vorderseite (recto) oder Rückseite (verso) angegeben; z. B. Bl. 1-r.

36 Entsprechend der Editionspraxis der *NA*. Naumann: *Schiller, Lotte und Line*, S. 186, bemerkt zutreffend: „Wonach sollte man auch modernisieren? Nach einer neuen Rechtschreibung, die sich beständig ändert".

37 Naumann: *Schiller, Lotte und Line*, S. 187.

38 [Kalb]: *Charlotte*, S. IX.

II Aufbrüche: Schreiben und Reisen in Jugendjahren

Was ein Mensch über seine eigene Kindheit berichtet, kann trügerisch sein, besonders wenn die Darstellung aus großer zeitlicher Distanz erfolgt und sich zudem mit literarischem Anspruch verbindet, wenn *Dichtung und Wahrheit* sich mischen. Das große Modell autobiographischen Schreibens, das in Charlotte Schillers Lebenszeit fällt und ihre Bewunderung findet, ist Johann Wolfgang Goethes Autobiographie eben dieses (Unter-)Titels. Die ersten Teile veröffentlicht der „Meister" in den Jahren 1811 bis 1814,[1] bei geselligen Anlässen liest er aus dem entstehenden Werk. 1811 wohnt Charlotte Schiller einer solchen Lesung am Weimarer Hof bei und berichtet der von ihr verehrten, seit 1810 nach Mecklenburg-Schwerin verheirateten Prinzessin Karoline Luise[2] davon:

> Es ist jezt eine lektüre in den blauen Zimmern, wo ich jedes wort möchte behalten können, um es Ihnen zu sagen. – [...]
>
> Der Meister hat angefangen, sein leben zu lesen. – So eine schöne grosse ansicht, so ein Bild des Ganzen führt er einen vor die Seele, u. so liebenswürdig zeigt er das liebenswürdige! Er sagt wenig, das heisst keine Schilderungen der Familie sondern berührt nur die äussern verhältnisse. Der vater hatte sehr viel Geist viel Kenntnisse, u. hat dadurch dem Sohn auch alle mittel erläutert, u. es war eine Pflanze die sich nach allen Weltgegenden anranken konnte, durch Glück wie durch Natur begünstigt. Ich will so viel ich kann die gegebenheiten aufzeichnen.[3]

Unter dem Eindruck von Goethes großem Vorbild verfasst Charlotte vermutlich um dieselbe Zeit ihre eigenen *Erinnerungen aus den Kinderjahren*,[4] die sich dem Umfang nach zwar weit bescheidener als das Werk Goethes ausnehmen – es handelt sich um ein Heft aus vier Papierbogen im Quartformat –, die aber gleichwohl einen guten Eindruck insbesondere der frühen Kindheit und, angesichts des geringeren literarischen Anspruchs der Verfasserin, möglicherweise mehr Wahrheit als Dichtung vermitteln.

Charlottes Eltern sind ein ungleiches, allem Eindruck nach gleichwohl nicht unglückliches Paar: Der Vater, Carl Christoph von Lengefeld, der das Amt des Schwarzburg-Rudolstädtischen Oberforstmeisters versieht, ist 28 Jahre älter als die Mutter und bereits zur Zeit der Werbung um sie halbseitig gelähmt. Dass der Umstand der körperlichen Behinderung zu frühzeitiger geistiger Reife geführt habe, betont Charlotte gleich zu Beginn ihrer Schilderung: „Mein Vater einer der intereßantesten Menschen seiner zeit, war in seinem vierzigsten jahr von einem Schlag gelähmt, er hörte in der zeit auf zu leben für die Welt, da andre erst anfangen zu leben, weil die Reife des Geistes da erst den dingen ihren wahren werth giebt, und die leidenschaften sich besänftigen.“[5] Tatsächlich hat Lengefeld wohl nicht erst mit 40, sondern schon zehn Jahre eher, einen Schlaganfall erlitten und eine längere Zeit zur Rekonvaleszenz vom Hofdienst entfernt verlebt. Nach seiner Rückkehr macht er sich durch forstwirtschaftliche Abhandlungen aufs Neue einen Namen. Die aus Wolkramshausen stammende Mutter, *Luise* Juliane Elonore Friederike von Wurmb, ist gerade 18 Jahre alt, als sie in die Heirat mit dem 46-Jährigen einwilligt, aus damaliger Sicht kein ungewöhnlicher Altersabstand.[6] Die Liebesheirat ist in den 1760er Jahren als Modell noch nicht verbreitet, für den erfolgreichen Verlauf einer Ehe bilden venünftige Erwägungen und eine grundsätzlich freundschaftliche Neigung der Ehepartner eine weit bessere Basis als die literarischen Entwürfe zärtlicher oder gar leidenschaftlicher Liebe, die erst gegen Ende des Jahrhunderts aufkommen.[7] Vor allem der letztere Entwurf leidenschaftlicher Liebe scheint indessen einem dauerhaftem Ehefrieden diametral entgegenzustehen. Selbst noch bei den späteren Verbindungen beider Lengefeld'schen Töchter werden Vernunftaspekte und Gefühlsansprüche auf je unterschiedliche Art konfligieren.

Charlotte Louise Antoinette ist die jüngere dieser Töchter. Ihre Schwester Friederike Sophie *Caroline* Auguste kommt am 3. Februar 1763, sie selbst am 22. November 1766 zur Welt. Rudolstadt, die unweit von Weimar gelegene Residenz des Fürstenhauses von Schwarzburg-Rudolstadt, scheint auch der geistigen Kultur nach hinter anderen Orten der Region meilenweit zurückzuliegen. Einförmig sei jeder Tag gewesen, berichtet Charlotte, und Gleiches gelte für den begrenzten geselligen Umgang: „Der Ort wo wir lebten war klein, der gesellschaftliche Ton, so weit hinter andern Orten in der Nähe zurück, daß es einem späterhin dünkte, man sey funfzig jahr noch zurück in allem was gesellschaftliche Bildung betraf.“[8] Dass Charlotte die Rückständigkeit ihres Heimatortes so stark betont, liegt an der Perspektive der schon älteren Frau, zur Zeit des Schreibens vermutlich bereits seit Jahren Witwe. Im Sommer 1811 schreibt sie zumindest ganz ähnlich Lautendes an Hofrat Karl Ludwig von Knebel in Jena: Es sei „die Entfernung von der literarischen Welt [...] nicht nach Meilen zu berechnen dort. Die besten, die das Streben nach Wissen haben, sind die Frauen“.[9] Und noch 1818 amüsiert sie sich über die Charakterisierung ihres Heimatortes in einer zeitgenössischen satirischen Reisedarstellung: „Ueber Rudolstadt habe ich auch gelacht. Es ist auf eine recht gute Art gesagt, unter uns gesprochen, daß eigentlich nicht viel regiert wird. Daß auf einen Menschen hier vierundzwanzig eigne Gedanken täglich kommen, hat mich auch belustigt.“[10] Der Ort – noch heute, wie Ursula Naumann bemerkt, „eher ein Schloß mit einer Stadt als eine Stadt mit Schloß“[11] – fasst damals knapp über 4000 Bewohner, darunter 200 Angehörige des hohen und niederen Hofstaats wie Juristen, Geistliche, Künstler und Kaufleute. 23 Familien zählen zum Hochadel. Die rund 500 einfachen Stadthäuser werden von einem pompösen Renaissanceschloss überragt, der Heidecksburg, in der die Fürsten von Schwarzburg-Rudolstadt residieren: Fürst Ludwig Günther II. (1708–1790), dessen Mitregent in späteren Jahren und Nachfolger Erbprinz Friedrich Carl (1736–1793) sowie die Prinzen Ludwig Friedrich II. (1767–1807) und Friedrich Günther (1793–1867). Vormundschaftlich für letzteren regiert zeitweilig dessen Mutter Karoline (1771–1854).[12]

Während Charlottes erster neun Lebensjahre bewohnt ihre Familie ein außerhalb der Stadt gelegenes, ihrem adligen Stand angemessenes Anwesen, den sogenannten Heißenhof, den der Vater kurz vor der Heirat mit Luise von Wurmb, 1761, vom Weimarer Oberstallmeister Gottlob Ernst *Josias* von Stein gemietet hat. Seit 1764 ist Stein mit der Weimarer Hofdame *Charlotte* Albertine Ernestine, geborene von Schardt, verheiratet, die Literaturkennern als Goethes sittenstrenge Seelenfreundin seines ersten Weimarer Jahrzehnts bekannt ist.[13] Häufig zieht diese sich aus dem Weimarer Stadthaus auf das familieneigene Gut Großkochberg nahe bei Rudolstadt zurück. Sie ist eine der zahlreichen Patinnen Charlotte von Lengefelds. Schon in der Kindheit beginnt Lotte, eine vertraute Verbindung zu ihr zu entwickeln und pflegt zeitlebens eine enge Freundschaft zu ihrem Sohn Fritz bzw. Gottlieb *Friedrich* Constantin Freiherrn von Stein, Goethes „Liebling".[14]

Die Lage des Heißenhofs nennt Charlotte „höchst romantisch".[15] Auf einer Anhöhe gelegen, erlaubt sie ihr etwa den Ausblick auf umliegende Obstgärten, auf ein weiter entfernt liegendes fürstliches Lustschloss und eine alte Kirche mit Glockenturm:

> ich stand stundenlang an meinem kammerfenster, sah in die dunkeln Fenster des Thurms hinein, u. hörte der Glocke zu, u. sah die wolcken am Himmel sich bewegen. mein Horizont war frey; In der ferne sahen wir schöne Berge, u. ein Altes Schloß auf den Berge liegen, daß oft das ziel meiner wünsche war. Ich stellte es mir auch gar zu hübsch für, über die Heide, so hießen lezte Berge vor meinen Augen, zu wandern, u. da neue dörfer, eine neue welt zu sehen. – Auch eine Hängbircke, die in einem der Gärten stand, die ich aus meinen fenster, meiner kleinen welt übersehen konnte, hat mir viel Anlaß zu betrachtungen gegeben.[16]

So begrenzt der Ort selbst, so scheint doch die vorteilhafte Aussicht auf eine neue Welt, die es hinter den beobachteten Natur- und Kulturerscheinungen zu entdecken gilt, in der Kindheitserinnerung durch. Anstatt in Haus und Hof zu helfen, streift Charlotte „lieber auf den Berg herum, dem sich meine kindische Phantasie vergrösserte, und suchte blumen, u. zweige, und kam oft recht von dornen zerrissen zurück, u. ganz athemlos, bald wollte ich eine Blume pflücken, die unzugänglich war, bald fiel ich aus unvorsichtigkeit den Berg herunter, ohne wunden ging keine meiner Streifereien ab".[17] Als Charlotte sich 1806, erstmals nach dem Tod Schillers wieder für mehrere Wochen in Rudolstadt aufhält, erinnert sie sich, wie ihre kindliche Phantasie den Berg vergrößert hat. An Fritz von Stein schreibt sie am 21. September:

> Ich habe Ihnen längst schreiben wollen u. muß es noch hier ausführen, an dem Ort wo ich lebte, u. Sie schon lang zu meiner Freude mir durch Ihre Freundschaft das leben erheiterten. Ich bin seit 7 wochen hier, u. bleibe bis Ende dieses Monats, oder die ersten tage des 8bers hier. Es hat mich aufs neue gefreut meine Heymath wieder zu sehen. Ich lebe in den gegenständen die mich in meiner Kindheit umgeben haben, ich bewohne die ludwigsburg, bin ganz nahe an dem Heissenhof, u. steige immer den Berg hinauf, dem ich als Kind für ein Alpengebürg hielt, der ein kleiner Abhang geworden ist. Nun, so wird es uns gehen in einer andern Existenz, da werden alle Grössen der Erde uns klein dünken, wenn der Geist frey von den Fesseln des Körpers, nur in geistigen Ansichten leben kann. Die Berge von Kochberg sehe ich aus meinen Fenstern. Ich weis nicht ob ich dahin komme, aber das weiß ich, daß ich jezt weniger Interesse hätte dort zu sein, die liebe mutter [Charlotte von Stein] würde denn hinkommen.[18]

Interessant ist der Perspektivwechsel in mehrlei Hinsicht: Zum einen logiert sie nun auf der Ludwigsburg, einem der Anwesen, das sie als Kind vom Heißenhof aus sehen konnte, zum andern schreibt sie sich zu, damals den Hügel für ein Alpengebirge gehalten zu haben, das heißt, sie vermengt ihre Erinnerung an ihre erst später unternommene Reise in die Schweiz mit der erinnerten Kindheitsvorstellung; drittens wird die so verschmolzene Landschaft kindlicher Freundschaft (mit Fritz und seiner Mutter) und Schweizer Freiheitsmythen zur Allegorie für die Perspektive des unsterblichen Geistes, der den Körper einst verlassen wird.

Charlottes Wissbegierde, die sich in den Kinheitsjahren durch Herumstreifen im Freien ihren Ausdruck verschafft, wird sich bald vor allem auf historische Darstellungen und Reiseschilderungen richten. Was die frühe Kindheit betrifft, gibt sie indessen freimütig zu, dass sie nicht gern gelernt habe, dass ihr die morgendlichen Unterrichtsstunden in Zeichnen, Schreiben, Französisch – ganz zu schweigen von den Tanzstunden – eher unangenehm gewesen seien: „Ich hatte Unterricht in den morgenstunden, ich lernte nicht gern, u. es war mir peinlich, wenn ich die Stunde schlagen hörte, u. mein lehrer begann eine neue materie des unterrichts. Französisch lernte ich auch nicht gern, zeichnen u. Schreiben wurde mir auch schwer, Aber am aller unangenehmsten war mir die Tanzstunde."[19] Zur Mittagszeit dürfen die Mädchen dann den Umgang mit dem Vater und seine Erzählungen von Obstanbau und Forstwesen genießen, bevor am Nachmittag weitere Fächer folgen: „Nach dem Essen kam der Lehrer, u. wir hatten Unterricht in der Geographie, lasen zeitungen, oder schrieben Briefe; als denn kam noch der französisch Sprachmeister, u. unsre Stunden hatten ein Ende."[20]

Man hat aus diesem offenen Bekenntnis zu mangelndem Bildungsfleiß im frühkindlichen Alter darauf geschlossen, dass Charlotte schon als Kind reichlich desinteressiert und talentlos gewesen sei, so dass „ein milder Zwang zum Lernen" auf sie ausgeübt werden musste, ganz im Gegensatz zu ihrer um drei Jahre älteren Schwester Caroline, die vor Geist und Phantasie sprühte und „gelegentlich auf den Boden der Tatsachen zurückzuführen war".[21] Übersehen blieb der selbstironische Blick der schon älteren Frau ebenso wie der Umstand, dass die Schilderung Charlottes auf einen Kontrast von trockenem häuslichem Lehrprogramm und Entdeckungslust im außerhäuslichen Bereich, der Umgebung und freien Natur, zielt.

Dass ihre Kreativität von eher passiv-rezeptiver Art gewesen sei, schloss man aus ihrer Schilderung, wie sie ihre Schwester und Cousine Amalie, die für einige Zeit bei ihnen wohnt, beim Spiel von „dialogisirten Romanen" beobachtet: „eine war immer eine Heldin des Stücks, u. statt zu erzählen wie es geschehen sein, dramatisirten sie die geschichte. Dieses hatte unendlichen Reiz für mich. Ich saß dabey, u. hörte alles an, u. war begierig wie es enden würde. Wie alle Romanen, u. Theater Stücke, so endete sich dieses auch immer mit einer Heyrath".[22] Wenig beachtet wurde dagegen, dass auch Charlotte Figuren aus Kalendern ausschneidet und damit Romane und Erzählungen, die sie hört, für sich selbst in dramatisches Spiel umsetzt:

> Ich hatte noch eine Art unterhaltung die mich besonders anzog. Ich hatte Figuren aus den Calendern, die ich mir künstlich ausschnitt, mit diesen spielte ich die Romane nach, die ich hörte. Es gab aber noch wenige in der zeit, zumahl deutsch. Die Schwedische Gräfin war eines unsrer geliebtesten lektüren. – der Magdeburgische Greis, wo viele kleine Erzählungen kommen, Gellerts Comödien, Rabners Briefe, kleine historische Sammlungen, waren unser ganzer vorrath. Reisebeschreibungen lasen wir wenig. – In späterer zeit war der Grandisson ein grosser Genuß, für die Aeltern, u. ich die Jüngere hatte nur noch die freude, meinen Papier männerchen die Nahmen der Helden zu geben, u. auf meine weise kindisch mit ihnen zu spielen.[23]

Die dialogisierten Romane, das Spiel mit ausgeschnittenen Kalenderfiguren, stellen beide einen entwicklungspsychologischen Topos dar, der in Goethes Autobiographie prominent anhand der kindlichen Verschränkung von Puppenspiel und dichterischer Kreativität eingesetzt ist.[24] Zum Ausdruck kommt in Charlottes Schilderung ihr Schicksal, die Jüngere zu sein, so dass manche Lektüren für die größeren Mädchen bereits als statthaft gelten – sie nennt beispielhaft Richardons *The History of Sir Charles Grandison* (1753/54) –, wovon sie offenbar nur die Namen aufschnappt, um dann mit ihren Spielfiguren ganz andere Geschichten zu entwerfen. Der Ausdruck ‚kindisch', den sie für dieses Spiel wählt, ist im heutigen Sprachgebrauch als ‚kindlich' zu verstehen.

Die Sphären, in denen sich ihre Eltern bewegen, sind mütterlicherseits der Hof –

Charlotte bewundert den Putz, den Luise von Lengefeld anlegt, um Donnerstags dort zu erscheinen –, väterlicherseits Wald und Feld. Besonders eng ist Charlottes Bindung an ihren Vater, an dessen geschäftlichen Verrichtungen sie lebhaften Anteil nimmt, an der Aufsicht der Wälder, der Bewirtschaftung der gepachteten Felder. Freudig hilft sie bei der Ernte und beim Einwecken von Obst und Gemüse. Naturverbunden, naturbeobachtend – und wetterfühlig – wird sie zeitlebens bleiben. Ihre Tagebuchblätter aus den 1780er Jahren sind durchdrungen von Natureindrücken. Viele ihrer späteren Briefe beginnen mit einem Stimmungsbild, je nachdem, wie freundlich oder unwirsch sich die Welt ihr am jeweiligen Tag zeigt.

Der tiefe Einschnitt, den der Tod des Vaters für Charlotte bedeutet – er stirbt am 3. Oktober 1775, möglicherweise infolge eines weiteren Schlaganfalls –, wird deutlich im letzten Satz ihrer Kindheitserinnerungen: „So lebte u. trieb ich mein wesen, in engen Umgebungen bis in mein Neuntes Jahr, wo unser guter vater uns entrissen wurde."[25] Einschneidende Veränderungen in den Lebensverhältnissen bringt dieser Verlust mit sich. Charlottes Mutter Luise, im französischen Hofton *Chère mère* genannt, nimmt eine Tätigkeit als Hofdame und Erzieherin am Rudolstädter Hof auf, ab 1789 mit Unterkunft auf dem Schloss, kann aber gleichwohl als Witwe mit zwei Töchtern langfristig für die Pacht, die der Heißenhof fordert, nicht aufkommen. Zwischen den Möglichkeiten, auf das elterliche Gut in Wolkramshausen zurückzuziehen oder sich in Rudolstadt selbst niederzulassen, wählt sie die letztere. Die Aussicht auf eine standesgemäße Wohnung und finanzielle Absicherung für sich und die Töchter liefert sicher einen der Beweggründe, der älteren von beiden zuzureden, eine raisonable Partie zu machen. 1782 hält der adlige und begüterte Rudolstädter Regierungsrat Friedrich Wilhelm Ludwig von Beulwitz um sie an; Caroline wird mit ihm zunächst verlobt, zwei Jahre später, am 2. September 1784, dann vermählt. Sie zieht offiziell zu ihrem ungeliebten Ehemann in den vorderen Teil des Hauses (in der heutigen Schillerstraße), hält sich aber weiterhin zumeist in dem zum Garten hin gelegenen hinteren Teil auf, den sie zuvor bereits mit Mutter Luise und Schwester Charlotte bewohnt hat.[26]

Vor dieser Neuordnung der Verhältnisse liegt jedoch die für beide jungen Frauen erste Erfahrung einer größeren Reise, die sie literarisch festhalten, eine gemeinsam mit der Mutter unternommene Fahrt in die Schweiz vom April 1783 bis zum Juni 1784, die durch Carolines Verlobten, Beulwitz, ermöglicht wird. Ziel der Reise ist es, Charlottes Französischkenntnisse zu verbessern, um sie so auf den Hofdienst bei Herzogin Luise in Weimar vorzubereiten. Angeregt hat diese Perspektive ihre Patin Charlotte von Stein. Beulwitz ersucht seinen Fürsten um Urlaub, um „[d]ie Frau von Lengefeld allhier, welche in verschiedenen Angelegenheiten auf bevorstehende Ostern in die französische Schweiz zu reisen und sich daselbst einige Zeit aufzuhalten gedenket, [...] dahin zu begleiten".[27] Er geleitet die drei Damen nach Vevey am Nordufer des Genfer Sees, wo er sie ein Jahr darauf wieder abholt. Charlotte führt ein Tagebuch, das sie später überarbeiten und abschreiben wird.[28] Das Original enthält Zeichnungen und

Skizzen aus ihrer Hand sowie im Anhang eine ausführliche Liste der Personen, deren Bekanntschaft sie macht.

Die am 22. April 1783 angetretene Reise führt über Coburg und Lichtenfels – auf welcher Srecke ein Rad steckenbleibt und der Wagen dank „gutwillige[r] Jäger“[29] wieder fahrtüchtig gemacht wird – nach Bamberg und Erlangen. In beiden Städten stellt sie Beobachtungen zur Architektur, Geschichte und Mythologie an. Eine nächste Reisestation, die zahlreiche Eindrücke unterschiedlicher Art zu bieten hat, ist Nürnberg. Ihre Schilderung gibt zugleich ein gutes Beispiel für den Stil der 16-Jährigen sowie Einblick in die zeittypischen orthographischen Eigentümlichkeiten:

> Die Lage von der Stadt [ist] angenehm, rings um mit Gärten umgeben, alles war in blüthen gehüllt, und die *antiquen* Thürme der Stadt gaben einen so angenehmen Anblick mit der verjüngten schönen Natur. Wir besahn noch selbigen Abend einen Spaziergang er war sehr volkreich, es war ein artiger Anblick so viele Menschen auf einen kleinen Plaz versammelt zu sehn. Den 28ten besahn wir die Seebaldi Kirche die eine der größten Kirchen in Deutschland sein soll, sie hat sehr schöne gemählde von Albrecht Dürrer. Auch das Monument des St. Sebaldus ist bemerkungswürdig es ist sehr schön von bronze gegoßen, und mit erstaunender mühe und Arbeit. Wir besahn auch das Rathauß, sahn den Magistrat in seinen sonderbaren Anzug, er hat viel ähnliches mit dem Spanischen, und in ganzen hat er sehr was grosses, u. ehrwürdiges.
>
> Der Kaisersaal ist sehr groß, Die Zimmer sind schön, und haben besonders auch schöne Gemählde, ein Gemählde von Albrecht Dürrer Adam und Eva vorstellend verdient bemerkt zu werden. Wir besahn auch das Zeughaus welches sehr groß ist, und besonders der Ordnung und Zierlichkeit wegen womit alles arrangiert ist gesehn zu werden verdient, ein Oberst Troß hat sich dadurch verdient gemacht, er hat das ganze in Zeit von 9 Jahren so eingerichtet. Man zeigte uns auch einen grossen Brunnen sehr schön künstlich von bronze gegossen, er steht schon 30 jahre in einen Hause daß man zu dem entzwecke hat erbauen laßen, und er wird auch wohl so stehn bleiben müssen, denn er ist so Ungeheuer groß daß man nicht genug Waßer dazu, zusammen bringen kan. Die Rathsherrn von Abbdera fielen mir dabei ein, und ist es wirklich zu glauben daß die guten Nurenberger sie haben nachahmen wollen. Er kostet entsezlich viel Geld, und man kann ihn nie anbringen.[30]

Über Ansbach, Dinkelsbühl – Charlotte schreibt mundartlich „Dunkelspiel“ –, Ellwangen und Gmünd gelangt man schließlich „in die fruchtbaren Gründe Würtenbergs, alles scheint Da schöner die Felder so bebaut, alles athmet Fruchtbarkeit“. Stuttgart liege „sehr angenehm und hat ein Ansehn von Wohlstand“.[31] Im Ludwigsburger Schloss sind „Collosalische Bildsäulen“ sowie eine Gemäldegalerie zu bewundern. Besonders merkwürdig erscheint Charlotte das Bildnis der „Weiber von Weinsberg“.[32]

Eine Bijouterie in Ludwigsburg erweckt ihr Interesse, mehr aber noch die auf der Höhe gelegene Festung Asperg, in der sie den „unglücklichen Schubart“ sieht: „Er spielte uns auf den Clavier, und er spielt unaussprechlich schön, mit so vielen unbeschreiblichen Ausdruck. Wie schade daß so viel Talente in diesen Mauren eingeschloßen bleiben müssen!“[33] Bereits sechs Jahre, seit 1777, ist der Dichter und Musiker Christian Friedrich Daniel Schubart dort inhaftiert und soll es für noch weitere vier Jahre bleiben. Sein Beispiel eines wegen regierungskritischer Schriften eingekerkerten Künstlers hat im Frühjahr 1783 den jungen Friedrich Schiller veranlasst, nach einem von Herzog Carl Eugen erteilten Schreibverbot, sich aus Stuttgart, wo er als Militärarzt stationiert ist, heimlich fortzustehlen und landesflüchtiger Theaterdichter zu werden. Zur Zeit des Besuchs der Damen Lengefeld in Ludwigsburg hält er sich im thüringischen Bauerbach auf, gefördert durch Henriette von Wolzogen, deren beide Söhne an der Stuttgarter Militär-Akademie (später in Karlsschule umbenannt) studieren. Gemeinsam mit Mutter und Schwester besucht Charlotte im Mai 1783 die Eliteeinrichtung des württembergischen Fürsten, und zwar in Begleitung von Henriette von Wolzogen, mit der sie mütterlicherseits verwandt ist. Charlotte wird sich bei Gelegenheit dieses ersten Zusammentreffens mit deren Sohn Wilhelm von Wolzogen anfreunden und einen lebhaften Briefwechsel anknüpfen. Wenige Jahre später wird es Wilhelm sein, der Friedrich Schiller in Rudolstadt einführt, und schließlich wird er 1794 der zweite Ehemann ihrer Schwester Caroline werden – nach deren Scheidung von Beulwitz.

Doch zurück zur 16-jährigen Charlotte, für die sich im Mai 1783 im strengen Führungsstil der Karlsschule der schwäbische Despotismus *in nuce* spiegelt: „Die einrichtung der Akademie ist sehr hübsch. Aber es macht einen besondren eindruck aufs freie Menschenherz, die jungen leute alle Essen zu sehn. Jede ihrer bewegungen hängt von den wink des Aufsehers ab. Es wird einen nicht wohl zu muthe, menschen wie Drahtpuppen behandlen zu sehn.“[34] Ganz gegensätzlich dazu ist ihr erster Eindruck von der Schweiz, die man über Echterdingen, Tübingen, Bahlingen und Altingen am 9. Mai erreicht. Schaffhausen liege zwar im Tale und wirke mit seinen hohen Häusern etwas düster, gleichwohl wird Charlotte beim Anblick der Schweizer Stadt zur Freiheitsschwärmerin: „Wie wohl wird einen nicht beim Gefühl der Freiheit! Der Despotismus verfinstert nicht die Herzen der bewohner dieses glücklichen Landes. Sie sind frei, dies gibt den wesen einen besondren Anstrich, sie sind alle so gütig, gastfrei, wollen gern alle menschen wohl wißen.“[35] Der Rheinfall von Schaffhausen, dieses „unnennbar[e] Schauspiel der Natur“, wird ihr zur Allegorie menschlicher Standhaftigkeit: „Der Rhein stürzt sich über einen Felsen der 80 Fuß hoch ist, schäumend herab. Es ist ein grosser schöner Anblick. Die schäumende Welle mit getöse um die Felsen herab stürzen zu sehn. So stehn oft Menschen von wogen des Schicksals umrauscht! ohne Trost, ohne Stüze, gleich der grossen Steinmasse die sich da erhebt ruhig unerschüttert da.“[36]

Weitere Schweizer Reisestationen, die mehr oder weniger ausführliche Schilderung erfahren, sind Appenzell, Winterthur, Zürich – dort lernt Charlotte Lavater kennen –, dann Lenzburg, Kilchburg, Kanton und Stadt Bern: „Man zeigte uns die Bildsäule Wilhelm Telles mit den Bogen wo mit er wirklich soll den Apfel von Kopf seines Sohns geschossen haben“.[37] Nach weiteren Besuchen in Avenches, Lausanne und Morges erreichen die Reisenden schließlich ihren Bestimmungsort Vevey: „Der Weg dahin ist nicht angenehm immer zwischen Mauren. Aber die Aussicht ist herrlich. Der See, die Savoyischen Berge, die in grauer Dämmrung gegen über liegen. Und die fruchtbaren Berge des *Pays de Vauds* – welcher *Contrast*! *Vevey* liegt ganz am See, mit Weinbergen, Landhäusern umgeben. Ueber diese hohe Berge mit Sennhütten bestreut. Und hin und wieder blicken rauhe Felsen hervor.“[38]

Charlottes Tagebuch der Reise in die Schweiz – die Rückreise hat sie nicht aufgezeichnet – ähnelt einem Logbuch, in dem detaillierte Beobachtungen zu Architektur, zu technischen Neuheiten ebenso wie Natureindrücke und Reflexionen festgehalten sind. Dass sie zu Hause eine Reinschrift anfertigt, lässt darauf schließen, dass es für sie durchaus auch eine literarische Übung darstellt. Während sie offenbar nicht erwägt, ihre Aufzeichnungen zu veröffentlichen, nutzt ihre auf der Rückreise 20-jährige Schwester Caroline die sich ihr bietende Gelegenheit einer ersten Publikation. In Mannheim lernt die Reisegruppe die Schriftstellerin Sophie von La Roche kennen, um die in jungen Jahren Wieland leidenschaftlich geworben hat, die mittlerweile aber mit dem kurtrierischen Kanzler Michael von La Roche verheiratet ist.[39] La Roche, bekannt bereits durch ihre beiden Romane *Geschichte des Fräuleins von Sternheim* (1771) und *Rosaliens Briefe an ihre Freundin Marianne von St*** (1779–1781), entdeckt zu dieser Zeit den Reiseschilderungen günstigen literarischen Markt und nimmt Carolines Reisebeschreibung in ihre Zeitschrift *Pomona für Teutschlands Töchter* auf. Unter dem Titel *Schreiben einer jungen Dame, auf ihrer Reise durch die Schweiz* erscheint sie im fünften Heft 1784.[40] Die formal als Brief an einen „L. F.“ („Lieben Freund“) gestaltete Schilderung beschreibt einen Ausflug von Vevey aus in den Grindelwald und enthält Elemente, die denen von Charlottes Schilderung nicht unähnlich sind, z. B. die Beschreibung der Städte Freiburg, Thun und Zürich, dann des Grindelwaldes und Bienzer Sees. Die Rückreise erfolgt über Thun und Bern. Die Darstellung beginnt mit der ironischen Wendung: „Zu meinem grossen Verdrusse sahe ich wenig; aber aus dem Wenigen schöpfte ich schon viele Freuden.“[41] Und sie endet: „Da haben Sie nun eine Skize meiner Reise, L. F. Meine Beschreibung ist sehr verwirrt, aber ich entwarf sie in der Eil. Mündlich will ich Ihnen alles besser erzählen“,[42] um abschließend über die Ballonflugversuche des Monsieur Montgolfier, insbesondere „vom zweyten Versuch, der mit dieser aerostatischen Maschine in Versailles gemacht worden ist“,[43] zu spekulieren, dessen Bruder derzeit in der Schweiz weilt. Carolines Text wirkt durch die Briefform und die direkte Anrede eines Freundes kapriziöser als die Tagebuchaufzeichnungen Charlottes, die detailfreudige Mitschriften des Beobachteten sind.

Man hat die unterschiedlichen Temperamente der beiden Schwestern gerade auch anhand ihrer Schweizer Schilderungen, insbesondere des Rheinfalls von Schaffhausen in Carolines *Erinnerungen aus der Schweiz*, betont.[44] Vergleicht man aber die veröffentlichte Schilderung Carolines mit der Charlottes, so wäre auch die der jüngeren Schwester durchaus publikationswürdig gewesen; informativer ist sie allemal. Die Schweizer Szenerie – massive Natureindrücke wie Rheinfall und Alpen – verbinden sich in Charlottes Schilderung mit der Vorstellung eines Nationalcharakters, der von größerer Freiheit geprägt ist. Das wiederholt sich noch 1819, als Charlotte gemeinsam mit den Töchtern ihren ältesten Sohn Karl im württembergischen Altshausen besucht:

> Ich bin im Gebiet der Poesie sehr freiheitsliebend, und da ich nun dem Sinn für Unabhängigkeit noch mehr Nahrung gab, dadurch daß ich das Gebiet der Freiheit betrat – denn ich war in Schaffhausen, – so dünkt mir die Welt, in der sich unsre nachkrächzenden Sänger bewegen, noch tiefer und düstrer. Wenn alles so klar und rein und groß sein könnte, wie die Schaummasse, die sich von den Felsen herabstürzt, so möchte wol die Vollkommenheit ins Leben gerufen sein. Es geht doch nichts über diesen einzigen Anblick, von dessen Größe mein Herz neue Kraft und Freude geschöpft hat, und dieses unaussprechliche Schauspiel habe ich tief empfunden. Wir haben den Rheinfall den 7. September Abends nach unsrer Ankunft bei der Abendsonne zuerst gesehen und des Morgens darauf den Regenbogen; von allen Seiten sind wir ihm nahe gewesen und Karl, der vor acht Jahren schon da war, hat uns jeden schönen Standpunkt gezeigt. So habe ich diese einzige Naturerscheinung in meinem Geiste festzuhalten gesucht. Die Felsen sind nicht zusammengestürzt, sondern stehen groß und fest da [...].[45]

Fast scheint es, dass die mittlerweile 52-Jährige mit der Äußerung über die Felsen auf ihre Allegorie der Standhaftigkeit anspielt, die ihr der Rheinfall als 16-Jährige bot.

Die Reise in die französische Schweiz 1783 bis 1784 bildete für Charlotte die erste Erfahrung dieser Art; ihre Aufzeichnungen können ebenso wie die ihrer Schwester als Pionierleistungen im Genre der Reisebeschreibung, insbesondere von Frauen, gelten. Die auch bei Charlotte erkennbare Freiheitsschwärmerei, die sich mit der Schweiz und dem Anblick der Alpen verbindet, folgt unverkennbar literarischen Vorbildern.

Sophie von La Roche, die Carolines Schreiben veröffentlicht, wird bald darauf zu einer der ersten professionellen Reiseschriftstellerinnen, beginnend – ebenfalls – mit einer Reise in die Schweiz 1784 (gefolgt dann von Reisen nach Frankreich, 1786, sowie nach Holland und England, 1787).[46] Anders als im naiven Zugang der Lengefeld-Töchter, dem staunenden Beobachten, reist La Roche als gebildete Frau, die sich unter anderem mit den wichtigsten literarischen Vertretern der Verbindung von Schweizer Natureindrücken und Freiheitspathos beschäftigt hat, Albrecht von Haller (*Die Alpen*, 1732) und Salomon Gessner (*Idyllen*, 1756), den sie mitsamt seiner Frau persönlich antrifft.[47] Bemerkenswert ist immerhin, dass sich La Roche, solange sie noch in Deutschland weilt, bei einer vierstündigen Fahrt durch eine dichte Waldgegend die „Erinnerung an Räuber- und Mordgeschichten"[48] aufdrängt, während der Umstand, auf Schweizer Gebiet zu sein, sie zuversichtlich stimmt. Wie für Charlotte 1783 wird dieses Gefühl von Freiheit und Standhaftigkeit auch bei La Roche 1784 bildhaft im Rheinfall von Schaffhausen: „Ich saß allein auf der Steinmauer, welche gegen das Anprellen der Wellen aufgeführt ist. Es war Sonntag, also überall Ruhe, und in einem Lande der Freyheit, wo Krieg und räuberische Gewaltthätigkeiten unbekannt sind, konnte ich mich wohl, so furchtsam ich sonst bin, nach meiner Liebe zur Einsamkeit allein da hinsetzen."[49]

Über den Aufenthalt der Lengefelds in Vevey am Genfer See ist wenig bekannt. Französischunterricht erhalten die jungen Frauen, sie lesen Schriften Voltaires, Diderots und Rousseaus. An Wilhelm von Wolzogen schreibt Charlotte bereits 1783 aus Vevey, wie froh sie sei, nun endlich „von Rudolstadt weg zu kommen, viele frohe Aussichten zeigten sich mir, sie schwanden zuweilen alle, bis endlich dieser Plan gelang".[50] Sie berichtet ihm von einem Ausflug nach Clarens, dem Schauplatz von Rousseaus *Julie, ou la nouvelle Héloïse* (1761):

> Gestern haben wir eine Spazierfahrt auf dem See nach Clarens gemacht. Es ist herrlich, wie gerne brächte ich einen Theil meiner Tage dort zu. So schön ist's dort, doch leider keine Spur von all' den schön angelegten Plätzen, die Rousseau schildert. Es war mir traurig, als ich an's Land stieg, daß ich nicht glauben konnte, Julie und St. Preux hätten wirklich existirt; ich glaube, ich hätte mich sonst gar nicht von dem Orte trennen können, so nah ist er meinem Herzen.[51]

Besuche in Zürich und Bern schildert sie ihm, bei denen sie vor allem Lavaters Bekanntschaft macht. In den Briefen an Cousin Wilhelm vom Juni und Juli 1783 thematisiert Charlotte auch ihr eigenes Schreiben, das einem – rousseauistischen – Ideal der Spontaneität folgt: „Ich schreibe nie meine Briefe ab, sondern schreibe hin, was mir vorkommt, ich kann das Conceptmachen nicht leiden".[52] Oder sie kommentiert den graphischen Aspekt ihres Schreibens: „Ich kann noch niemand hier finden der gute Federn schneidet, also schmiere ich gar sehr. Und meine Dinte, ohngeachtet der Kaufmann mir heilig versichert hat, sie wäre von Paris, ist gar herzlich schlecht."[53]

Im Unterschied zu den brieflichen Nachrichten, schildert Charlottes Reisetagbuch weder den Aufenthalt in der Schweiz noch die Rückreise. Es ist denkbar, dass eine erste Liebeserfahrung sie gedanklich in der Schweiz zurückhält und an den Ereignissen auf dem Rückweg wenig Anteil nehmen lässt. Im Nachlass findet sich ein Gedicht, in dem sie eines verlassenen Liebenden gedenkt. Es trägt den Titel *An …* und ist eigenhändig datiert „1785 bis 86".[54] Das Gedicht wurde bisher nur in korrigierter Form – basierend auf einer Abschrift der jüngsten Schiller-Tochter Emilie (von Gleichen-Rußwurm) – im ersten Band von Urlichs veröffentlicht.[55] Die Manuskript-Fassung lautet:

> O wie oft erwacht in meinen Herzen
> Liebevoll dein Bild.

Statt der Freude fühlt ich bittre Schmerzen
war mit Sehnsucht meine Brust erfüllt.

Jener Stunde dacht ich weinend immer,
Da ich einst dich fand,
Dachte dein, beim sanften Abend schimmer,
Oft an meines blauen Flusses Strand.

Endlich heilte meiner Liebe wunden
Die wohlthätige Zeit.
Und mein Herz hat wieder Ruh gefunden,
Aber glaube, nicht vergessenheit.

Wem die schmerzvolle Erinnerung, verfasst vermutlich auf den Jahreswechsel, gilt, ist nicht bekannt. Da von der „wohlthätige[n] Zeit" die Rede ist, scheint es plausibel, dass die glückliche Stunde in die Zeit der zwei Jahre zurückliegenden Schweizreise fällt.

Zu sehr in Erinnerungen verhaftet, hinterlässt auch der aufstrebende, aus Bauerbach nach Mannheim zurückgekehrte Theaterdichter Friedrich Schiller, den die Reisegesellschaft am 6. Juni 1784 flüchtig antrifft, bei Charlotte keinen besonderen Eindruck. Beulwitz, der die drei Rudolstädter Damen in Vevey in Empfang genommen hat, um sie nach Hause zu begleiten, hinterlässt Schiller seine Karte mit dem Hinweis, dass die Durchreisenden Grüße von Frau von Wolzogen sowie seinen Eltern – die man in Ludwigsburg besucht hat – überbringen wollen. Als Schiller im bezeichneten Gasthof ankommt, ist man jedoch bereits im Aufbruch begriffen, wechselt nur noch zwischen Tür und Angel wenige Worte. In ihrer Schiller-Biographie beschreibt Caroline von Wolzogen dieses erste Zusammentreffen, das auf alle Beteiligten noch wenig Eindruck gemacht habe: „Seine hohe, edle Gestalt frappirte uns; aber es fiel kein Wort, was lebhafteren Antheil erregte."[56] Beschäftigt sind offenbar beide jungen Frauen mit glücklich verlebten Tagen in der Schweiz, so dass sie mit dem Mannheimer Theaterdichter wenig anfangen können: „So sahen wir Schiller zum erstenmal, wie aus einer Wolke wehmüthiger Sehnsucht, die uns nur schwankende Formen erblicken ließ. Der Theaterwelt waren wir fremd. In den Räubern hatten uns einzelne Scenen gerührt, die Masse von wildem Leben zurückgescheucht. Aber es wunderte uns, daß ein so gewaltiges und ungezähmtes Genie ein so sanftes Aeußere haben könne."[57] Das ist freilich aus dem Rückblick geschrieben und veröffentlicht, 25 Jahre nach Schillers Tod und vier Jahre nach dem Charlottes. Die Schilderungen der Schweizer Reise sollen nicht der einzige Fall bleiben, in dem die ältere Schwester die jüngere schriftstellerisch ‚übervorteilt', bzw. den Altersvorteil ausnutzt. Auch ihre Schiller-Biographie basiert zu Teilen auf Beschreibungen Charlottes, einschließlich der Verbesserung eines von ihr verfassten Gedenk-Sonetts, *Die wechselnden Gefährten*.[58] Böswillig geschieht das vermutlich nicht, hat vielmehr mit der Familienkonstellation und mit dem Umstand zu tun, dass eine der jungen Frauen der anderen an Jahren und Bildung voraus ist.

Die poetische Zusammenarbeit der beiden in Jugendjahren dokumentiert sich etwa in dem Weihnachtsgedicht *Ein Lied von Reiffen*,[59] das die winterliche Freude am Raureif auf Bäumen beschreibt und mit der Vorstellung eines Engels verbindet, der zur Weihnacht die Zweige mit weißen Reifkristallen verziert. Die ersten drei Strophen sind in Charlottes Hand geschrieben, die weiteren zwölf in der Carolines. Charlotte beginnt:

Seht meine lieben Bäume an,
Wie sie so herrlich stehn,
Auf allen Zweigen angethan
Mit Reiffen wunderschön.

Von unten an bis oben, naus
Auf allen Zweigelein
Hängts weis und zierlich, zart und kraus,
Und kan nicht schöner sein.

Und alle Bäume rund umher
All alle weit und breit.
Stehn da, geschmückt mit gleicher Ehr
In gleicher herrlichkeit.

Caroline fährt fort:

Und sie beäugeln und besehn
Kann ieder Bauersmann
Kann hin und her darunter gehn
Und freuen sich daran

Auch holt er Weib u. Kinderlein
Vom kleinen Feuerherd,
Und Marsch mit ihm den Wald hinein!
Und das ist wohl was werth.

Einfältiger Natur genuß
Ohn Alfanz Drum und Dran
Ist lieblich wie ein Liebeskuß
Von einen frommen Mann

Ihr Städter habt viel schönes Ding
Viel Schönes überall,
Condit u. Geld u. goldnen Ring
Und Bank u. börsensaal;

Doch Erle, Eiche, Weid' u. Ficht!
In Reifen nah u. fern –
So gut wirds Euch nun einmal nicht,
Ihr lieben reichen Herrn.

Das hat Natur nach ihrer Art,
Gar eignen Gang zu gehn,
Uns Bauersleuten aufgespart.
Die andres nichts verstehn.

Viel schön, viel schön ist unser Wald!
Dort Nebel überall,
Hier eine weiße Baumgestallt
Im vollen Sonnenstrahl

Lichthell, still, edel rein u. from,
Und über alles fein! –
O aller Menschen Seele sei
So lichthell u. so rein!

Wir sehn das an, u. dencken noch
Einfältiglich dabei:
Woher das Reif, u. wie es doch
zu Stande kommen sei?

Denn gestern abend, Zweiglein owe!
Kein Reiffen in der That! –
Muß einer doch gewesen sein
Der ihn gestreuet hat.

Ein Engel Gottes geht bei Nacht,
Streut heimlich hier u. dort,
Und wenn der Bauersmann erwacht,
Ist er schon wieder fort.

Du Engel, der go gütig ist,
Wir sagen Danck u. Preiß.
O mach uns doch zum heilgen Christ
Die Bäume wieder weiß!

Es ist anzunehmen, dass das gesamte Gedicht von beiden gemeinsam verfasst wurde. Die ersten Strophen schildern einen Natureindruck, der zu einer Allegorie weiterentwickelt wird. Kontrastiert werden darin die „Bauersleute" und ihre einfältige Perspektive des Naturgenusses mit den „Städter[n]" bzw. „reichen Herrn", denen Bank- und Börsenwesen über alles geht. Die Identifikation mit der bäuerlichen Sphäre im Kontrast zum städtischen Geldwesen legt die Möglichkeit zumindest nahe, dass auch dieses Gedicht während des Aufenthaltes in der Schweiz entstanden ist.[60] Der Handschrift nach zu urteilen, stammt auch noch zumindest ein weiteres Erzählgedicht Charlottes, der Entwurf einer Ballade oder Romanze, aus dieser frühen Zeit. Vom Archiv wurde es mit dem Titel *Erlach* versehen nach der in den ersten Versen skizzierten Hauptfigur: Erlach ist der Bewohner eines auf hohem Felsen gelegenen Schlosses, der sein Leben in Festen verrauschen lässt und dessen ebenso schöne wie kaltsinnige Tochter selbst die warmherzigsten Bewerber abweist.[61] Ebenfalls der Handschrift nach aus dieser frühen Zeit stammt das Gedicht *An Leidende.*[62]

Euch denen mancher Kummer schon
Getrübt das Erde leben
Für die schon manche freuden flohn
O könnt ich Trost euch geben!
Doch menschen Trost ist nur ein Wahn
wenn Schmerz die Seele drücket
Dann lieber blicket himmelan
Der euch die freuden schicket,
Ists auch der euch den Kummer gab
drum stillet eure Klagen,
Der uns die leiden sandt herab,
Giebt muth auch sie zu tragen
Darum beruhigt euer herz
Und denkt ans bessre leben,
Was hier ward Quell zu manchen Schmerz
Wird dort uns Freuden geben.
In jenen schönen bessren land
Da finden wir nicht Thränen
Nicht Kummer mehr, nicht Unbestand
Da hebt kein banges Sehnen,
Das herz uns mehr, nach dem was wir

So ängstlich wünschten, hoften hier.
Bald sind die Tage doch verlebt
Und an des Grabes Schwelle,
Ists gleich ob freude uns umschwebt
ob trübe oder helle
Der Strom der Zeit uns floß dahin
nichts bleibt von diesen leben,
nur gutes Herz und edler Sinn
Kan übern Staub uns heben.

Charlottes jugendlicher Entwurf einer Trostphantasie angesichts menschlichen Leidens basiert auf einer Vorstellung eines besseren Lebens nach dem irdischen. Charakteristisch ist, dass ihre Religiosität in aufklärerischer Tradition steht und eher deistische oder naturreligösen Züge trägt, sie also von einer nicht näher bestimmbaren göttlichen Instanz auszugehen scheint.

In den rückblickenden schriftlichen Aufzeichnungen über die Kindheit sowie aus den Schilderungen der ersten Reiseerfahrung in die Schweiz spiegelt sich der Altersunterschied der beiden jungen Frauen deutlich. Unverkennbar sind aber auch die Unterschiede in Veranlagung und Naturell, die freilich schon früh verknüpft sind mit Vorstellungen der Mutter über die zukünftige Entwicklung der Töchter. Caroline scheint verträumter, phantasiebegabter, auch leichter reizbar zu sein; kapriziös einerseits, mit einem Hang zum Tragischen andererseits. Charlotte dagegen wirkt praktischer veranlagt und vernunftgeleitet, hat es allerdings aber auch nicht nötig, sich zu kaprizieren, da zum Zeitpunkt der Reise ihre Zukunft noch offen und mit dem Plan, am Weimarer Hof anstellig zu werden, vergleichsweise aussichtsreich ist. Das Verhältnis beider Geschwister reflektiert die jüngere in einem Geburtstagsgedicht an die ältere, *Zum 3. Februar 1787.*[63]

Noch lag ich tief in Schlumer,
Und kante nicht die Welt
Sah glänzen nicht die Sterne
Sah noch nicht jene Ferne
So schön vom Mond erhellt.

Ich hörte nicht die Winde
Die unsren Hain durchwehn
Sah nicht durch blumen Wiesen
Die Saale lieblich fließen,
Sah nicht die Sonne schön.

Da rief ein guter Engel
Dich in des Lebens Tag
Und sprach: Dir sei die Freude,
Auf immer hold sie leite
Durchs Leben Dich gemach.

Noch liegt in Nacht gehüllet
Ein Wesen daß wie du
Soll sehn den Tag der Erden
laß es Dir theuer werden,
Du gibst ihm Trost und Ruh.

Es sah den Tag der Erde
noch schwebte düstre nacht,
um seinen blick die leiden
kannt es noch nicht, die Freuden,
Und nicht der Freundschaft macht.

Doch fester, immer fester
verknüpfte sich ihr Band,
Nun auf des lebens wegen,
giebt sie uns ihren Seegen
Wir wallen Hand in Hand.

Unterzeichnet ist das Gedicht mit „Lotte“. Die Perspektive, die die 20-jährige Verfasserin einnimmt, ist bemerkenswert: Ein lyrisches Ich beschreibt den eigenen vorgeburtlichen Zustand (erste zwei Strophen), dann die Geburt eines anderen Wesens (dritte Strophe), gefolgt von der eigenen (vierte und fünfte Strophe), und schließt mit einer Hymne der Freundschaft beider (sechste Strophe).[64] Geschickt wird die ältere Schwester in die Verantwortung für die jüngere gestellt, wird der Umstand, dass die eine der anderen naturnotwendig ‚voraus‘ ist, in eine wechselseitige und ‚ebenbürtige‘ Beziehung überführt. Metaphorische Gegensätze von Nacht und Tag der ersten fünf Strophen münden in das Bild des Hand-in-Hand-Gehens: nicht die Jüngere an der Hand der Älteren, auch nicht ihre Emanzipation aus deren Hand. Es ist ein Geburtstagsgedicht, das mehr über die Gratulantin als über die Gefeierte mitteilt, eine fremdperspektivierte Selbstäußerung gewissermaßen. Ähnlich wie Charlotte Schiller sich in ihren Kindheitserinnerungen nicht als autonomes Individuum entwirft, sondern sich vielmehr über das Umfeld, die Familie, die Lebensorte, die Umgebung charakterisiert – ein für autobiographisches Schreiben von Frauen besonders typisches „heterologes“ Verfahren[65] –, ähnlich legt sie ihr eigenes Auf-die-Welt-Kommen der Verantwortung einer anderen, der älteren Schwester nahe, interessanterweise aus Anlass von deren Geburtstag, und formuliert zugleich ein Versprechen lebenslanger Verbundenheit.

Tatsächlich sollen sich ihre Wege kaum trennen, so verschieden sich beider Lebensläufe entwickeln werden: Caroline, die trotz besserer finanzieller und räumlicher Entfaltungsmöglichkeiten ihr Lebtag vergeblich nach Liebesglück sucht, und Charlotte, deren Handlungsspielraum durch die Beziehung zu Friedrich Schiller geprägt wird. Eine andere Liebesgeschichte liegt indessen vor der Verbindung mit ihm, die gleichzeitig wichtige Impulse für Charlottes literarische Tätigkeit gibt.

Anmerkungen zu II. Aufbrüche

1 *Aus meinem Leben. Dichtung und Wahrheit.* 3 Bde. Tübingen: Cotta 1811, 1812 u. 1814. Der vierte Band wird kurz nach Goethes Tod von Johann Peter Eckermann herausgegeben: *Goethe's Nachgelassene Werke.* Stuttgart und Tübingen: Cotta 1833. Angaben nach Goethe: *HA*, Bd. 9, S. [867].

2 Die Tochter des Weimarer Herzogs Carl August und der Herzogin Luise wird am 18. Juni 1786 geboren. Am 1. Juli 1810 wird sie mit dem Erbprinzen Friedrich Ludwig von Mecklenburg-Schwerin (1778–1819) verheiratet. Sie stirbt am 20. Januar 1816. Vgl. hierzu auch Kapitel VIII.

3 An Karoline Luise von Mecklenburg-Schwerin, 1. Mai 1811. In: GSA 83/1920,1.

4 GSA 83/1655. Zitiert wird im Folgenden nach der Handschrift. Ein korrigierter Abdruck findet sich in Urlichs (Hg.): *Charlotte*, Bd. 1, S. 31–36.

5 Ebd. Bl. 1–r.

6 Zu den Eltern vgl. Jüngling/Roßbeck: *Schillers Doppelliebe*, S. 15–28.

7 Saße: *Die Ordnung der Gefühle*, unterscheidet für das 18. Jahrhundert die Modelle vernünftiger, zärtlicher und leidenschaftlicher Liebe.

8 GSA 83/1655, Bl. 1–r/v.

9 An Knebel, im Sommer 1811. In: Düntzer (Hg.): *Briefe von Schiller's Gattin*, S. 79.

10 An Knebel, 28. März 1818. In: Ebd., S. 368. Bei dem Buch handelt es sich laut Düntzer um die *Merkwürdige Reise – nach Hammelburg* von K. H. Lang (ebd. S. 367).

11 Naumann: *Schiller, Lotte und Line*, S. 50.

12 Vgl. *Die Grafen von Schwarzburg-Rudolstadt.*

13 Zur Biographie vgl. Maurer: *Charlotte von Stein.*

14 Vgl. Emilie von Gleichen-Rußwurms Deckblatt zu den Briefen Fritz von Steins an ihre Mutter Charlotte Schiller: „Goethes Liebling / Friz von Stein / der Sohn Charlottens von Stein / an / Charlotte von Lengefeld / Schillers Frau“. In: GSA 83/1857. Goethe entwickelt eine enge Beziehung zu diesem Sohn Charlotte von Steins, der auch über länger Zeiträume bei ihm wohnt. In späteren Jahren distanziert sich Fritz von Stein von Goethe, was auch im Briefwechsel mit Charlotte Schiller deutlich wird.

15 GSA 83/1655, Bl. 2–r.

16 Ebd., Bl. 2–v.

17 Ebd., Bl. 5–v.

18 An Fritz von Stein, 21. September 1806. In: GSA 122–99a,3. Urlichs (Hg.): *Charlotte*, Bd. 1, S. 500, gibt den Brief unvollständig wider und datiert ihn auf den 12. Dezember 1806.

19 GSA 83/1655., Bl. 3–r.
20 Ebd.
21 Kiene: *Schillers Lotte*, S. 10.
22 GSA 83/1655, Bl. 4–r.
23 Ebd.
24 Allerdings muss der kleine Goethe sich die Figuren nicht selbst basteln, sondern wird eines Heiligabends mit einem Puppenpiel erfreut, das man ihm nachher „zu eigener Übung und dramatischer Belebung übergab“. In: Goethe: *HA*, Bd. 9, S. 15.
25 GSA 83/1655, Bl. 7–v.
26 Vgl. Naumann: *Schiller, Lotte und Line*, S. 58 f.
27 Zit. nach Jüngling/Roßbeck: Schillers Doppelliebe, S. 34. Angegebene Quelle: Mathilde Donata von Beulwitz: *Friedrich Wilhelm Ludwig von Beulwitz und Caroline von Lengefeld (Wolzogen)*. In: *Schwäbischer Schillerverein Marbach*. 34. Rechenschaftsbericht (1929/1930), S. 69.
28 GSA 1942,1 (Reiseaufzeichnungen) u. GSA 1942,2 (Reinschrift). Zitiert wird im folgenden nach der Reinschrift. Eine korrigierte Version der Reiseschilderung ist abgedruckt in Urlichs (Hg.): *Charlotte*, Bd. 1, S. 37–46, und Geiger (Hg.): *Charlotte*, S. 5–16.
29 GSA 1942,2, Bl. 1–r.
30 Ebd., Bl. 2–r/v.
31 Ebd., Bl. 2–v.
32 Ebd., Bl. 3–r.
33 Ebd., Bl. 3–r.
34 Ebd., Bl. 4–r.
35 Ebd., Bl. 4–r.
36 Ebd., Bl. 4–r.
37 Ebd., Bl. 5–r.
38 Ebd., Bl. 5–v.
39 Den Themenkomplex „La Roches Autorschaft und die schwierige Beziehung zu Wieland“ beleuchtet Becker-Cantarino: *Meine Liebe zu Büchern*, S. 41–83.
40 In: La Roche: *Pomona für Teutschlands Töchter*, S. 477–487. Vgl. Hs. *Tagebuchaufzeichnungen von der Reise in die Schweiz*, GSA 83/2622.
41 Ebd., S. 477.
42 Ebd., S. 485.
43 Ebd., S. 486.
44 Etwa bei Jüngling/Roßbeck: *Schillers Doppelliebe*, S. 37. Vgl. Carolines *Erinnerungen aus der Schweiz*. In: Wolzogen: *Literarischer Nachlaß*, Bd. 1, S. 62–65.
45 An Knebel, 24. September 1819. In: Düntzer (Hg.): *Briefe von Schiller's Gattin*, S. 458. Vgl. auch: An Fischenich, 13. November 1819. In: Hennes (Hg.): *Fischenich*, S. 145.
46 La Roche: *Reisetagebücher*. Hg. von Pott/Nerl-Steckelberg.
47 *Tagebuch einer Reise in die Schweiz*. In: Ebd., S. 18–71.
48 Ebd., S. 18.
49 Ebd., S. 26.
50 An Wilhelm von Wolzogen, Vevey, 30. Juni 1783. In: Wolzogen: *Literarischer Nachlaß*, Bd. 2, S. 169.
51 Ebd., S. 170. Noch 1816 versucht Charlotte Schiller ein Einzelexemlar von Rousseaus Kult-

roman zu erwerben, dessen Schauplätze und Figuren sie in ihrer Jugend wie viele ihrer Zeitgenossen in Clarens vergeblich aufsucht. Vgl. an Knebel, 14. August 1816. In: Düntzer (Hg.): *Briefe von Schiller's Gattin*, S. 293.

52 An Wilhelm von Wolzogen, 2. Juli 1783. In: Wolzogen: *Literarischer Nachlaß*, Bd. 2, S. 173.

53 An Wilhelm von Wolzogen, 3. Juli 1783. In: Ebd., S. 174.

54 GSA 83/1568. Ein weiteres vermutlich in diesem Zusammenhang stehendes Klagegedicht, beginnend „Sprich o Seele", datiert auf „Den 24. Merz 86"; vgl. GSA 83/1672.

55 Von Emilie von Gleichen-Rußwurm stammt eine Sammelabschrift mehrerer Gedichte, die Urlichs zur Vorlage diente, Signatur GSA 83/1568. Neben orthographischen Korrekturen wurde im Fall des vorliegendes Gedichtes auch abweichend vom Original transkribiert. Vers 3 und 4 der ersten Strophe etwa lauten bei Urlichs: „Statt der Freude fühl' ich bittre Schmerzen / Und mit Sehnsucht meine Brust erfüllt." Vgl. Urlichs (Hg.): *Charlotte*, Bd. 1, S. 3.

56 Wolzogen: *Schillers Leben*, Tl. 1, S. 227.

57 Ebd., S. 228 f.

58 Vgl. dazu ausführlich Kapitel VIII.

59 GSA 83/1570.

60 Auch der Sprachgebrauch lässt auf romanischen Einfluss schließen. In Strophe 6 taucht zum Beispiel das Wort „Alfanz" auf, das vermutlich eine Kurzform von „Alfanzerei" (Possenreißerei, Betrug) darstellt.

61 GSA 83/1552.

62 GSA 83/1571.

63 GSA 83/1559. Vgl. Urlichs (Hg.): *Charlotte*, Bd. 1, S. 4 f., der, abweichend vom Original, in der zweiten Strophe „Sterne" statt „Sonne" und im dritten Vers der letzten Strophe, „Und" statt „Nun" liest.

64 Jüngling/Roßbeck: *Schillers Doppelliebe*, S. 58 f., die Urlichs als Quelle angeben, verkehren ohne ersichtlichen Grund die Strophenfolge und setzen die letzten drei Strophen an den Beginn.

65 Dieses Verfahren der heterologen Selbstäußerungen untersucht Eva Kormann anhand von Selbstzeugnissen des 17. und frühen 18. Jahrhunderts in Auseinandersetzung mit der modernen Autobiographieforschung. Vgl. Kormann: *Ich, Welt und Gott*, S. 1–12.

III Hofkreise: Lebens- und Liebesentwürfe in und um Weimar

„Wie froh bin ich, daß ich weg bin", beginnt Goethes Werther seine Aufzeichnungen.[1] Anders als für den männlichen Helden und seinen Autor ist Fortreisen für junge Frauen im ausgehenden 18. Jahrhundert eine ungewöhnliche und eher seltene Aussicht. Hatte Charlotte ihrem Cousin Wilhelm aus der Schweiz geschrieben: „Auch ich hoffte lang vergebens von Rudolstadt wegzukommen",[2] so wünscht sie sich auch nach ihrer Rückkehr in die Heimat im Sommer 1784 neuerlich ‚weg'.

Eines der naheliegenden Ziele ist Weimar, angeregt vor allem durch den Umgang mit Charlotte von Stein. Ein erster längerer Aufenthalt in deren Haus in der Stadt datiert auf den Jahreswechsel 1784/85. Den Bezug zur Steinschen Familie dokumentiert im neckischen Ton ihr Briefwechsel mit Sohn Fritz – Gottlob *Friedrich* Konstantin –, den sie ihr „Brüderchen" nennt.[3] Nach Rudolstadt zurückgekehrt, fragt sie ihn im Februar 1785, ob er fleißig auf dem Schlitten fahre und ob er um die von ihm offenbar nicht sehr geschätzten Redouten (d.h. die höfischen Maskenfeste) herumgekommen sei.[4] Im Juni beklagt sie, dass alle Welt verreisen dürfe, nur sie nicht: „Ich hätte wohl auch lust zu verreisen, da alles wegreist, aber diesmal geht es nun nicht."[5] Im Oktober hält sie sich auf Schloss Kochberg bei seiner Mutter auf und äußert die Hoffnung, „diesen Winter nach Weimar zu kommen",[6] eine Aussicht, die sich zwei Monate später, Anfang Dezember jäh zerschlägt. Der Vater ihrer Rudolstädter Freundin Friederike von Holleben ist gestorben und durch diesen Todesfall auch der „Plan nach Weimar zu reisen, zerstört. Denn die Holleben wollte hin diesen Winter. Alle Hofnung gebe ich noch nicht auf, den der plan ist mir zu lieb, und vielleicht findet sich auch eine andre gelegenheit noch."[7] In seinem nicht erhaltenen Antwortschreiben muss Fritz versucht haben, die Freundin mit den Festivitäten der Wintersaison dennoch in die Residenz zu locken. Energisch verwahrt diese sich gegen die Unterstellung, es gehe ihr mit ihrem Wunsch nach Weimar zu reisen nur um Vergnügungen und Geselligkeit, obschon selbige ihrem Alter durchaus angemessen seien:

> Das *Redouten* seien, ist kein beweggrund mehr oder weniger stärker zu wünschen das die Reise vor sich gehen möchte. Nur bei Ihrer lieben, lieben Mutter, und meinen übrigen Freunden, einige Tage zu verleben, nur dieser Gedanke

> hat viel anzügliches für mich. Es wäre mir nicht lieb, wenn Sie denken könnten, das ich nur um mich zu vergnügen zu Ihnen käme. Es ist meinem Alter angemeßen das ich solche art vergnügen nicht ungern genieße, wenn ich einmal dabei bin. Aber meine Tage nicht ohne Sie hinbringen zu können wäre mir äußerst traurig, und ich hielte nicht viel von meinen Herzen, wenn es die rauschenden vergnügen, den kleinen ruhigen Cirkel einiger Freunde vorzöge.[8]

In der Wintersaison 1785/86 muss sie die Reise in der Tat aussetzen, wird erst wieder von Januar bis März 1787 einen Aufenthalt in Weimar einlegen können. Davon, dass die Redouten sie nicht interessieren, kann indessen keine Rede sein:

> Nun die Zeit geht doch auch eilig hin, und es wird bald heißen, Lottchen ist da. Daß ich die Tage eifrig zähle die liebe Mutter, und mein gutes Brüderchen zu sehn, sollen Sie glauben. Dieser Monat ist nun bald hin, und die ersten Tage des künftigen bin ich dort. Ehe ichs vergeße, schreiben Sie mir doch wie die Redouten fallen, bis Fastnacht, und auf welche Tage. Da müßen Sie aber fein bald schreiben, weil das Kleine [Friederike von Holleben] und ich es gern wißen möchten.[9]

Im Winter 1786/87 hat Weimar zwar noch nicht seine Glanzzeit erreicht – das Viergestirn Wieland, Goethe, Herder und Schiller soll sich erst allmählich etablieren –, mit Sicherheit jedoch ist es ein anderes Pflaster als Rudolstadt. Anna Amalia, mit 19 Jahren zum zweiten Mal Mutter geworden und im selben Jahr jählings verwitwet, hat 1759 nicht ohne Widerstand als Frau die „Obervormundliche Regierung"[10] des Herzogtums Sachsen-Weimar-Eisenach anstelle des minderjährigen Erbprinzen Carl August angetreten. Als dessen Erzieher hat sie 1772 Christoph Martin Wieland, zuvor Professor der Philosophie in Erfurt, an ihren Hof berufen. Im September 1775 ist Carl August volljährig geworden und hat das Amt des Herzogs übernommen, am 3. Oktober wird er in Karlsruhe mit Prinzessin Luise von Hessen-Darmstadt vermählt. Am 17. Oktober ziehen Herzog und Herzogin gemeinsam in Weimar ein. Im November desselben Jahres kommt auf Carl Augusts Einladung der junge Johann Wolfgang Goethe an seinen Hof. 1776 folgt die Berufung Johann Gottfried Herders als Generalsuperintendent, Oberkonsistorialrat und städtischer Oberpfarrer. Friedrich Schillers erster längerer Aufenthalt datiert dagegen erst zehn Jahre später, auf 1787.[11]

Im ersten Jahrzehnt der Regierung Carl Augusts ist Weimar noch nicht jener ‚Musensitz', den man aus heutiger Sicht damit verbindet. Die Stadt wirkt mittelalterlich eng angelegt und zählt etwa 6000 Einwohner, die in 700 überwiegend einfachen Häusern logieren. Der Herzog präsentiert sich hauptsächlich als ausgelassener Jüngling, der, unterstützt durch den ebenfalls jugendlich ausgelassenen Goethe, Eskapaden unternimmt, die weder Ehefrau Luise noch Herzoginmutter Anna Amalia so recht goutieren. Eine ganze Reihe „von mehr oder weniger gut bezeugten Anekdoten über das, was Goethe, der junge Herzog, Knebel, Einsiedel, Bertuch und der Oberforstmeister von Wedel in Weimar und Umgebung anstellten", führt etwa Norbert Oellers an: „von der Katze, die man einer Bäuerin heimlich ins Butterfaß gesteckt habe; den Bauernmädchen, mit denen man sich auf Dorffesten vergnügte; vom Porträt eines Gastgebers, durch dessen herausgeschnittene Kopfpartie Goethe den Eigentümer des Bildes angrinste, und dergleichen mehr."[12] Hüterinnen von Sitte und Moral sind die Frauen, in gleich mehrfacher Hinsicht gilt das für Charlotte von Stein, Hofdame und Ehefrau eines Hofangehörigen, die in der engen Beziehung zu Goethe während seines ersten Weimarer Jahrzehnts diesem den notwendigen Schliff gibt.[13]

Die mittlerweile 18-jährige Charlotte von Lengefeld lernt bei ihrem Besuch in Weimar im Winter 1784/85 bei geselligen Anlässen Angehörige der Hofgesellschaft kennen, die der Patin verwandten Familien Luise von Imhoffs und Sophie von Schardts, Anna Amalias Hoffräulein Luise von Göchhausen, das herzogliche Paar Carl August und Luise selbst, unter anderem auch Hofrat Karl Ludwig von Knebel, der eine Neigung zu der jungen Frau fasst. Von Goethe wird sie gar im Dezember 1784 zu einer Schlittenfahrt eingeladen,[14] in Briefen Charlotte von Steins vom Frühjahr 1785 lässt der „Geheimerath Goethe" Lotte von Lengefeld grüßen.[15] Neben Begegnungen in Kochberg treffen die Lengefelds überdies mit Goethe, Charlotte von Stein und anderen Mitgliedern der Weimarer Hofgesellschaft im Sommer 1786 im böhmischen Karlsbad zusammen. Ein Vierteljahrhundert später, im Februar 1812, berichtet Charlotte Prinzessin Karoline nach dem Mecklenburger Ludwigslust, wie Goethe sich zum Abschluss eines geselligen Abends seit langer Zeit zum ersten Mal wieder vertraulich an sie gewandt und der Zeit ihrer ersten Bekanntschaft gedacht habe. Er sagte, so Lotte, „daß wir uns nie Fremd, noch fern seyn könnten. Und sagte noch wissen Sie noch wie lange wir schon von einander wussten, wie Sie noch da über den Bergen warn über Kochberg hinaus? (In diesem Augenblick hatte er gewiß auch die alte treue freundin erkannt) Ich wurde so weich, daß die Thränen mir kamen".[16]

Als Charlotte für die Wintersaison 1786/87 endlich wieder nach Weimar reisen kann, weilt der „Geheimerath" indessen – auf unbestimmte Zeit – in Italien. Frau von Stein stellt ihr in Aussicht, ihr seine Briefe aus Rom zu lesen zu geben und bedauert zudem, dass sie ihr dieses Mal keine Unterkunft im eigenen Haus bieten könne. Sie glaubt zwar, dass Lotte und ihr Sohn Fritz sich „in einer Stube gut vertragen" würden, das schicke sich jedoch leider nicht.[17] Untergebracht wird Lotte daher bei deren Schwester Luise von Imhoff, sie weilt aber oft im Steinschen Haus, wenn sie nicht gesellige Veranstaltungen aller Art – Redouten, Maskeraden, Konzerte und Theateraufführungen – besucht.

Beinahe drei Wochen verbringt sie dort, so berichtet sie Wilhelm von Wolzogen am 7. März 1787. Seit ihrer Rückkehr ist sie eifrig in die Lektüre des englischen Schriftstellers Alexander Pope vertieft, dessen Werke ihr „ein gar guter Engländer, den ich in Weimar kennen lernte, geliehen".[18] Bei dem Engländer handelt es sich, präziser gesagt, um einen Schotten: Captain Henry Heron, ein Offizier, der bereits im Amerikanischen

Unabhängigkeitskrieg gedient haben soll und der zusammen mit seinem älteren Bruder, Lord Invernary, durch Knebel in die Gesellschaft um Frau von Stein eingeführt wird. Im Spätsommer 1786 begleiten die beiden schottischen Brüder Knebel nach Kochberg, wo sich, so wird vermutet, zwischen Charlotte und Henry Heron ein erstes Gespräch über englischsprachige Literatur entwickelt, das sich im Februar 1787 anlässlich diverser Weimarer Geselligkeiten offenbar vertieft. Gegenstand der Gespräche sind etwa die Romane Samuel Richardsons, *Pamela, or Virtue Rewarded* (1740) und *The History of Sir Charles Grandison* (1753/54), oder die essayistischen und poetischen Werke Popes.

Kaum aus Weimar zurück, erreicht sie auch schon sein erster Brief – sieben weitere an Charlotte gerichtete Schreiben sind erhalten. Im ersten Brief fragt er in scherzhaft-neckischem Ton, ob sie und die „Ruddelstädter und Ruddelstädterinnen" – gemeint sind Charlottes Schwester Caroline, deren Mann Beulwitz sowie Friederike von Holleben – wohlbehalten in die ländliche Ruhe zurückgekehrt seien und ob neben der Strumpfstrickerei „die Verbeßerung des Geistes gleich Schritte mit der des Körpers" halte: „wie viel Seiten lesen sie alle Tage aus Marcus Aurelius –?" Ihr zustimmend, dass diese weibliche Verbindung des Handwerklich-Praktischen mit dem Geistig-Nützlichen lobenswert sei, sendet er ihr die ersten zwei Bände der bereits erwähnten Werkausgabe Popes, die er ihr später bei seinem Abschied als Geschenk vollständig überlassen wird. Dem Brief beigelegt sind Textauszüge aus James Thomsons *The Seasons* (1730), die er für sie abgeschrieben hat.[19]

Schreibt Heron seine Briefe überwiegend auf Deutsch, so antwortet Charlotte entsprechend in seiner Landessprache, in „limping english"[20] („hinkendem Englisch"), wie sie es scherzhaft nennt. In zwei Briefen an ihn – erhalten sind nur ihre Konzepte[21] – kommentiert sie ihre Lektürefortschritte. Neben den von Heron gesandten Texten von Pope und Thomson interessiert sie sich vor allem für James Macphersons „Werke" des legendären schottisch-gälischen Dichters *Ossian*.[22] Als Beilagen sendet sie ihm Übersetzungen französischer und deutscher Gedichte ins Englische.

Das Spiel mit dem Verfassen von Briefen in der jeweiligen Muttersprache des anderen zieht sich über mehrere Briefe hin. Heron mokiert sich über Charlottes *understatement*. Hatte sie ihm angedroht, er werde gestraft genug sein, wenn er ihr holpriges Englisch lesen müsse, so gibt er nun vor, er habe kaum ein Wort ihres Schreibens entziffern können:

> Da Sie meinen die Leute auf eine solche Art zu strafen die Ihnen die Wahrheit nicht sagen, so thut es mir sehr leid daß ich die Gelegenheit nicht habe Ihnen alle Tage etwas unwahres zu erzählen. Doch daß keine Zeit verlohren gehe so fang ich jezt an Ihrer strengsten Straf zu verdienen. Um dießes Vorhaben auszuführen muß ich Ihnen sagen Sie haben mir einen Brief geschrieben worinn ich gar kein verständiges Wort finden kann, seit dem vorigen Sonnabend um zehn Uhr vor Mittag habe ich nichts gethan als dießen Brief angekuckt und

> meinen vortreflichen klar sehenden Kopf darüber zerkrüppelt. umsonst aber habe ich mich bemühet denn weiter kann ich es nicht bringen als blos Roudolstadt 21^{t} March 1787 zu verstehen.[23]

Dem Brief Herons liegt ein großformatiger Papierbogen bei, auf dem er Ratschläge zum Übersetzen gibt, vermutlich bezieht er sich dabei auf übersetzte Gedichte, die Charlotte ihm beigelegt hatte. In einem ihrer Briefkonzepte spricht sie von einem französischen Gedicht sowie einem Gedicht Herders, das sie ihm beilegen wolle. Der Papierbogen weist drei beschriebene Seiten auf, die jeweils in drei Spalten unterteilt sind: „*Remarks / Mine / Yours*", bzw. „*Yours / Mine / Remarks*". Zwei Texte sind aufgeführt, *The Rose* (*Die Rose*) und *Of Friendship* (*Von der Freundschaft*). Beim ersten handelt es sich um eine Blumenfabel Johann Gottfried Herders, in der sich die Rose als „Königin der Blumen" darüber beklagt, dass man ausgerechnet ihr einen Hang zu frühem Welken und Sterben anlaste. Ein junges Mädchen, das vor ihr steht, beruhigt sie, dass dieser Eindruck im Vergleich mit der eigenen „Schönheit, Jugend und Freude" entstehe, deren Vergänglichkeit einem eben gerade angesichts der Rose bewusst werde.[24]

Das über Literaturbeschäftigung, Lektüreempfehlungen und Übersetzungsstudien geknüpfte Band entwickelt sich zu einem regelrechten ‚Roman'. Im April macht Heron einen Besuch in Rudolstadt mit Unterkunft im Beulwitz'schen Hause, es werden Bälle und Gesellschaften gegeben, bei denen auch der Rudolstädter Hofadel anwesend ist.[25] In einem Brief an Fritz von Stein entschuldigt sich Charlotte, dass sie die ganze Woche keine Zeit hatte, „weil wir Heron zu Besuch hatten. Er hat uns viel angenehme Stunden gemacht".[26] Er muss sich ihr bei dieser Gelegenheit erklärt, sie seine Zuneigung offensichtlich erwidert haben. Im nächsten Brief erinnert sich Heron jedenfalls, wie er neben Lotte saß, ihre Hand drückte, am häuslichen Vergnügen der Familie teilnehmen konnte. Ein dauerhaftes Glück scheint jedoch nicht in Aussicht, denn die genossenen Freuden erkennt er als bereits vergangene:

> Izt erwache ich aus dem Taumel meiner Empfindungen gleich wie aus einem-Traum und kaum kann ich mich überzeugen daß die Freude die ich mir in Ihrer Gesellschaft zu genießen so oft versprochen hatte, schon genoßen sind und daß die Zeit nach derer Ankunft ich mich so viel sehnete, schon vorbey ist. Also sind sie dahin, auf zu schnellen Flügeln dahin die Stunden die ich glücklich bey Ihrer Seite zubrachte und nie werden sie zurück kehren.[27]

Betrachtet man die Mühe, die er sich in seinen Briefen gibt, die schönen Schriftzüge, sei es in lateinischen Lettern oder in der damals üblichen deutschen Kurrentschrift, die Ausführlichkeit seiner Schilderungen, die Aufmerksamkeit, mit der er sich Lottes Übersetzungen widmet, die Geduld, mit der er für sie Texte abschreibt (oder aus dem Gedächtnis aufschreibt), so scheint es ihm mit seinen Gefühlen und seiner Werbung ernst. Warum er aus dem Weimar-Jenaer Kreis abberufen wird, um nach Ostindien eingeschifft zu werden, ist nicht bekannt, vermutlich handelt es sich um eine Regierungsexpedition. Es ist nicht unwahrscheinlich, dass weder Charlottes noch seine Familie Interesse an der Verbindung haben konnte, da er als der jüngere Bruder nach schottischem Erbrecht praktisch mittellos und daher darauf angewiesen war, ebenso wie Charlotte eine vor allem finanziell gute Partie zu machen – oder eben seinen Unterhalt im Militär- bzw. diplomatischen Dienst zu suchen.[28]

Den Brief, der seine zärtliche Erinnerung an das Beisammensein in Rudolstadt schildert, sendet er bereits auf dem Sprung nach Frankreich (am Ende findet sich eine postlagernde Adresse in Mayence), wo er in zehn bis zwölf Tagen sein werde. Danach schreibt er noch einmal am 13. Juni aus Neuwied, erzählt Charlotte von seinen Aufenthalten und Begegnungen in Frankfurt und Mainz sowie von einer Rheinfahrt nach Neuwied. Hatte er zuvor schon den Brief geendet, ein Wiedersehen sei „nicht unmöglich“, so schließt er auch jetzt: „doch sehen wir uns wieder“.[29] Der letzte an Charlotte gerichtete Brief datiert auf den 2. August aus Rotterdam, wo Heron zehn Tage zubringt. Er teilt mit, dass er sich auf die Heimreise nach London freue, von wo aus seine Bestimmung noch ungewiss sei.

Was geht in Charlotte vor? Ihre Briefe an Heron, einer, den sie nach Neuwied sendet, ein anderer, den sie nach London schickt, sind nicht erhalten. Ein Heft mit Tagebuchaufzeichnungen vom November 1787 bis zum Oktober 1789 ist archiviert,[30] das Einblick in Charlottes wechselnden Gemütszustand während dieser Zeit gibt. Verknüpft sind Naturbetrachtungen und philosophische Reflexionen zu geistiger und physischer menschlicher Existenz mit Überlegungen zu ihrer eigenen Zukunft. Enttäuschung klingt aus dem Eintrag vom 20. November 1787:

> Darum sei ruhig Herz bei den leiden die dich drücken. laß die schauerlich schöne Abendstunde, dir ein Bild beßrer reiner Freuden sein, die dein warten. Der Gedanke ist süß, daß du schöner Abendhimmel mit all seinen Sternen, und den schönen Mond, alle meine lieben umgiebst. Süß sei Ihnen der Abend, mögten sie die nähe meines Herzens fühlen, wohl uns daß die Seele über Berge, thäler, länder und meere sich heben kan! Aber süßer noch wäre es wenn wir das umschweben unsrer lieben fühlen könnten! – – Es sollte nicht so sein, wäre uns wohl nicht nützlich. Darum ist es gut wie es ist, aber es ist dennoch ein schöner Traum, daß es nicht blos Ahndung, Hofnung, sondern möglichkeit wäre![31]

Am 15. April 1788 scheint sie, inmitten unwirscher Witterungsverhältnisse, erneut des schottischen *Captains* zu gedenken, der ihre aufblühende Zuneigung mit einem kalten Hauch der Gleichgültigkeit behandelt und, statt nach einer Verbindung mit ihr, nach Ruhm und Ehre strebt:

> Der Wind heult, kalte Regentropfen schlagen ans Fenster, o Boreos schone der zarten blumen! Auch mein Herz zieht sich zurück fühlet sehnen u. leere. Auch so haucht der kalte Hauch der Gleichgültigkeit die blüthen der Freundschaft an, die schön aufkeimten, ach Entfernung, der Hang zu Ruhm u. Ehre, lies wohl manche Aufwallung dafür stumm werden, u das treue Herz ward vergeßen. Steig aus den Schutt der Vergangenheit wieder hervor Bild entflogner Freude u sei von mir nicht vergeßen, mir ewig lieb, u. grüne nur meinen Scheitel in unverwelcklicher blüthe.[32]

Hoffnung schöpft sie aber doch wieder am 1. Juni 1788 nach einer nochmaligen Lektüre seiner Briefe, redet sich zu, dass die Trennung von dem Geliebten nur eine vorübergehende sei:

> Spülst du denn o zeit mit deiner Welle, über jede freude des lebens? u. löschest aus die lieblichen bilder? o ihr vergangnen Freuden, bleibt denn nichts von euch, als der Schmerz daß ihr nicht mehr zurückkehrt? Das dachte ich eben als ich einige Briefe durchging. – O warum ist doch unser Geist in so engen Schranken, warum können wir nicht, die Winde durchschneiden, die Meere in einem Augenblick überfliegen, daß das Herz die nähe einer freundschaftlichen Seele deutlich fühlen könnte. So wallen wir immer in einer ängstigenden Ungewißheit. Wenn wir vergeßen könnten! *Tis sure the hardest Science to forget!* Nein nicht vergeßen sollen wir, sondern starck die nothwendigen Uebel der Trennung tragen! denn sie ist hofentlich nicht ewig![33]

Am 23. Juni fragt sie, ob denn alles Gaukelspiel sei, ob nicht alle Freundschaft Täuschung und Folge einer kranken Einbildungskraft sei, und eine Woche später: „Vergangenheit, Zukunft! wie steht ihr vor der Seele, als ein weites, ofnes Grab. Dort verschlingt die Welle der Zeit eine freude nach der andern, u. das vergangne glück kommt nicht wieder".[34]

Ein Jahr ist mittlerweile vergangen seit Herons Besuch in Rudolstadt, Charlotte hat seit dem Brief aus Rotterdam nichts mehr von ihm gehört. Dabei hatte sich die ganze Affäre recht aussichtsreich angelassen und war von der Weimarer Hofgesellschaft humorvoll kommentiert worden. Herzog Carl August höchstselbst hatte in Anspielung auf den Namen des *Captains* einen ausgestopften, in schottische Uniform gekleideten Reiher, schicken lassen – nebst Baumsetzlingen für den Rudolstädter Garten der Lengefelds. Es scheint, dass dieser „Herzensvogel" – wie Lotte ihn im April 1788 in einem Brief an Fritz von Stein bezeichnet – lange Zeit im Steinschen Haus in Weimar sitzt, bis ihr „Brüderchen" ihn ihr zusendet: „Ich wünsche Ihnen einen schönen guten Morgen, gestern konnte ich Ihnen meinen Dank daß Sie mir den Herzensvogel so gut behalten überschickt haben nicht sagen, weil die zeit so kurz war. Er macht uns alle sehr glücklich, u. seine liebliche gestalt hat schon manches lachen erpresst."[35]

Knebel hatte Charlotte bereits 1787 ein scherzhaftes Selbstbekenntnis in den Mund gelegt, in dem sie unter ihre Verfehlungen auch rechnet, einheimischen Verehrern „Fremde und Ausländer" vorgezogen zu haben:

> Gegen meine Nebenmenschen hab ich mich aber hauptsächlich darinn vergangen, daß ich sie nicht zu allen Zeiten so lieb hatte, wie ich sie wohl hätte haben sollen, nur nach der Menge der Freunde und Freundinnen trachtete, solchen jedoch am Ende Fremde und Ausländer vorgezogen, deren Beyfall mir vorzüglich zu erwerben suchte; ja, daß ich sogar ihre Vögelsprache erlernet, solche in Briefen mit ihnen gewechselt habe, und noch auf andre Weise ihr, und hauptsächlich mein eigenes Herz in Gefahr gesetzt, so, daß mich auch das Schicksal bestraft und mir einen verwandelten Reiher statt eines lebendigen Menschen, auf die Stube gesezt, davon der lächerliche Anblick mich noch erschrecket und mir zeiget, wie ungerecht es gewesen, den lebendigen Vogel in so ferne Lande zu schicken.[36]

In neckischem Ton thematisiert Knebel den Umstand, dass die von ihm selbst verehrte Charlotte dem ihm befreundeten schottischen Offizier Heron größere Gegenliebe bezeigte, als ihm selbst. Interessanterweise schreibt dieser ab dem Sommer 1788 nicht mehr an Charlotte, sondern an Knebel. Am 21. Juni 1788 vermeldet dieser Charlotte, dass er einen Brief Herons erhalten habe, der aus Madeira über Lissabon gesandt worden sei. Er bereite sich darauf vor, mit seinem Regiment nach Indien zu gehen. Knebel macht die Information über Herons Verbleib besonders spannend, indem er recht viele – und lange – Gedankenstriche einfügt. Zudem legt er ein Gläschen für Lotte bei, aus dem sie gemeinsam mit ihm auf Herons Andenken und Wohl trinken möge:

> Was Sie indeß weit mehr interessiren dürfte, als alle Berge u. Steine, ist – daß ich gestern einen Brief von unsrem Freunde – Heron – erhalten habe, der mir aus – Madera – schreibt. Stellen sie sich vor, aus Madera! – Ist es nicht Eine von den Azorische oder kanarische Inseln? – Ich sage Ihnen nicht mehr, von dem Inhalt des Briefes. Sie sollen ihn selbst sehen. Er hat mich gar herzlich erfreut. Heron geht mit seinem Regimente nach Indien. Er bittet mich gar sehr alle zu grüssen, und vorzüglich in Rudolstadt – *there is a charm in the very name* – sezt er hinzu! – So ist der Vogel ein Seevogel geworden, und so weit von uns geflogen! Es ist etwas wehmüthges für mich in dem Gedanken. Doch hoffe ich ihn wieder zu sehen! – Ich habe für Sie ein Glasbecherchen zu dem Weine mit beygelegt. Lassen Sie ein H. darauf schneiden, und trinken Sie daraus zuweilen, zum Andenken unsres Freundes. Ich werde es auch so thun.[37]

Interessant ist an diesem Brief, dass Knebel versucht, sich selbst wieder als Bewerber um Charlotte ins Spiel bringen kann, dadurch dass ihr vormaliger Verehrer nicht an sie, sondern an ihn als Freund schreibt. Im bisher einzigen Druck dieses Briefes bei Urlichs wurde der Satz, in dem Knebel fragt, ob Madeira eine azorische oder kanarische Insel sei, weggelassen. Möglicherweise schien dem Herausgeber die gegenüber einer jungen Dame demonstrierte Unwissenheit des ehemaligen Weimarer Prinzenerziehers unstatthaft.[38] Umgekehrt zeigt sich in ausgelassenen Briefstellen wie diesen, in welcher Weise Eindrücke von Persönlichkeiten des Weimarer Umfelds durch editorische Eingriffe manipuliert sind und gibt für die Beziehung zwischen Charlotte von Lengefeld und Karl Ludwig von Knebel zudem Auskunft darüber, dass sein Auftreten ihr gegenüber vielleicht weniger schulmeisterlich war, als die Nachwelt es sehen wollte.

Am 30. Juni schickt Knebel Charlotte Herons Brief selbst, von dem sie sich eine Abschrift anfertigt. In biographischen Darstellungen Charlotte Schillers ist gelegentlich die Rede davon, dieser letzte Brief sei aus „Madras", was wohl durch einen Lesefehler von Urlichs zustande kam.[39] Indessen kann man bereits dem Briefinhalt selbst entnehmen, dass nicht die indische Hafenstadt, sondern die portugiesische Vulkaninsel vor der afrikanischen Küste beschrieben wird, die früher ein Kolonialstützpunkt für Segler in die ‚neue Welt' im Westen sowie nach Indien war. Zum einen geht dem Brief als Motto die erste Strophe aus Herders Gedicht *Madera*[40] voran, zum anderen schildert Heron detailfreudig die vulkanische Inselwelt und den britischen Weinhandel, wofür Madeira berühmt ist.

> Diese Insel hat sehr merkbar etwas eignes in ihrer Bildung u. die Spuren daß sie durch einen *volcan* hervorgebracht worden ist, sind zu starck daß man einen Zweifel darüber wagen kann – die ganze Insel scheint mir ein einziger berg gewesen zu seyn, welcher jezt durch unzählbare Thäler und klippen durchschnitten ist, die alle aber von der Spize bergab ihre Richtung nehmen, u. sehen gerad aus als ob sie Gleißen gewesen waren, worinen die lava hinunter gefloßen hat. Ich habe nicht zeit gehabt die Insel zu durchreisen u. Sie wißen wohl daß ich kein so starcker Naturforscher bin, daß meine Bemerkungen lehrreich oder tiefsinnig sein sollten – Menschen sind was ich über all am ersten aufsuche, u. einige vortreflichen habe ich auch hier gefunden die Insel ist ganz von brittischen Kaufleuten unterhalten ohne sie wäre sie nur ein dürrer fels. Ich bin jezt auf der Reise nach Ostindien mit meinen Regiment, u. das Schiff worauf ich bin hat sich hier aufhalten müßen um wein einzunehmen […].[41]

Auf der letzten Seite wechselt Heron in seine Landessprache, fragt nach Weimar, nach den ihm befreundeten Mitgliedern der Hofgesellschaft, den Damen Imhoff, Schardt und Stein etwa, lässt Grüße an Herzog und Herzogin senden. Oder er gedenkt den Jenaer Freunden, des Kirchenrats Griesbach und dessen Frau, bei denen er während seines Aufenthalts logierte. Schließlich fragt er: „*Do you hear about Roudolstadt. There is a charm in the very name – o days, happy days – days of whose happiness I was not aware – but my friend we must labour this*".[42] Auf deutsch lautet die Stelle etwa: „Hören Sie etwas von Rudolstadt. Es ist ein Zauber im Namen selbst – o Tage, glückliche Tage – Tage, deren Glückseligkeit ich mir nicht bewusst war – aber, mein Freund, wir müssen es durchstehen." Was mag Charlotte beim Abschreiben dieser Zeilen fühlen? Einerseits wird ihrem Lebensort ein gewisser Zauber zugeschrieben, werden verlorene Tage der Glückseligkeit beschworen, andererseits fällt nicht einmal ihr Name und die Replik endet mit dem Entschluss zur Entsagung. Der Umstand, dass das Schreiben an Knebel, nicht etwa an Charlotte ergeht, lässt vermuten, dass das „*we must labour this*" vom Freund auch als Aufforderung verstanden werden darf, sich selbst wieder um das Fräulein von Lengefeld zu bemühen. Den Brief schickt Charlotte am 3. Juli 1788 an Knebel zurück mit der etwas nüchternen Einschätzung, dass Heron sicher ein brillanter Reiseschriftsteller werden könne:

> Hier schicke ich Ihnen des guten Heron's[] Brief wieder, mit vielem Danke. Es freute mich, etwas von ihm zu lesen. Sein Deutsch scheint er ziemlich vergessen zu haben, aber es ist doch besser, er vergißt unsre Sprache als uns. Er hat mir rechte Lust gegeben, Madera auch zu sehen. Es muß ein sonderbares Gefühl sein, sich in einem andern Welttheil zu sehen, und so weit von seinem Vaterland. Andern Nationen vergebe ich's, ihr Vaterland zu lieben, wir aber haben im eigentlichen Sinne keins, wir haben nichts Eigenes. Wäre ich in England oder in einer Republik geboren, ich könnte es mit der größten Wärme lieben. [...] Heron könnte recht interessante Nachrichten in Indien sammeln, und dann von großem Nutzen für Europa sein.[43]

Lässt man nochmals Charlottes Tagebucheinträge vom Spätjahr 1787 bis zum Sommer 1788 Revue passieren, so spiegeln sie eine Gemütsverfassung zwischen Bangen und Hoffen, die aufgrund des von Knebel erhaltenen Lebenszeichens zu einer gefassteren, distanzierteren Haltung führt. Anfang Dezember 1788 erwähnt sie Heron ein weiteres Mal, nun nicht mehr als entfernten Freund oder Geliebten, sondern als Mentor ihrer eigenen Beschäftigung mit Reiseschilderungen und ihres Aufbruchs zu imaginären Reisen auf der Landkarte:

> Ich size zwar recht behäglich am warmen Ofen, u. reise Bald aufs vorgebürge der guten Hofnung, u. bald an die küste von *Coromandel* ich habe eine Reisebeschreibung entdeckt die mir viel feude macht, es ist *Histoire des Voyages*, da kommt dann die Entdeckungs geschichte von Indien, u. wie denn die Portugiesen Besiz von allen nahmen. ich glaube Herons Geist ist auf mich gekommen vor einigen Tagen saß ich immer mit landkarten umringt am Ofen, es freut mich ganz kindisch wenn ich so viele Karten vor mir haben kan, u. die liebe Welt besehn. Was nur Heron alles bemerkt! wenn er einmal wieder käme könnte er recht erzählen. Auch die Geschichte der Insel *Madera* steht in

> meinen Reisen, ich habe den vers so gern Neue Vögel, neue Bäume pp. Ich glaube ich reise noch einmal um die Welt. So eine freude habe ich am Reisen gefunden.[44]

Die Reisebeschreibung, die sie liest, scheint die portugiesische Entdeckung des Seeweges nach Indien über das Kap der Guten Hoffnung („vorgebürge der guten Hofnung") und die britische Entdeckung Neuseelands und der Coromandel-Küste („Coromandel") einzuschließen. Vermutlich handelt es sich um Jean-François de La Harpes Monumentalwerk *Abrégé de l'Histoire générale des voyages*, dessen erster Band von 1780 ein umfassendes Register der zwanzig weiteren Bände präsentiert.[45]

Die Vermutung von Ludwig Urlichs, Charlotte habe erst 1804 erfahren, dass Heron nach Ostindien – und nicht etwa nach Westindien – gegangen sei, scheint daher unzutreffend.[46] Ein kurzer Briefwechsel Charlottes mit Knebel aus demselben Jahr, der über dessen Schwester Henriette aufgenommen wird, belegt, dass Charlotte – mittlerweile mit Schiller verheiratet – sich gedanklich erneut mit Heron befasst.[47] Hat sie um „den letzten Brief von Heron"[48] gebeten, so handelt es sich möglicherweise um einen weiteren, nicht mehr erhaltenen Brief. Charlotte schreibt daraufhin: „Aus seinem Brief sah ich auf's neue, daß er wirklich nach Ostindien gegangen ist, worüber ich zweifelhaft war. Ich dachte, er hätte auch sein Grab auf den trügerischen westindischen Inseln gefunden, wie der gute Ernst!"[49] Sicher scheint indessen, dass sie aus dem Brief aus Madeira bzw. Lissabon fünfzehn Jahre früher bereits weiß, dass Heron nach Ostindien abkommandiert war, was die Möglichkeit freilich nicht ausschließt, dass er später nach Westindien gesandt wurde. Etwas rätselhaft wirkt der weitere Brief Knebels an Charlotte Schiller, der mit der ironischen Replik beginnt, dass sie sich all die Jahre wenig für ihn interessiert habe und ihr Interesse nun, da sie sich meldet, einem anderen gelte:

> Es ist doch recht hübsch, daß ich mit meiner Freunde Briefen wuchern kann, und daß mir ein einziger englischer Goldfisch so einen reichen fang von allerliebsten Erscheinungen zugeführt hat. Sie, gnädige, liebe, freundin, sind allezeit grosmüthig gewesen, und so haben Sie auch meine kleine Aufopferung reichlich belohnt; wofür ich danke. Daß sie sich die Tage voriger Zeit erinnern mögen, das ist recht hübsch u. andächtig von Ihnen: könnten wir nur unsern guten Heron auch durch unser Andenken wider zurückrufen! Es war so ein edler Mensch, als wie ich keinen edlern habe kennen lernen; und er hatte Sie auch recht herzlich lieb. Das ist doch ein garstiges Ding mit der langen Abwesenheit und dem Tod! Ich denke tagtäglich daran; aber ich weiß mir nichts vernünftiges heraus zu bringen.[50]

Vermuten lässt sich aufgrund dieser Schilderung, dass Knebel in der Tat einen weiteren Brief Herons erhalten hat, der mit einer Todesmeldung verbunden und daher eben sein ‚letzter' ist.

Charlotte behält die Erinnerung an Heron offenbar lange Zeit lebendig. Eine Liebesgeschichte, die der nüchtern-pragmatischen Art, in der Mutter Lengefeld die ältere Tochter verheiratet hat, ganz entgegensteht, hat sich über den Zeitraum fast eines Jahres zunächst hoffnungsvoll entsponnen, soll aber mit Entsagung enden. Wie es scheint, setzt der Verzicht auf Liebesglück in Charlotte neue Energien zur literarischen Beschäftigung frei, ihr erwachendes geographisches Interesse verbindet sich mit Reisewünschen aller Art. England, die Weltstadt London, sind Orte, die – sicher im Zusammenhang mit Heron – auf sie eine große Anziehungskraft ausüben. Unter anderem liest sie in Sophie von La Roches Reiseschilderung Englands: „so sehr sie mich oft ermüdet, so hat mir doch die beschreibung von der Natur freude gemacht. Der geist der größe, u. der Wohlthätigkeit vereint, macht gewiß den menschen ihre Existenz schöner, u. ich lebte gern unter ihnen. Die La Roche schreibt viel von Madame Hastings, u. auch von ihm.“[51] Tatsächlich entwirft Sophie von La Roche ein recht bewegtes Bild vom Schicksal dieser Gouverneursgattin:

> Ich bekenne, daß es mich ungemein freute, diese Frau selbst zu sehen: denn ihr Schicksal, und der verschiedene Ton von ihrem Rufe, machen sie merkwürdig. Ich hörte ihre Geschichte das erstemal vor vier Jahren durch einen sehr verehrungswerthen Mann, und nahen Verwandten des Herrn v. I*, welcher sie, als seine Frau, erst nach England, und dann nach Ostindien führte; sie mit zwei Kindern dort ließ, um sich in Europa mit dem durch Fleiß und Talente erworbenen Geld einen Wohnsitz zu kaufen. Sie bat ihn aber um einen Scheidebrief; erhielt ihn nach vier Jahren, und wurde dann, vor den Augen von ganz Ostindien, die Gemalin des Generalgouverneurs der englischen Besitzungen, Herrn Warren Hastings.[52]

Über die bei La Roche ausführlich geschilderte Begegnung mit der Frau des ostindischen Gouverneurs Hastings stellt sich für das junge Mädchen eine bemerkenswerte Verbindung zwischen britischem Kolonialismus und Orientalismus sowie der Weimarer Hofgesellschaft her: Lady Hastings ist keine andere als die bildschöne erste Frau des Indienfahrers Christoph Adam Carl von Imhoff, „des Herrn von I*“ (s. o.), der sie gegen eine größere Summe Geldes dem Gouverneur von Indien, Warren Hastings, überlassen hat. Diesen heiratet Marianne (geb. Chapuset) 1777. Imhoff selbst geht 1775 eine zweite Ehe mit *Luise* Franziska Sophie von Schardt ein, jener Schwester Charlotte von Steins, in deren Haus Lotte von Lengefeld bei ihren Besuchen in Weimar in den 1780er Jahren häufig logiert. Eines der Kinder aus dieser zweiten Ehe ist Amalie von Imhoff, die Verfasserin verschiedener Antikedichtungen im klassischen Weimar. Charlotte nimmt regen Anteil am Schicksal der Ehe Luise von Schardts mit Carl von Imhoff, über deren beklagenswerten Zustand Charlotte von Stein sie im Dezember 1787 informiert:

> Die arme Imhofen ist desto unglücklicher es würde Sie selbst betrüben wen ich Ihr alles erzählen wolte wie schlecht sich jetz ihr Mann gegen sie beträgt, und wie er seiner Frau die Ehre vor allen Menschen sucht abzuschneiden und sie fühllos sitzen läßt, mein Herz blutet offt ihrendwegen und meine arme Mutter schmertzt mich, eins von ihren liebsten Kindern so unglücklich zu sehen, ach wen man immer wüsste wie alles endiget wie würde man sich fürchten anzufangen.[53]

Mögliche Lebensentwürfe für eine junge Frau von Adel mögen sich in ihrer krassen Widersprüchlichkeit vor Charlottes Auge auftürmen angesichts dieses Weimarer Ehepaars, besonders der exotischen Reisetätigkeit des Mannes, der seine Frauen offenbar als Handelsobjekte ansieht.

In ihrer Vorstellung setzt sich die 21-jährige Lotte selbst an die Stelle eines Mannes, der die Welt umsegeln darf. An Fritz von Stein schreibt sie am 30. November 1788, nachdem sie weitere Entdeckungs- und Eroberungsgeschichten gelesen hat: „Ich denke Sie werden noch einmal hören, daß ich mit einem Schiff abgehe, um die Welt zu umsegeln, aber vorher denke ich doch wir sehn uns noch; es wird noch mancher Tropfen Wasser ins meer fallen, wäre ich aber von Ihren Geschlecht, u. fände nicht was ich suchte in unsern Weltheil, ich bedächte mich nicht einen Augenblick."[54] Dass die Aussichten, andere Länder, gar Kontinente zu erkunden, für junge Frauen begrenzt sind, ist ihr freilich bewusst. Goethe hat gerade seine zweijährige Italientour beendet. Charlotte versetzt sich in seine Lage, überlegt, wie er sich vorkommen muss, „nach den schönen lande in einer so oeden Gegend zu leben, wie die von Weimar doch vielleicht ist" und vergleicht ihre eigene Rückkehr aus „den schönen Schweizerbergen" damit.[55] Dorthin sind in dieser Zeit die Schwarzburg-Rudolstädter Prinzen im Aufbruch begriffen. Auf ihre Kavalierstour in die Schweiz begleiten sie Freiherr von Beulwitz und Kammerjunker von Ketelhodt.[56] Charlottes Welt besteht dagegen im engen ländlichen Rudolstädter Umfeld. Brieflichen Kontakt zu Weimar hat sie hauptsächlich durch den mehr als zwanzig Jahre älteren Karl Ludwig von Knebel, Hofrat und ehemaligen Erzieher des Prinzen Constantin, seit 1781 im Ruhestand. Als Ehemann kann Charlotte sich ihn kaum vorstellen, gleichwohl wird er in den Jahren 1788/89 zu einem der wichtigsten Briefpartner, bis zu ihrer Verbindung mit Friedrich Schiller im Februar 1790, die freilich auch andere Freunde und Verehrer erstaunt, um nicht zu sagen, brüskiert. Erst nach Schillers Tod, 1805, wird der Kontakt zu Knebel wieder aufleben.

In Charlottes Jugendjahren bewegt sich der briefliche Austausch mit Knebel um Literarisches. Sie erbittet Lektüren von ihm, nimmt Anregungen entgegen, lässt ihn wissen, was sie vom Gelesenen hält. Die Liste ihrer Lektüren reicht von neueren biographischen und geographischen Berichten zu übersetzten Werken antiker Klassiker: Homer, Plutarch, Marcus Antonius und viele mehr. Eine ganze Reihe literarischer Neuerscheinungen kommentiert sie ausführlich. Im September berichtet sie etwa, sie habe die „Geschichte Struensee's gelesen",[57] eine im selben Jahr erschienene Darstellung des Leibarztes Johann Friedrich Struensee, der am dänischen Hof zum Minister, heimlichen Regenten und Reformer anstelle des kränklichen Christian VII. und zum mutmaßlichen Geliebten der Königin Caroline Mathilde wurde. 1772 machte man ihm den Prozess wegen Hochverrats und ließ ihn grausam hinrichten.[58] Charlotte empfindet Mitgefühl mit der Königin: „Die arme Königin! Ich bin froh, daß sie todt ist; denn es muß eine sehr traurige Lage gewesen sein, in der sie sich befand. Zur Ehre meines Geschlechts bemerke ich gern, daß sie bei ihrer Gefangennehmung mehr Muth zeigte als die Männer; denn keiner fiel auf den Gedanken, sich nach des Königs ausdrücklichem Befehl zu erkundigen, als sie."[59] Oder sie kommentiert eine französische Neuerscheinung, die zweibändige *Voyage en Syrie et en Égypte* von Volney, die von jüngst unternommenen Reisen in den Orient berichtet. Charlotte kann sich daran nicht im selben Maße wie Knebel erfreuen, vergleicht die ‚Dürre' der Schilderungsweise mit der Wüstenlandschaft und schreibt die freudlose Existenz der Bewohner den despotischen Verhältnissen zu:

> Ich hätte auch gedacht, daß Volney Ihnen nicht so viel gegeben, als Sie erwarteten; mir ist er wirklich oft recht trocken vorgekommen. Er beschreibt Alles so ganz flach; seine Phantasie hätte billig sollen die unfruchtbaren Gegenden schöner ausschmücken. Können Sie Syrien wirklich angenehm finden? und das Volk, bei dem jetzt der Despotismus der Obern jeden Trieb zur Wirksamkeit und zur Freude erstickt? Finden Sie vielleicht auch die Wüsten schön? Ich kann mir nichts Traurigeres denken! [...] Und wie mag man in den dürren Sandwüsten Leben ahnen können? Ach, so tagelang zu gehen, ohne eine Quelle zu finden, ohne im Schatten der Bäume zu ruhen! es wird mir ganz angst, es zu denken. Ich lebe ordentlich nur mit Pflanzen und Blumen; denn sobald ich anfing zu leben, war ich unter ihnen; wir wohnten an einem Berg, wo ich fast mehr als im Hause war, in meiner Jugend.[60]

Andere Lektüren führen sie nach Südamerika, etwa die dreibändige *Geschichte der Abiponer, einer berittenen und kriegerischen Nation in Paraguay* des Missionars Martin Dobritzhoffer. Unter anderem berichtet der Erzähler von einer Familie, die durch Religionseifer in eine Kolonie gebracht wird und im Unglück endet. Charlotte resümiert ihre Buchkritik mit einem Plädoyer für religiöse Toleranz: „Die Bekehrungsgeschichten habe ich gar ungern. Ich dulde jede Meinung und lasse die Menschen über diese Sachen denken, wie sie wollen. Daher ist mir die Einschränkung der Seele so ängstlich, die daraus folgt, wenn alle einerlei glauben sollen."[61] Anregungen aus der englischen und schottischen Geschichte und Literatur erhält sie durch das *Journal aller Journale oder Geist der vaterländischen Zeit-Schriften*: „Es ist auch eine Beschreibung von Schottland darin, die mir sehr gefiel. Es muß ein interessantes Land sein, und die Einwohner so gastfrei, so gut. Ich habe auch zu meiner Freude gelesen, daß Glamis, wo Macbeth den König umgebracht, noch steht, und der Verfasser sah den Wald, wo die

Hexen hausten. Unter anderem fand ich auch einiges aus Swinburne's Reisen."[62] Ihr Interesse für Geschichte, so bemerkt sie, teilen ihre Rudolstädter Freundinnen nicht. Sie studiert z. B. Edward Gibbons römische Geschichte, *The History of the Decline and Fall of the Roman Empire* (1776–1788), und Voltaires Darstellung des Zeitalters des französischen Sonnenkönigs, *Siècle de Louis XIV* (1751).[63]

Die Liste von Gelesenem, das sie in ihren Briefen erwähnt und kommentiert, ist lang. Doch was schreibt sie selbst? Scherzhaft bemerkt sie gegenüber Fritz von Stein einmal angesichts einer fesselnden Lektüre: „Wie ich klein war schrieb ich einen Roman, u. da sagte der Held der Gesch[ichte] auch nach dem alles zu ende war, und da starb ich, Das fiel mir dabei ein, u. ich lachte."[64] Im selben Brief beteuert sie aber auch, ihre „Dichtkunst" sei „ganz unscheinbar", sie „werde immer prosaischer", gesteht allenfalls Übersetzungsversuche ein. Knebel versucht ihr zu entlocken, woran sie selbst arbeite, Charlotte jedoch gibt sich bescheiden, glaubt, das wenige, was sie für sich schreibe, sei noch nicht reif, gelesen zu werden. Und was ihre Übersetzungen angeht, in dieser Zeit vor allem aus Macphersons *Ossian*, bezweifelt sie, dass deren Lektüre Knebel einen größeren Genuss bereiten könne als die der Originale, da er selbst gut Englisch könne:

> Sie wollten etwas von meinen eignen Sachen, wenn ich nicht zuweilen Uebersezungen machte, sonst schreibe ich wenig für mich, weil ich zu viel noch zu lernen habe. Die Uebersezungen werden Sie nicht intereßieren, da Sie englisch können so wird's Ihnen mehr freude machen, in dem Original zu lesen. Zu meiner eigenen freude mache ich zuweilen versuche aus dem Oßian zu übersezen, weil seine einfachen, lieblichen Bilder meiner eignen Seele wohl thun. Wenn wir doch alle nur der Natur folgten, u. nichts aus uns erzwingen wollten was wir eigentlich nicht haben! Ich fühle immer mehr den werth des Einfachen.[65]

Der ‚Ossianismus' ist spätestens seit Goethes *Werther* verbreitet – Klopstock, die Dichter des Sturm und Drang und des Hainbundes, Herder sind davon ergriffen –, nicht überraschend also, dass auch in Rudolstadt fleißig übersetzt, die Hochlandstimmung nachempfunden, dem legendären Barden und seinem Helden Fingal nachgedichtet wird. Unter den zeitgenössischen Dichterinnen sticht die Dänin Friederike Brun hervor.[66] Ein Gedicht von Charlottes Hand, *Ossians Abschiedsklage*,[67] beschreibt den Altersrückblick des (bei Macpherson zumindest) blinden Barden:

> Auf der grauen Wolke Nebel size
> Ueber hochlands Felsen rauher Spize
> weilt zum letztenmal mein hoher Geist.
> Fingal ist verschwunden, seine Helden;
> welche Thaten seiner Enkel melden,
> daß sie würdig noch der Sänger preisst!

Nicht den Speer mehr in der luftgen Rechten
wenn die Söhne kleiner Menschen fechten,
Schauet Fingals Geist auf sie herab.
Wenn des Nordes Fittiche sich schwingen
wenn die Nebel geister fliegend ringen
Schweben sie nicht um der Vorzeit Grab!

In des Mondes ungewißen Lichte
An dem Stamm der dicht bemoosten Fichte
Lehnet nicht des Sängers Harfe mehr
Mit dem Traumbild jener heilgen Tage
Schwieg auch seine ernste trauer klage
Und es horchet niemand um ihn her.

Fremde Geister sind herauf gestiegen
aus der finstren Mutter Erde Schoos
Allen wahn der dichtung zu besiegen
Und der Sänger ist nun heimatlos
Wo er wandelt, stehen aufgethürmet
kalte Zweifel ohne Maas und Ziel
nicht der Glaube an das heilge schirmet
Alles ist des frechen Wizes Spiel.

Von der Erde losgebunden dringet
Ossian in seiner wolcken Land
Wo des Sängers harfe wieder klinget,
Wo er seine Helden wieder fand,
Lebet ihr in eurer hellen Klarheit
Deutet Euch des Lebens dunklen Traum
forschet grübelnd nach der strengen wahrheit
Aber lasset dort der dichtung Raum!

Schottische Hochlandstimmung verbindet sich mit dem Ideal natürlicher, unverbildeter Dichtung. Charlotte betont oft, wie viel ihr die sie umgebende Natur bedeutet, die Hügel um Rudolstadt, die Saalelandschaft. Gerne würde sie der höfischen Etikette, den Hofvisiten überhaupt entfliehen und ihre Zeit besser am Schreibtisch zubringen. Die Hoftage, so schreibt sie etwa an Fritz von Stein im November 1786, sind ihr alles andere als angenehm: „Ich bin allein zu Hause, es ist Courtag, ich nehme es eben nicht übel daß ich ruhig an meinem Schreibtisch sizen kann und Ihnen schreiben, es ist keine Schmeichlei wenn ich sage daß ichs lieber thue, als mich am lieben Hofe herum zu drehen, und – – langeweile zu haben. Die Cour dauert so lange bei uns, von 2 Uhr bis 7!!“[68] Der Rudolstädter Hof, zu dem sie schon als Kind durch beide Elternteile in enger Beziehung steht, reizt die Herangewachsene nicht sonderlich. Ihre Mutter ist seit 1789 auf die Heidecksburg umgezogen,[69] wo sie mit der Erziehung der Prinzessinnen Karoline und Luise betraut ist. Knebel, dem diese Veränderung in den Lengefeld'schen Verhältnissen zugetragen wurde, schmeichelt Charlotte, indem er andeutet, man hätte besser sie, die Tochter, zu diesem Amte berufen:

> Man hatte mir schon gesagt, Sie seyen Oberhofmeisterin geworden; und nun that ich Verzicht auf die gefälligen Zeilen Ihrer Hand, und lobte das Schicksal, das Ihnen einen so würdigen Platz angewiesen hatte. In der That eine weibliche Seele, die sich schon so früh in den Maximen des weisesten aller Kaiser gebildet hat, wie sollte die nicht geschickt seyn, das Rudolstädtische glück durch ein paar liebenswürdige Prinzessinnen befördern zu helfen? Daß man, wie ich jetzt erfahre, Ihre frau Mutter lieber zu diesem Geschäfte erwählt, verräth noch ein kleines Vorurtheil der Welt. Man hätte die Prinzessinnen wohl nach ihr bilden dürfen; Dieß rechtfertigte das Beyspiel der liebenswürdigen Töchter; aber da der Jugend irgend ein beschwerliches Amt leichter wird, so hätte nach meinem Bedünken, Minerva sich die jungfräuliche Hand lieber erwählt.[70]

Charlottes Antwortbrief ist in mehrlei Hinsicht aussagekräftig. Es mischt sich gar Kritik am Nachwuchs des regierenden Hochadels in ihre Replik:

> Da die armen Sterblichen so oft taub sind für die Stimme der Göttin der Weisheit, so wundert es mich gar nicht, daß man mir hier eher zutraut, meinen kleinen Hund erziehen zu können als – Prinzessinnen, und daher mich nicht zu dem ernsten Geschäfte wählte. Ich würde sie wol mit der Philosophie meines Freundes Antonin [ ] [Marcus Antonius] bekannt gemacht haben, damit sie den Schmerz einer verunglückten Feier oder einer zerstörten Partie mit Heldensinn getragen hätten. Ich habe einmal lange nichts von ihm gelesen, aber es soll ehestens wieder geschehen. Denken Sie ja nicht, daß ich die fürstlichen Köpfe zu sehr mit Lectüren angefüllt wissen will; sie sind bis jezt gar zu öde und sandig, als daß irgend etwas Wurzel fassen könnte. Plutarch's Biographien sind gewiß gar nützlich und erweitern den Sinn und machen das Herz fähig, große Thaten zu fühlen, aber es wird lange werden, ehe sie dafür Sinn bekommen.[71]

Sie lenkt indessen ein, bekennt, dass sie selbst in jungen Jahren „Modelectüren“ verschlang, „weltklug sein wollte und doch nichts wußte“[72], so dass Knebel sicher über sie gelacht hätte, fragt ihn schließlich, welche Lektüre für die Prinzessinnen er anrate. Die *Volksmärchen* von Musäus habe man bereits gelesen – ob er andere Märchen zu empfehlen habe?

Betrachtet man die 1780er Jahre im Überblick, so changieren Charlotte von Lengefelds Lebensperspektiven von der Vorbereitung auf das Amt eines Hoffräuleins zum Entwurf einer Verbindung mit dem Schotten Heron, nach dessen Abberufung zunächst alles wieder offen scheint. Im Austausch mit Charlotte von Stein und deren Sohn Fritz kommen Wünsche und Vorstellungen zum Ausdruck, welche Möglichkeiten sich ihr eröffneten, wäre sie als Mann geboren. Eine Laufbahn, die damals ungewöhnliche Fernreisen einschließt, hat dabei oberste Priorität. Einmal erlaubt sich Charlotte gar die Phantasie, den Beruf der Ärztin zu ergreifen, nachdem sie die medizinischen Abhandlungen des berühmten Lausanner Arztes Samuel August Daniel Tissot studiert und vom spektakulären Fall einer Französin gelesen hat:

> Was lesen Sie jezt? ich lese jezt viel Englisch und in Deutschen das Werk von Tißot über die Nerven. Wäre ich von Ihren geschlecht, ich müste anatomie und medicin studiren, ich thäte es als Mädchen gern, wen es nur ginge, wer würde treulich aber auch sich mir anvertrauen? und sich von mir curiren laßen? Sie haben wohl von der Dame in Paris gehört *Mlle Bieheron*, die eine so unüberwindliche Neigung zur Anatomie hatte, daß sie weil es ihre Eltern nicht wollten, die Todten vom Richtplaze stehlen lies. und sie unter dem Bette verbarg, und da des Nachts anfing wenn alles schlief, zu *anatomiren*. Sie hat auch ein *Cabinet d'anatomie artificielle* errichtet, wo sie alles in Wachs nachgemacht hat. Da sieht man wie sich der Geist, wenn er einmal so einen Hauptzug hat, Durch alle Hinderniße hebt, und wie menschen viel durchsezen können wenn sie wollen.[73]

Bei der Anatomin handelt es sich wohl um Marie Catherine Biheron (1719–1786), deren nächtliche Leichenraube freilich eher Teil urbaner Legendenbildung sind als auf historischen Tatsachen fußen.[74] Während Charlotte das Beispiel Biherons immerhin zum Anlass nimmt, dem Freund Fritz ihre Neigung zu ihrem Geschlecht unstatthaften Tätigkeiten anzuvertrauen, steht im Zentrum des Austausches mit Knebel das Bildungsgespräch. Nach Henry Herons Verschwinden stellt dieser gleichwohl ihren wichtigsten Bezugspunkt zur literarischen Welt dar, die für Charlotte immer noch eher in Weimar als in Rudolstadt zu finden ist. Mag sie sich zuweilen von Knebel bevormundet fühlen oder seine Ansichten über die Frauen zopfig finden, so liegt es vor allem daran, dass im Dezember 1787 bereits ein neuer Mann in das Leben der jungen Frau getreten ist, der vor Ideen und Anregungen sprüht: Friedrich Schiller.

Anmerkungen

1 Goethe: *HA*, Bd. 6, S. 17.

2 An Wilhelm von Wolzogen, Vevey, 30. Juni 1783. In: Wolzogen: *Literarischer Nachlaß*, Bd. 2, S. 169–173, hier S. 169.

3 Gelegentlich enthalten Charlottes Briefe an Fritz von Stein aus den 1780er Jahren kleine Zeichnungen, z. B. wie sie am Schreibtisch sitzt oder zum blumenumrankten Gartentor hinausgeht. Vgl. an Fritz von Stein, 18. Dezember 1785. In: GSA 122/99a,1.

4 An Fritz von Stein, 23. Februar 1785. In: Ebd.

5 An Fritz von Stein, 13. Juni 1785. In: Ebd.

6 An Fritz von Stein, 3. Oktober 1785. In: Ebd.

7 An Fritz von Stein, 4. Dezember 1785. In: Ebd..

8 An Fritz von Stein, 18. Dezember 1785. In: Ebd.

9 An Fritz von Stein, 18. Januar 1787. In: Ebd.

10 Vgl. Merseburger: *Mythos Weimar*, S. 52.

11 Eine Synopse dieser Daten findet sich im Anhang von: Schuster/Gille (Hg.): *Wiederholte Spiegelungen*, Bd. 2, S. 932–979.

12 Oellers/Steegers: *Treffpunkt Weimar*, S. 34.

13 Vgl. Merseburger: *Mythos Weimar*, S. 73; Maurer: *Charlotte von Stein*, S. 40–45. Die These von Ghibellino: *Goethe und Anna Amalia*, Frau von Stein sei über Jahrzehnte lediglich die ‚Strohfrau' für die heimliche Liebe des Dichters zur Herzoginmutter gewesen, scheint dagegen kaum plausibel. Charlotte Schiller berichtet Prinzessin Karoline Luise von Mecklenburg-Schwerin in einem Brief vom 5. Februar 1812 von einem Besuch bei Charlotte von Stein, die ihr frühere Briefe Goethes zu lesen gab, welche offensichtlich von einer ebenso intensiven wie komplexen Beziehung zwischen ihr und Goethe zeugten: „Es ist mir ein Räthsel, diese Natur wie hat die arme Charlotte leiden müssen! Ich habe das Schiksal dieser Menschen in diesen tagen aufs neue gelebt, u. mit gelitten, u. doch gäbe ich diese Ansicht nicht wieder zurück, und will lieber leiden tragen helfen, als diese blätter nicht kennen." In: GSA 83/1920,2.

14 Vgl. Urlichs (Hg.): *Charlotte*, Bd. 1, S. 253. Am 26. Dezember 1784 erwähnt Goethe das gesellige Ereignis einer geplanten Schlittenfahrt gegenüber Carl August. (In: Goethe: *FA*, II. Abt., Bd. 2, S. 567). Am 27. Dezember 1784 schreibt Goethe an Charlotte von Stein: „Ich fahre gern iede die du mir zu weist, wenn du es nicht selbst bist, ist mir iede gleich. Hat diese doch den Nahmen." Er denkt dabei wohl an ihre Nichte Charlotte von Lengefeld, die zu Besuch ist (ebd., S. 568). Am 6. Januar 1785 erwähnt Goethe, dass Frau von Stein Besuch von Rudolstadt gehabt habe in einem Brief an Knebel (ebd., S. 569).

15 Von Charlotte von Stein, z. B. 25. April und 7. Oktober 1785. In: GSA 83/1856,1.

16 An Prinzessin Karoline Luise von Mecklenburg-Schwerin, 5. Februar 1812. In: GSA 83/1920,2.

17 Von Charlotte von Stein, 25. Dezember 1786. In: GSA 83/1856,1.

18 An Wilhelm von Wolzogen, 7. März 1787. In: Wolzogen: *Literarischer Nachlaß*, Bd. 2, S. 183.

19 Von Henry Heron, 2. März 1787. In: GSA 83/1759. Die Auszüge aus Thompson sind: *Lavinia. A Tale from Thomson's Seasons*, *From Thomson's Spring* und *From Thomson's Summer.*

20 An Henry Heron, [o. D.]. In: GSA 83/1914.

21 Ebd. Der erste Brief ist datiert „Rudolstadt 7th Mart. 1787", der zweite ist ohne Datum.

22 Die populärste, auch auf dem Kontinent verbreitete Ausgabe war *The Works of Ossian, Son of Fingal.* 2 Bde. London 1765. In der nachgelassenen Bibliothek der Schillers findet sich neben anderen Ossian-Editionen die Ausgabe *Works of Ossian.* 4 Bde [in 2]. Frankfurt, Leipzig: J. G. Fleischer 1783, die Emilie von Gleichen-Rußwurm von Caroline von Wolzogen 1826 erhielt. Vgl.: Schiller: *NA*, Bd. 41. I, S. 706.

23 Von Henry Heron, 27. März 1787. In: GSA 83/1759.
24 *Die Rose*. In: Herder: *Werke in zehn Bänden*, Bd. 3, S. 707 f.
25 Sehr ausführlich recherchiert ist Charlottes Begegnung mit Heron in Jüngling/Roßbeck: *Schillers Doppelliebe*, S. 50–57.
26 An Fritz von Stein, 27. April 1787. In: GSA 99/122a,1.
27 Von Henry Heron, [o. D.]. In: GSA 83/1759.
28 Vgl. Kiene: *Schillers Lotte*, S. 30.
29 Von Henry Heron, Neuwied, 13. Juni 1787. In: GSA 83/1759.
30 GSA 83/1944. Es handelt sich um 5 Bogen im Oktavformat, zum Teil zusammengeheftet, die vom 8. November 1787 bis zum 14. Dezember 1789 datieren. Zitiert wird nach dem Original. Korrigierte Versionen in: Urlichs (Hg.), *Charlotte*, Bd. 1, S. 47–56, und Geiger (Hg.): *Charlotte*, S. 16–26.
31 20. November 1787. In: Ebd.
32 15. April 1788. In: Ebd.
33 1. Juni 1788. In: Ebd.
34 23. und 30. Juni 1788. In: Ebd.
35 An Fritz von Stein, 23. April 1788. In: GSA 122/99a,1.
36 Von Knebel, im Jahr 1787. In: GSA 83/1772,1.
37 Von Knebel, 21. Juni 1788. In: Ebd.
38 Vgl. Urlichs (Hg.): *Charlotte*, Bd. 3, S. 304.
39 Z. B. Kiene: *Schillers Lotte*, S. 31. Auch Jüngling/Roßbeck: *Schillers Doppelliebe*, S. 56, zweifeln, ob der Brief wirklich auf Madeira verfasst wurde. Charlottes Abschrift vermerkt am oberen Rand des Briefes: „von der Insel Madera. 1788", und auf der Rückseite: „dieser Brief ist abgegangen von Lisabon den 14ten May 1788". Vgl. dagegen Urlichs (Hg.): *Charlotte*, Bd. 2, S. 141. „Ein Brief aus Madras an Knebel vom April oder Mai 1788 (Briefe von Schillers Gattin S. 557), war sein letztes Lebenszeichen." Etwas sonderbar wirkt dies angesichts des expliziten Hinweises auf Düntzer (Hg.): *Briefe von Schiller's Gattin*, der auch diesen Brief Herons mit Hinweis auf „Madera" transkribiert.
40 Es handelt sich um die Übersetzung einer spanischen Romanze. In: Herder: *Gedichte*, S. 258–262.
41 Henry Heron an Knebel, 14. Mai 1788. [Abschrift von Charlotte Schiller]. In: GSA 83/1759.
42 Ebd.
43 An Knebel, 3. Juli 1788. In: Dünzer (Hg.): *Briefe von Schiller's Gattin*, S. 27 f.
44 An Knebel, 3. Dezember 1788. In: GSA 54/256,1. Der zitierte Vers „Neue Vögel neue Bäume" nimmt Bezug auf Herders Gedicht *Madera*, auf das Heron in seinem Brief angespielt hatte.
45 Vgl. La Harpe: *Abrégé de L'Histoire Générale des Voyages*, Bd. 1 (1780). Das Inhaltsverzeichnis der Bände und Kapitel erwähnt u. a. das „Cap de Bonne-Espérance" (S. xxxvj) und die „Côte de Coromandel" (S. xxxviij), das Stichwortregister „Madère" als eine der kanarischen Inseln (S. [xix]). Dagegen behandelt die ältere *Histoire universelle des voyages* von Du Périer de Montfraisir hauptsächlich die Entdeckung der westlichen neuen Welt durch Kolumbus. Madera wird nur kurz erwähnt, hauptsächlich der dortige Zuckerhandel. Vgl. die hier verwendete englische Ausgabe *A General History of all Voyages and Travels*, S. 44.
46 Vgl. Urlichs (Hg.): *Charlotte*, Bd. 2, S. 142.
47 Charlotte Schiller erwähnt Heron auch in einem Brief an ihre Freundin Friederike von

Gleichen-Rußwurm, geb. von Holleben, am 2. Juni 1803. In: Urlichs (Hg.): *Charlotte*, Bd. 1, S. 380.

48 Henriette von Knebel an Karl Ludwig von Knebel, 28. Februar 1804. In: Düntzer (Hg.): *Aus Karl Ludwig von Knebels Briefwechsel*, S. 198. Düntzer vermerkt in einer Fußnote, ebd.: „Dieser junge englische Offizier, der durch einen Unglücksfall sein Leben einbüßte, war in Weimar sehr beliebt, besonders mit Knebel und Frau von Schiller befreundet gewesen." Über Herons Tod liegen sonst keine Zeugnisse vor.

49 An Knebel, 6. März 1804. In: Urlichs (Hg.): *Charlotte*, Bd. 2, S. 143. Die Rede ist von Ernst von Imhoff, einem Neffen Charlotte von Steins, der 1803 auf St. Vincent starb. Der Originalbrief ist nicht erhalten, Urlichs nennt als Quelle die private Autographensammlung von Robert Weigelt in Berlin (ebd. S. 142). Vgl. auch: An Wilhelm von Wolzogen, 28. Januar 1804. In: Wolzogen: *Literarischer Nachlaß*, Bd. 2, S. 220.

50 Von Knebel, 20. März 1804. In: GSA 83/1722,2.

51 An Fritz von Stein, 30. Juli 1788. In: GSA 122/99a,1.

52 La Roche: *Tagebuch einer Reise durch Holland und England*, S. 490.

53 Von Charlotte von Stein, 28. Dezember 1787. In: GSA 83/1856,1.

54 An Fritz von Stein, 30. November 1788. In: GSA 122/99a,1.

55 An Knebel, 1. Juni 1788. In: GSA 54/256,1.

56 An Knebel, 21. April 1789. In: Düntzer (Hg.): *Briefe von Schiller's Gattin*, S. 45.

57 An Knebel, 28. September 1788. In: Ebd., S. 29. Es handelt sich um Sturz u. a.: *Authentische und höchstmerkwürdige Aufklärungen über die Geschichte der Grafen Struensee und Brandt.*

58 Die Geschichte ist später in zahlreichen Romanen und Theaterstücken bearbeitet worden, u. a. in dem Spielfilm *Herrscher ohne Krone* (Deutschland 1957, Regie: Harald Braun).

59 An Knebel, 28. September 1788. In: Düntzer (Hg.): *Briefe von Schiller's Gattin*, S. 30.

60 An Knebel, 21. April 1789. In: Ebd., S. 44 f.

61 An Knebel, 18. Januar 1789. In: Ebd., S. 35.

62 An Knebel, 18. Januar 1789. In: Ebd., S. 36.

63 An Knebel 2. Juni 1788. In: GSA 54/256,1.

64 An Fritz von Stein, 30. November 1788. In: GSA 122/99a,1 [Schrift z. T. verblasst]. Unter den Briefen an Fritz von Stein findet sich auch ein früherer in französischer Sprache, vom 13. Dezember 1784, in dem von einem ihrer Romane aus der Kindheit die Rede ist. Vgl. ebd.

65 An Knebel, 16. November 1788. In: GSA 54/256,1.

66 Vgl. zu Brun im Kontext des Ossianismus Loster-Schneider: *Kriegsgeschichte(n), Genre, Poetik.*

67 GSA 83/1573. Korrigierter Abdruck in: Urlichs (Hg.): *Charlotte*, Bd. 1, S. 6 f.

68 An Fritz von Stein, 2. November 1786. In: GSA 99/122,1.

69 An Fritz von Stein, 13. März 1789. In: Ebd.

70 Von Knebel, 5. April 1789. In: GSA 83/1772,2.

71 An Knebel, 21. April 1789. In: Düntzer (Hg.): *Briefe von Schiller's Gattin*, S. 43.

72 Ebd., S. 44.

73 An Fritz von Stein, 27. April 1787. In: GSA 122/99a,1.

74 Für Hinweise hierzu danke ich Rudolf Käser (Universität Zürich).

IV Unerwartete Aussichten: Zwei Reiter an einem Wintertag

„[U]nd so machten sich beyde Freunde an einen heitern Wintertag auf die Reise" – damit endet Charlottes nach dem Tod ihres Mannes verfasste Darstellung *Ueber Schiller* (*Schillers Leben bis 1787*).[1] Ähnlich ihren Kindheitserinnerungen, die mit dem Verlust des Vaters enden, bricht ihr nach Schillers Tod verfasster Abriss seiner Kindheit und Jugend in dem Moment ab, als er in ihr Leben tritt. Ausgestaltet und mit Bedeutung versehen hat die ereignisreiche Episode dagegen ihre Schwester Caroline:

> An einem trüben Novembertage im Jahr 1787 kamen zwei Reiter die Straße herunter. Sie waren in Mäntel eingehüllt; wir erkannten unsern Vetter Wilhelm von Wolzogen, der sich scherzend das halbe Gesicht mit dem Mantel verbarg; der andre Reiter war uns unbekannt und erregte unsre Neugier. Bald löste sich das Räthsel durch den Besuch des Vetters, der um die Erlaubniß bat, seinen Reisegefährten, Schiller, der seine verheirathete Schwester und Frau von Wolzogen in Meinungen besucht, am Abend bei uns einzuführen. Schillers Zukunft knüpfte sich an diesen Abend; deßhalb wird man verzeihen, daß ich so viel von unsrer Familie geredet.[2]

Als Prinzessinnen, die auf einen sie aus der Einöde ihres Daseins erlösenden Ritter hoffen, beschreibt Caroline sich selbst und ihre jüngere Schwester und imaginiert die Wunscherfüllung im Bild der verhüllten, sich nähernden Reiter. Einer der beiden wird alsbald als ihr Verwandter Wilhelm von Wolzogen kenntlich, der andere erweckt die Neugierde der jungen Frauen, sein Schicksal verknüpft sich ahnungsvoll mit dem ihren. Ob es sich, wie Charlotte schreibt, um einen „heitern", oder, wie in Carolines Erinnerung, um einen „trüben" Wintertag gehandelt haben mag, tatsächlich datiert das Ereignis auf den 6. Dezember 1787. Friedrich Schiller, seit demselben Jahr wohnhaft in Weimar, macht einen Besuch bei Wolzogens in Meiningen, begleitet von dort seinen Freund Wilhelm nach Rudolstadt und wird mit den beiden Schwestern näher bekannt, die er im Sommer 1784, auf deren Rückreise aus der Schweiz, in Mannheim nur flüchtig gesehen hatte. Vieles hat sich im Leben des jungen Schwaben seither verändert.

Seine frühen Lebensstationen sind bekannt und vielfach biographisch bearbeitet worden.[3] Gleichwohl seien sie in groben Zügen wiedergegeben: Der in Marbach am Neckar gebürtige Johann Christoph *Friedrich* ist das zweite Kind des württembergischen Leutnants Johann Caspar Schiller und dessen Frau Elisabeth Dorothea (geb. Kodweiß). Nur die vier ersten Lebensjahre wird er, überwiegend mit der Mutter und der älteren Schwester Christophine, in dem kleinen Städtchen wohnen. Nach Umzügen nach Schwäbisch-Gmünd, Lorch und schließlich in die Residenzstadt Ludwigsburg wird der Vater 1775 aus dem Militärdienst entlassen und zum Herzoglichen Garteninspektor auf dem Lustschloss Solitude ernannt.[4] Sohn Friedrich wird 1773, weniger aus eigenem Drange, denn auf Direktive des väterlichen Dienstherrn, Herzog Carl Eugen von Württemberg, in dessen zwei Jahre zuvor auf der Solitude eingerichteten Militär-Pflanzschule immatrikuliert, die bald zur Militär-Akademie (mit Sitz in Stuttgart) umbenannt, dann in den Rang einer Universität erhoben wird und den Namen „Hohe Carlsschule“ erhält.[5] Der militärische Drill mit dem die Schule geführt wird, die Rekrutierung der Schüler für Spitzeldienste gegenüber ihren Mitschülern,[6] all dies hinterlässt einen nachhaltigen Eindruck bei Friedrich, der im Dezember 1780 entlassen wird, um als Militärarzt in das bei Stuttgart stationierte Regiment Augé einzutreten.[7] Wüsten Ausschweifungen und Trinkgelagen mit „Soldatenweibern“ gibt sich der Regimentsmedikus hin, wie seine Freunde berichten. Dass man den Volltrunkenen öfters vom Wirtshaus nach Hause tragen muss, berichtet etwa sein Lehrer und Freund Jakob Friedrich Abel.[8] Besonders gerne führen Biographen seine Schnupfsucht an, von der er offenbar selbst während sexueller Vergnügungen nicht ablässt. Sein Jugendfreund Johann Wilhelm Petersen beklagt, wie es ihm an „Sinn für körperliche Schönheit“, an „Feingefühl im Sinnlichen“,[9] überhaupt gemangelt habe, und: „Mehrere waren Zeugen, daß er während eines einzigen Beyschlafs, wobey er brauste und strampfte, 25 Prise [!] Tabak schnupfte“.[10]

Die oft geäußerte Einschätzung, dass die Stuttgarter Zeit eine Art Ventilfunktion gehabt habe, gewissermaßen einen Befreiungsschlag aus despotischem Schulzwang darstellt, ist durchaus zu teilen. Es ist indessen auch die Zeit, in der Friedrich Schiller sein erstes literarisches Werk veröffentlicht, das zunächst gar nicht für die Bühne konzipierte Drama *Die Räuber*. Er lässt das Stück 1781 zunächst auf eigene Kosten drucken, sendet es dann an den Mannheimer Verlagsbuchhändler Christian Friedrich Schwan in der Hoffnung auf Unterstützung beim Vertrieb. Dieser legt es dem Intendanten des neu errichteten Mannheimer Schauspielhauses, Wolfgang Heribert Freiherr von Dalberg, vor. Zur Aufführung kommen Schillers, nach Rat Dalbergs sowie führender Schauspieler „umgeschmolzene[] Räuber“[11] am 13. Januar 1782. Er selbst reist, unerlaubterweise, zur Uraufführung ins kurpfälzische ‚Ausland‘. Bei seiner Rückkehr zeigt sich der Herzog verstimmt, lässt ihn für vierzehn Tage arretieren und erteilt ihm Schreibverbot für alles, was außerhalb des medizinischen Fach liege.[12] Bald nach seiner Haftentlassung flieht Schiller mit seinem Freund Andreas Streicher in der Nacht vom 22. auf den 23. September 1782 aus Stuttgart in die Mannheimer Gegend.

Ein Aufenthalt in der Stadt selbst scheint zu brisant, so hält man sich für einige Zeit in einem Gasthof in Oggersheim auf.[13] Am 30. November bricht Schiller nach Thüringen auf, wo er auf dem Gut Bauerbach bei Meiningen untergebracht wird. Seine Gönnerin ist Henriette von Wolzogen, die Mutter des ihm aus der herzoglichen Schule bekannten Wilhelm. Sein engster Vertrauter während dieser Zeit ist der Meininger Bibliothekar Wilhelm Friedrich Hermann Reinwald, ein, wie es scheint, recht trockener Pedant, der sich wenige Jahre später durch eine nicht eben glückliche Heirat mit Schillers Schwester Christophine (am 22. Juni 1786) zudem mit Schiller verschwägern wird.

In der Bauerbacher Zeit entstehen *Louise Millerin* (bzw. *Kabale und Liebe*) und der Entwurf zum *Dom Karlos* (später *Don Carlos*). Für eine Weile kehrt Schiller 1783 nach Mannheim zurück, wo Dalberg die *Louise Millerin* inszeniert. 1784 kommt es zur Uraufführung des *Fiesco*. Als Dalberg Schillers Vertrag als Theaterdichter kündigt, beginnt dieser sich neu zu orientieren, er wird journalistisch tätig mit Gründung der Theaterzeitschrift *Rheinische Thalia*.[14] Bei einem Besuch in Darmstadt, vermittelt durch Charlotte von Kalb, die er 1783 in Mannheim kennenlernt, ergibt sich die Gelegenheit, dem am dortigen Hof weilenden Weimarer Herzog Carl August aus dem ersten Akt seines *Dom Karlos* vorzulesen, was ihm den Titel eines Fürstlichen Rats einträgt.[15] Veranlasst durch eine Postsendung von vier unbekannten Freunden – sie enthält unter anderem Porträts von Christian Gottfried Körner, dessen Verlobter Minna Stock und ihrer Schwester Dora sowie von Ludwig Ferdinand Huber –, folgt Schiller im Frühjahr 1785 einer Einladung nach Leipzig und hält sich in der Folgezeit in dem nahe gelegenen Dorf Gohlis, später auf einem Weingut und in Körners Haus in Dresden auf.

Am 21. Juli 1787 kommt er schließlich nach Weimar, zu dieser Zeit tief verstrickt in eine Liebesbeziehung zu Charlotte von Kalb, durch die er in Hofkreise eingeführt wird und Bekanntschaft mit Wieland, Knebel, den Damen Stein und Schardt schließt. Nach seiner ausschweifenden Stuttgarter Zeit – u. a. einer Liaison mit seiner Zimmerwirtin Louise Dorothea Vischer – ist die Beziehung zu Charlotte von Kalb nicht die erste und einzige, bevor er, in Weimar angekommen, beginnt, sich mit Gedanken an eine eheliche Verbindung zu tragen. Mächtig angezogen hatten ihn in den 1780er Jahren etwa die Tochter seiner Gönnerin und Schwester seines Freundes Wilhelm, Charlotte von Wolzogen, die Tochter des Mannheimer Verlegers, Margaretha Schwan, sowie zwei Schauspielerinnen, die u. a. die Rolle seiner Louise Millerin gaben, Sophie Albrecht[16] bei der Frankfurter Uraufführung (1784) und Katharina Baumann in Mannheim (1785). Während der Dresdner Zeit trägt er sich mit Gedanken, die Beziehung mit Henriette von Arnim, die unter dem Ruf einer Koketten steht, zu legalisieren, so dass seine Freunde aller Art Strategien entwickeln, die Dame zu verfemen.[17] Kennengelernt hat er sie auf einer Dresdner Faschings-Redoute Anfang 1787.[18] Ein Jahr später wird es dann die Redoutensaison in Weimar sein, die ihn mit Charlotte von Lengefeld wieder zusammentreffen lässt.

Lotte selbst hat zu diesem Zeitpunkt die Hoffnung, den schottischen Offizier

Henry Heron wiederzusehen, vermutlich nicht ganz aufgegeben, ist gleichwohl aber froh, dass sie auch 1788 wieder für einige Wochen, gemeinsam mit ihrer Freundin Friederike von Holleben, nach Weimar reisen darf. Untergebracht ist sie auch diesmal nicht bei Charlotte von Stein, sondern in einer Wohnung von deren Schwester, Luise von Imhoff. Am 5. Februar trifft sie Schiller auf einem Maskenball wieder, am 18. schreibt sie ihm ein Billet, in dem sie ihn zum Besuch einlädt. Seine Antwort fällt doppelsinnig aus, zum einen freut er sich, sie in Rudolstadt zu besuchen, zum anderen verschweigt er, was ihn davon abhält, sie in Weimar zu treffen – seine Beziehung zu Charlotte von Kalb: „Mein Auffenthalt in Rudelstadt [!], (worauf ich mich freue, wie ich mich noch auf wenige Dinge gefreut habe) soll mich für das Versäumte schadlos halten, wenn anders eine Versäumniß von d i e s e r Art nachgehohlt werden kann".[19] Bei einer weiteren Begegnung in Weimar hat Schiller Charlotte um die Vermittlung einer Unterkunft in der Nähe von Rudolstadt gebeten, um in Ruhe schreiben zu können.

Kaum nach Hause zurückgekehrt, berät sich Lotte mit ihrer Schwester, man findet schließlich eine Wohnung bei Kantor Johann Friedrich Unbehaun im unweit gelegenen Volkstedt, die Schiller von Mai bis August bezieht. Hatten sie zuerst „die Wohnung des Gärtners" erwogen, so fällt die Entscheidung zugunsten der Unterkunft in Volkstedt. Charlotte malt Schiller die Szenerie aus:

> [...] daher fielen wir auf ein ander Dorf, daß ich glaube nicht hundert schritt weiter als jenes ist, und eine schöne lage hat, am Ufer der Saale, hinter ihm erheben sich Berge, an deren Fuß liebliche Fruchtfelder sich ziehen, und die Gipfel mit dunklen holze bekränzt, gegen über an der andern seite der Saale schöne Wiesen, und die Aussicht in ein weites langes thal. Ich denke diese Gegend wird Ihnen lieb sein, mir brachte sie gestern einen Eindruck von Ruhe in die Seele, der mir innig wohlthat. Die Stube die ich für Sie bestimmte, ist nicht sehr groß, aber reinlich, auch die Stühle sind nicht ganz ländlich, denn sie sind beschlagen, eine Kammer daneben, wo das Bette stehen kann, und auch eine für den Bedienten nicht weit davon. Für Betten will der Schulmeister sorgen, dem das Haus gehört, auch wohnt eine Frau darinn die Ihnen Caffe machen, und auch bedienen könnte, zur noth auch kochen wenn das Wetter zu böse wäre, um es sich aus der Stadt hohlen zu laßen.[20]

Ihr Brief spiegelt selbsbewusstes Handeln und praktischen Verstand. Zu diesem Zeitpunkt sieht Lotte sich im Vorteil, wenn es um den Empfang des jungen Dichters in ihrem eigenen Umfeld geht. In Weimar hatte sie ihn, sei es auch nicht oft, doch für sich allein. Bald schon muss sie sich den Genuss seines Umgangs mit ihrer Schwester teilen. Am 19. Mai 1788 trifft Schiller in Rudolstadt ein, spricht im Beulwitz'schen Haus vor, nächtigt im Gasthof zur Güldenen Gabel und zieht wenige Tage später nach Volkstedt weiter. Auf halbem Wege zwischen Rudolstadt und Volkstedt treffen sich der Dichter und die beiden Schwestern an einer Brücke, die über einen Waldbach führt.[21] Täglich sieht man sich, Lektüren und Anregungen werden ausgetauscht, ein reger Wechsel von Billettchen geht vonstatten. Von August bis November zieht Schiller dann nach Rudolstadt selbst, in den Gasthof.

Wie aus dem anfänglichen Interesse für Lotte eine Dreiecksbeziehung wurde, ist oft geschildert worden. Zweifellos fasst Schiller während der Zeit in Rudolstadt auch zur drei Jahre älteren, mit Hofrat von Beulwitz verheirateten Caroline eine Neigung. Seine Briefe richten sich an beide, die für ihn gegensätzliche Eigenschaften verkörpern. Dabei dringt seine Imagination zugleich in die Schlafzimmer der beiden jungen Frauen ein: „Wie haben Sie denn heute Nacht in ihrem zierlichen Bette geschlafen? Und hat der süße Schlaf Ihre lieben holden Augenlieder besucht? [...] Was macht Ihre Schwester? Klappert der Pantoffel schon um ihre zierlichen Füsse, oder ligt sie noch im weichen schöngeglätteten Bette?“[22] Im Herbst 1788 wird Lotte öfters zu ihrer Patin Charlotte von Stein ins nahe gelegene Kochberg geschickt, was einer Intensivierung der Beziehung zwischen Schiller und Caroline von Beulwitz sicher nicht abträglich ist.[23] Dass die Grenzen der ‚Wohlanständigkeit‘, wie man damals sagte, möglicherweise überschritten wurden, lässt eine Notiz ahnen, die sich im Nachlass Carolines befand, ob von Schillers Hand, ist freilich nicht gewiss: „gestern Abend blieb ich nicht Herr meines Thuens“.[24]

Immerhin gibt Lottes Rückkehr aus Kochberg am 7. September 1788, gemeinsam mit Frau von Stein und dem Italienheimkehrer Goethe, die Gelegenheit zu einer Begegnung zwischen Schiller und Goethe im Beulwitz'schen Haus. Bereits in Schwaben hatte Schiller den Dichter des *Werther*, der im Dezember 1779 gemeinsam mit seinem Herzog zum Stiftungsfest der Stuttgarter Karlsschule angereist war, anstaunen können – mehr freilich nicht.[25] Auch die Rudolstädter Gartengesellschaft an jenem Herbsttag 1788 führt nicht zu einer freundschaftlichen Verbindung, eher zu abgemessener Distanz von beiden Seiten. Schiller berichtet seinem Freund Körner:

> Unsere Bekanntschaft war bald gemacht, und ohne den mindesten Zwang; freilich war die Gesellschaft zu groß und alles auf seinen Umgang zu eifersüchtig, als daß ich viel allein mit ihm hätte seyn oder etwas anders als allgemeine Dinge mit ihm sprechen können. [...]
>
> Im ganzen genommen ist meine in der Tat große Idee von ihm nach dieser persönlichen Bekanntschaft nicht vermindert worden, aber ich zweifle, ob wir einander je sehr nahe rücken werden.[26]

Die Gesellschaft ist tatsächlich groß, unter den Gästen finden sich Johann Gottfried Herder, Charlotte und Fritz von Stein, Frau von Schardt, sowie Angehörige des Rudolstädter Hofadels, wie etwa die Familien von Ketelhodt, von Gleichen oder von Brockenburg. Und alle Augen richten sich auf Goethe, auch Schiller ist beeindruckt von seiner Reiseschilderung.[27] Charlotte und Caroline gelingt es, dem Geheimrat – wie zufällig – Schillers Gedicht *Die Götter Griechenlands*, das eben in Wielands *Teutsche[m] Merkur* erschienen ist, unterzujubeln.[28]

Der ‚bürgerliche' Schiller knüpft nicht nur bei dieser Gelegenheit durch die Familie von Lengefeld während seines Aufenthaltes auch Beziehungen zum Rudolstädter Hof.[29] Der 20-jährige Prinz Ludwig Friedrich von Schwarzburg-Rudolstadt, dem in seinem nicht eben aufregenden Dasein jede Abwechslung willkommen scheint, vermerkt in seinem Tagebuch verschiedene Gesellschaften im Beulwitz'schen Garten, am 2. Mai 1788 etwa, und erneut am 29. des Monats, bei welcher Gelegenheit er Herrn „Rath Schiller" näher kennenlernt.[30] Im Sommer kommt es gar zu einem gemeinsamen Theaterspiel im Gartenhaus der Frau von Lengefeld: „Das Stück, das wir spielten, war aus den Werken des Voltaire genommen, und l'eccossaise überschrieben. Ich spielte die Rolle des Monrose. Der H[err] von Wolzogen gab das Theater an; auch sah der H[err] Rath Schiller mit zu."[31] Theaterveranstaltungen dieser Art, sogenannte Liebhabertheater, sind keine Ungewöhnlichkeit, auch nicht die Beteiligung des Hofadels selbst. Das an diesem Sommertag gegebene Stück lässt indessen aufmerken, denn *L'Ecossaise* (*Die Schottin*), eine 1760 uraufgeführte Komödie, steht thematisch in enger Verbindung zur Mitveranstalterin Charlotte von Stein. Sie selbst ist mütterlicherseits schottischer Abstammung, schreibt in späteren Jahren ein Theaterstück mit schottischer Thematik, *Die zwey Emilien* (ihre einzige Veröffentlichung zu Lebzeiten),[32] und benennt die Figur eines jungen Offiziers in ihrer Komödie *Neues Freiheits-System oder Die Verschwörung gegen die Liebe* nach der Figur, deren Rolle der Rudolstädter Prinz spielt: Monrose.[33]

Dass Schiller als jugendlicher Dichter dem Rudolstädter Hof Abwechslung bietet, scheint evident. Selbst zum jährlichen Vogelschießen wird er eingeladen. Umgekehrt wahrt man die Standesschranken, wenn es um Gesellschaften bei Hofe selbst geht. Da darf der Dichter dann doch nicht mit seinen beiden Freundinnen im Ballsaal des Adels tanzen, sondern bleibt, sofern er überhaupt eingeladen wird, auf den des gehobenen Bürgertums verwiesen.[34]

Indessen arbeitet er intensiv an verschiedenen historischen Werken, insbesondere der *Geschichte des Abfalls der vereinigten Niederlande*. Eine Anregung erhält er durch eine Rudolstädter lokalhistorische Anekdote. Wie Prinz Ludwig Friedrich in seinem Tagebuch notiert, liest im Juli 1788 Carl Gerd von Ketelhodt „in der neuen Geschichte des Herrn Schillers vor. Gegen Abend trat der Verfasser dieser Geschichte zur Thür herein, und lud die Gesellschaft zu einem Spaziergang ein. Wir gingen über den Damm in die Stadtkirche und sahen die Verwüstungen, die durch das Gewitter entstanden. Auch wallfahrte H[err] Schiller als guter Geschichtschreiber zu dem Grabe der heldenmüthigen Catharina."[35] Gräfin Catharina von Schwarzburg, so geht die Sage, soll dem gefürchteten Herzog Alba Raison geboten haben angesichts seiner in Stall und Feld marodierenden Soldaten. In Wielands *Teutsche[m] Merkur* veröffentlicht Schiller wenig später eine historische Miszelle, *Herzog von Alba bey einem Frühstück auf dem Schlosse zu Rudolstadt im Jahr 1547.*[36]

Charlotte interessiert sich seit einiger Zeit ohnehin weniger für moderne Erzählliteratur als für Geschichtswerke, was sie in Briefen an Knebel ausführlich bekundet. Dass ihre Freundinnen dafür so gar keinen Sinn haben, betont sie etwa im Sommer 1788.[37] Was sie Knebel veschweigt, ist, dass ihr Interesse zunehmend gespeist ist durch Schillers historische Arbeiten. Neben englischer Literatur (z. B. Fieldings *Tom Jones*) ist Robertsons *Geschichte von Schottland* bereits Gesprächsgegenstand auf der Weimarer Redoute, auf der sie ihn Anfang 1788 wiedersieht. Im Vordergrund ihrer Lektüren steht nun im Sommer des Jahres vor allem die Beschäftigung mit der Antike, mit Edward Gibbons römischem Geschichtswerk etwa, oder Plutarchs *Vitae Parallelae*, im 1. Jahrhundert entstandenen Doppelbiographien griechischer und römischer Staatsleute, die im 17. und 18. Jahrhundert in französischer und deutscher Übersetzung erschienen waren.[38] Das *Journal aller Journale* bildet eine Quelle für übersetzten Lesestoff auch aus der anglophonen Welt. Eine Notiz über die „interessante Beschreibung von Schottland", die Lotte auch gegenüber Knebel erwähnt, verbindet sie mit einem geschlechterpolitischen *Aperçu* zu Richardsons Romanwerk:

> Auch einiges von Richardson, er soll ein sehr Moralischer Guter Mensch gewesen sein, auch unser Geschlecht sehr geehrt haben; die Männer haben bei mir immer ein Verdienst mehr, wenn sie nicht zu übertriebene Ideen von ihren Geschlecht haben, und dadurch uns Ungerechtigkeit wiederfahren laßen. [...] Sie werden denken, l*ieber* Freund, daß ich sehr von uns eingenommen bin; aber es ist nur eine gewiße Gerechtigkeitsliebe.[39]

Im selben Brief pflichtet sie Schiller bei, er habe recht, dass Knebels „süßer Ton", mit dem er Frauen behandelt, störend sei, „als wären ernsthafte Dinge ganz außer unsren Gesichtskreis".[40]

Dass sie Schiller in der Kritik an einem ihrer wichtigsten Korrespondenten beipflichtet, zugleich aber eine Replik zu den literarischen Frauengestalten Richardons einrückt, mag man als geschickte Taktik deuten, den Dichter vor zu viel lehrmeisterlichem Gehabe zu warnen. Ganz dessen enthalten kann er sich allerdings nicht, als er in seinem Brief vom 3. Januar ein ossianisches Lied, das sie ihm geschickt hat, lobt:

> Zuerst dank ich Ihnen für das oßianische Lied, das Sie sehr glücklich gewählt haben. Es überraschte mich, da ich mich nicht erinnre es schon gelesen zu haben, und Oßians ganzer Geist athmet darinn. Alles ist so rein, so edel in seiner Schilderung „Fingal kam von der Jagd und fand die lieblichen Fremden. Sie waren, wie zwey Lichtstralen in der Mitte seiner Halle." Welcher Dichter hätte dieses schöner sagen können! Auch die feinste Bescheidenheit ist Oßian eigen. Wie leicht schwebt er am Schluß des Gedichts über seine eigne Thaten hin, die er uns nur in den Folgen merken läßt, nicht schildert![41]

Das Lob verknüpft der frisch berufene Professor zugleich mit stilverbessernden Anweisungen:

> Etwas weniger Wort-Versetzungen und einige Bindwörter mehr, die die kurzen und abgebrochnen Sätze angenehm in einander fügen und zerschmelzen – so wird die Uebersetzung ganz harmonisch fliessen. Alsdann muß ich Ihnen wegen der merklichen Beßerung die ich in dem **n** und **m** wahrnehme meinen Glückwunsch abstatten. Jetzt würde ich sie Ihnen ohnehin nicht mehr passieren laßen können, denn was ein Dichter schlechtweg, verzeyht, darf ein Profeßor nicht mehr so hingehen lassen.[42]

Mit Charlottes häufiger Verwechslung der Wortendungen auf ‚-n' und ‚-m' in der Artikel- und Adjektivdeklination hat er freilich recht: sie wird sich darin zeitlebens nicht entscheidend verbessern. Allerdings ist das damalige Schriftdeutsch keineswegs einheitlich, so dass Charlottes Fehler ihren zeitgenössischen Lesern keinesfalls als solche erscheinen müssen.[43]

Geschlechterstereotyp äußert sich Schiller auch wenig später, wenn er sich selbst – angesichts eines von Caroline und Charlotte empfohlenen Werks, der *Œuvres Morales* von Denis Diderot (1770) – als professionellen Leser, die beiden Freundinnen aber als Genussleserinnen beschreibt. Die Rollen im Garten der Dichtung sind entsprechend den Geschlechterrollen in der Vorstellungswelt der Zeit verteilt:

> Wie glücklich sind Sie, daß Sie alles so genießen können, glücklich wie die unschuldigen Kinder, für die gesorgt wird ohne daß sie sich darum bekümmern dürfen wo es herkommt. Sie gehen durch das litterarische Leben wie durch einen Garten, brechen sich und beriechen was Ihnen gefällt – wenn der Gärtner und seine Jungen über lauter Arbeit nicht einmal die Zeit finden, ihrer Pflanzungen, und was drum herum ist, fröhlich zu genießen.[44]

So viel anders als der Charlotte kurz zuvor sauer aufgestoßene „süße[] Ton" Knebels (s. o.), ist das nun freilich nicht. Wie ernst es Schiller daher mit seiner Aufgabe an beide bezüglich der Fortsetzung seiner Erzählung *Der Geisterseher* ist, bleibt zu überlegen. Im Januar 1789, als er sich nach langer Zeit diesem fragmentarischen Werk wieder widmen will, stellt er den Freundinnen die Aufgabe, ihm zwecks Gestaltung der schönen Griechin in dieser Erzählung ihre Einschätzung zu geben: „Ich möchte gern ein recht romantisches Ideal von einer liebenswürdigen Schönheit schildern, aber dieß muß zugleich so beschaffen seyn, daß es – eine eingelernte Rolle ist, denn meine liebenswürdige Griechinn ist eine abgefeimte Betrügerinn. Schicken Sie mir doch in Ihrem nächsten Briefe ein Portrait, wie Sie wünschen daß sie seyn soll, wie sie Ihnen recht wohl gefiele, und auch Sie betrügen könnte. Auch Lottchen bitte ich darum."[45] Die Antworten, die auf den 10. und 11. Februar datieren, fallen recht unterschiedlich aus und spiegeln deutlich die differenten Lebensumstände und -haltungen beider Schwestern. Charlotte schreibt:

> Ich werde wenig Beiträge zum Bilde der schönen Griechinn geben können, weil ich mir nicht denken kann, wie sie so schön, und betrügerisch dabei sein könnte, daß sie das ganze Publikum täuschen könnte. Aber dem Prinzen allein, der sie mit leidenschaft ansieht, da ist mirs gar denkbar, denn ich glaube, daß sich da jeder Mensch betrügt und die gegenstände mit einen gewebe von Schönheit und Vollkommenheit umhüllt, daß wenn er es mit kalter Vernunft untersucht, leicht zerrißen wird, und nichts von alle dem was er wähnte finden wird. Ich will doch sehn wie Sie sich da herauswickeln werden [...]; wahre moralische Schönheit hat ein so eignes Gepräge daß doch so leicht nicht nachgeahmt werden kann, und wenn sie nur als Hülle einer schwarzen Seele zu verbergen umgehängt wird, müßte man es doch gleich merken. Mich haben noch wenig Menschen so betrogen, mein Gefühl läßt mich immer ahnden, wo das Gute nur erborgt, oder wo es natürlich ist. Geben Sie aber den weiblichen Karackter nicht zu viel böse Eigenschaften.[46]

Es sei wohl kaum möglich, so meint Charlotte, das Betrügerische und Täuschende der schönen Frauenfigur so zu gestalten, dass das Lesepublikum diese Züge nicht durchschaut. Die Perspektive des männlichen Helden lasse sich freilich so entwerfen, dass er dem schönen Schein erliegt. Sie zeigt sich gespannt darauf, wie Schiller die Charaktergestaltung bewerkstelligen und den Knoten der Täuschung auflösen werde, und gibt ihm zugleich eine dezente Warnung, mit dem weiblichen Geschlecht nicht gar zu stereotyp zu verfahren. Carolines Stellungnahme stimmt im Punkt der Rezeptionssteuerung mit der ihrer Schwester überein: sie selbst (und das weibliche Lesepublikum) seien wohl kaum zu täuschen, der männliche Held dagegen schon, vor allem, wenn er auf eine Liebschaft aus und deshalb geneigt ist, sich selbst zu täuschen. Für die weibliche Figur ersinnt sie eine listige Disposition der Verhältnisse, die sie zur Maskerade veranlassen: Ist sie selbst zuvor betrogen worden, wird ihr eigener Betrug genügend motiviert und schwächt die dunklen Flecke, die sonst auf ihren Charakter fallen müssten, ab:

> Das Porträt der Griechin daß Sie verlangen, ist nun eben – sehr schwer. Ich kann mir eine liebenswürdige Schönheit nicht recht dencken, ohn' alle moralische Grazie. Mir dünkt die schlimmen Falten des Innern müßten auch der äußern Gestalt etwas verschobenes geben, daß mit der Liebenswürdigkeit streitet [...]. Aus ihren Stellungen blickt neben aller Hoheit und Reiz doch etwas gemeines hervor, das mir von den s c h e i n e n w o l l e n nicht zu trennen dünckt. Ein schönes Bild daß mich selbst betrügen könnte, kann ich Ihnen also nicht von ihr zeichnen. Daß den Prinzen diese Schatten auf einer schönen Ge-

> stalt entgehen, kann ich mir wohl dencken, zumal wenn er eben mit sich ennuyirt ist, und Lust hat, eine Leidenschaft zu haben. Wenn die Griechin nur aus Liebe betröge, und weil sie selbst betrogen worden wäre, so könnte ich mir sie liebenswürdig dencken.[47]

Schiller hat den *Geisterseher* 1786, gewissermaßen als erzählerisches Nebenprodukt während einer Schreibstockung im dramatischen Fach begonnen, die ersten Teile erscheinen in den *Thalia*-Heften 4 und 5 von 1787. Auf Drängen des Verlegers entschließt er sich Anfang 1788 zur Weiterarbeit daran, widmet sich dann aber den Sommer über anderen, vor allem historischen Projekten. Zum Jahresbeginn 1789 fasst er offensichtlich neue Pläne, die rätselhaft und mehrsträngig verwickelte Erzählung zum Abschluss zu bringen, gibt diese 1791 jedoch endgültig auf.[48] Der Fragementcharakter trägt andererseits möglicherweise zur raschen Popularität dieses Werks bei, das, so Peter-André Alt, eine „kunstvolle Verknüpfung von psychologischer Fallstudie, Abenteuerroman und Verschwörungsgeschichte"[49] präsentiert und großen Einfluss auf die Genres der Kriminalgeschichte wie der romantischen Schauernovelle ausübt.[50] Die Gestalt der schönen Unbekannten, die im Text für eine Griechin gehalten wird, kommt erst gegen Ende ins Spiel. In der karnevalesken Szenerie Venedigs erblickt der Prinz sie bei einem Besuch der Messe, ohne zu ahnen, dass sie als Lockvogel eingesetzt ist, um ihn einerseits zu erotischem Spiel zu verführen, andererseits dem protestantischen Glauben abspenstig zu machen. Freilich hatte bereits eine schöne Liebhaberin aus Schillers Dresdner Zeit für diese bereits 1787 konzipierte literarische Figur Modell gestanden: Henriette von Arnim, die den 26-jährigen Schiller in der Maskerade einer Zigeunerin auf einer Redoute 1787 bezirzt hatte. Will er den beiden Rudolstädterinnen im Frühjahr 1789 weismachen, er werde wohl eine Redoute besuchen müssen,[51] um Anregungen für die Griechin zu finden, so scheint dies mehr Reminiszenz als ernsthaftes Motiv – wie er ja auch die Anregungen beider Schwestern zu seiner Figur nicht weiter verarbeitet.

Vielleicht dient die Aufgabe zur schönen Griechin ja wirklich – wie er in seinem Brief vom Januar anmerkt – hauptsächlich, um die Ideale beider Frauen „von weiblicher Vortreflichkeit nicht von der stillen nehmlich sondern von der erobernden" zu ermitteln: Was würden sie unternehmen, wie weit würden sie gehen, um *ihn* zu erobern? Liest man die Antworten beider auf diese implizite Frage bezogen, so erklärt sich der höhere Anspruch an moralische Integrität, wie ihn Charlotte formuliert. Freilich hat sie gut reden. Caroline legitimiert dagegen weibliche Maskerade zur Eroberung eines Prinzen auf der Basis zuvor erlittenen ‚Betrugs', wie sie ihn für sich selbst geltend machen kann, dadurch dass sie sich durch die Konvenienzehe mit Beulwitz um die Aussicht auf Liebesglück hat prellen lassen.

Verliebt ist Schiller in beide. Lottes geringer Vorsprung, dadurch, dass sie im Frühjahr 1788 in Weimar den Umgang mit ihm ohne Caroline führen kann, büßt sie während des Rudolstädter Sommers ein. Schiller berichtet, vornehmlich seinem Freund

Körner, von der neuen Bekanntschaft. Nach dem Nikolaustag und dem berühmten Einritt in Rudolstadt meldet er etwa, er habe da „eine recht liebenswürdige Familie kennen lernen. Eine Frau von Lengefeld lebt da mit einer verheurattheten und einer noch ledigen Tochter. Beide Geschöpfe sind, ohne schön zu seyn, anziehend und gefallen mir sehr.“[52] Ein halbes Jahr später blickt er bereits zurück auf den Volkstedter Sommer und seine näherrückende Abreise. Die Trennung von diesem Hause werde ihm schwer, schreibt er, da Mutter und Töchter ihm „gleich lieb“ seien. Charlotte und Caroline charakterisiert er im Vergleich:

> Beide Schwestern haben etwas Schwärmerei was Deine Weiber nicht haben, doch ist sie bei beiden dem Verstande subordiniert und durch Geistescultur gemildert. Die jüngere ist nicht ganz frey von einer gewißen Coquetterie d'esprit, die aber durch Bescheidenheit und immer gleiche Lebhaftigkeit mehr Vergnügen gibt als drückt. Ich rede gern von ernsthaften Dingen, von Geisteswerken, von Empfindungen – hier kann ich es nach Herzenslust, und ebenso leicht wieder auf Possen überspringen.[53]

Trotz Verliebtheit versucht er freilich, sich nicht allzusehr in Liebeshändel, gar Heiratspläne zu verstricken. Unfreiwillige Komik stiehlt sich in seine Vorstellung, durch Verteilung seiner Gefühle auf zwei Frauen einer tieferen Verbindung mit einer von ihnen zu entgehen: „Mein Herz ist ganz frey, Dir zum Troste. Ich hab es redlich gehalten, was ich mir zum Gesetz machte und Dir angelobte; ich habe meine Empfindungen durch Vertheilung geschwächt, und so ist denn das Verhältniß innerhalb der Grenzen einer herzlichen vernünftigen Freundschaft.“[54]

Kaum ist er in Weimar zurück, treffen Liebeserklärungen beider Schwestern an ihn ein. „So sind wir denn wirklich getrennt!“ schreibt Lotte am 11. November. „Ich möchte Ihnen gern sagen wie lieb mir Ihre freundschaft ist, und wie sie meine freuden erhöht. Aber ich hoffe, Sie fühlen es ohne Worte. Sie wißen daß ich wenig Worte finden kan meine Gefühle zu erklären, und sie andern deutlich zu machen.“[55] Und Caroline grüßt ihn am 18. des Monats „von ganzer Seele [...]. Das Gefühl Ihrer Entfernung bleibt immer lebendig in mir, tausend Erinnerungen, tausend liebe Gewohnheiten werden es. Ach ich kenne keinen Ersatz für das, was Sie meinem Leben gegeben haben! so frei und lebendig existirte mein Geist vor Ihnen! So wie Sie hat es noch Niemand verstanden die Saiten meines innersten Wesens zu rühren“.[56] Bescheidene Verschwiegenheit einerseits, wortreiches Gefühlsschwelgen andererseits. Schiller liebt beide Schwestern wieder – vor allem in ihrer Eigenschaft als Frauenpaar mit komplementären Charakterzügen: „Es ist gar niederschlagend für mich, wenn ich Sie mir getrennt denke, weil ich dann immer Eine, wo nicht beide, entbehren müßte. Auch Sie würden einander sehr fehlen und nicht mehr ersetzen.“[57]

Heiratsgedanken scheinen da eher im Weg. Dabei hatte er sich im Vorfeld der näheren Bekanntschaft mit beiden Rudolstädterinnen, Anfang 1788, mit handfesten

Vorstellungen dieser Art befasst, anlässlich seiner Gratulation zur Vermählung seines Verlegers Georg Joachim Göschen zum Beispiel: „Wer weiß mein liebster Freund ob ich Ihnen binnen einem Jahre nicht auch Gelegenheit gebe, mir die Gratulation heimzugeben".[58] Oder im Januar im Brief an Körner: „Ich muß ein Geschöpf um mich haben, das m i r gehört, das ich glücklich machen k a n n und m u ß, an dessen Daseyn mein eigenes sich erfrischen kann."[59] Die Liaison mit Charlotte von Kalb – eine Dreiecksbeziehung, da diese verheiratet ist – wird offenbar zu kompliziert, das Dresdner Liebesabenteuer mit Henriette von Arnim hat man ihm gründlich ausgeredet. Freilich hegt er besonderes Interesse an einer finanziell aussichtsreichen Partie, wie sein Schreiben vom März 1789, ebenfalls an Körner, unterstreicht: „Könntest Du mir innerhalb eines Jahrs eine Frau von 12 000 Thl. verschaffen, mit der ich leben, an die ich mich attachieren könnte, so wollte ich Dir in 5 Jahren – eine Fridericiade, eine klassische Tragödie und weil Du doch so darauf versessen bist, ein halb Dutzend schöner Oden liefern – und die Academie in Jena möchte mich dann im Asch [!] lecken."[60] Das sturm-und-drängerische Kraftgenie, oder zumindest der Selbstentwurf desselben, spricht aus den Worten des außerordentlichen Professors ohne geregeltes Einkommen. Zu dieser Zeit pflegt er bereits seine Doppelliebe zu beiden Lengefeld-Töchtern, weiß aber sicher auch, dass weder die eine noch die andere das ersehnte finanzielle Polster mitbringen würde. Charlotte hat keine lukrative Mitgift zu bieten, und Caroline würde durch eine Scheidung von Beulwitz die wichtigste Unterhaltsquelle für ihre Familie aufgeben.

Charlottes Situation im Frühjahr 1789 ist freilich eine andere: Das zunächst vielversprechende Liebesglück mit Henry Heron hat sich verflüchtigt, an anderen adeligen Anwärtern ist sie nicht interessiert: Friedrich Wilhelm von Ketelhodt zum Beispiel, Sohn des heimlichen Rudolstädter Regenten, den ihre Mutter ihr anträgt. Eine Verbindung mit dem Schriftsteller Friedrich Schiller stellt eine durchaus heikle Angelegenheit dar, da dieser zum einen bürgerlich ist, zum anderen kein existenzsicherndes Vermögen vorzuweisen hat, allenfalls die Aussicht auf kulturelles Kapital, sprich: den erhofften künftigen Erfolg seiner Dichtkunst.

Dass es angesichts dieser nicht gerade opportunen Situation von beiden Seiten aus dennoch zu handfesten Heiratsplänen kommt, dankt sich, wie es scheint, der Initiative der Schwestern. Ein gemeinsamer Aufenthalt in Bad Lauchstädt wird verabredet, währenddessen Caroline Schiller nahelegt, um Lotte anzuhalten. Ob ihre Motivation dabei ist, den geliebten Mann auf diese Art auch in ihrer eigenen Nähe zu halten, ist oft spekuliert worden. Schiller expediert seinen Antrag an Charlotte schriftlich: „Ist es wahr theuerste Lotte? Darf ich hoffen, daß Caroline in I h r e r Seele gelesen hat und aus Ihrem Herzen mir beantwortet hat, was ich mir nicht getraute, zu gestehen? O wie schwer ist mir dieses Geheimniß geworden, das ich, solange wir uns kennen, zu bewahren gehabt habe!"[61] Charlotte erwidert: „Karoline hat in meiner Seele gelesen; und aus meinen Herzen geantwortet."[62]

Die Konstellation zweier Frauen um einen ‚göttlichen' Mann, die Regie der älteren, die bange Angst der jüngeren, ist auch Gegenstand der berühmten antiken Fabel von

Amor und Psyche[63] des römichen Dichters Apuleius: Venus hat aufgrund der konkurrierenden Schönheit der jungen Psyche angeordnet, dass diese einem Ungeheuer vermählt werden soll. Psyche wird auf einem Felsen ausgesetzt, von dort aber statt von einem Ungeheuer vom Sohn der Venus, Amor, gerettet und versteckt. Sie darf ihn fortan nicht sehen, nur im Dunkeln treffen. Heimlich greift sie dennoch zur Lampe, entdeckt seine Schönheit – und bringt neues Unheil über sich und den Geliebten. Neidische Schwestern tragen das Ihre zu den Verwicklungen bei, bis sich ein glückliches Ende für das schöne Paar ergibt. Wann Charlotte sich mit dieser Fabel befasst hat, ist unsicher. Zwei Gedichte zu dieser Thematik sind überliefert, eines davon ist auf 1803 datiert, ein anderes ohne Datum:

Psyches Klagen!
aus einer Erzählung.

Aus des lichtes Glanz verstoßen
Decket schwere Nacht mein Herz!
Tausend Thränen sind geflossen;
Doch es schweiget nicht der Schmerz.

Kühn dem Schleyer aufzuheben
wagt die Hand, und fand den Todt!
Ach das herz kann nun nicht leben!
Streng erfüllt sich dein Gebot.

Göttin aus dem Meer entstiegen
kühn verschmähet ich dein Drohn!
Sahe was du mir verschwiegen,
Fand dem holden Götter Sohn.

Soll ihm nicht mehr wieder finden
Ach auf einmal sollt ich schaun!
Daß die Götter nur dem Blinden,
Glück vergönnen, und ihm traun.

Nicht mit klaren hellen Sinnen
sollen wir das flüchtge glück
Fest uns halten; nur beginnen!
Ach! und enden das Geschick!

Wenn der Liebe Fessel bindet
Suche nicht der Wahrheit Schein;

Ach der süsse wahn verschwindet:
Und es bleibt das herz allein.[64]

Die Situation Psyches, den Schleier – bzw. die geheime Identität des Geliebten – zu früh gelüftet und Amor erblickt zu haben, Rache und Strafe seiner göttlichen Mutter, sind in dem Klagegedicht eingefangen. Grundsätzlich geht es um die Binde, die Frauen um die Augen gelegt wird, wenn es um geistige Erkenntnis und körperliches Begehren geht. Übertragen lässt sich die Motivik aber auch auf die unsichere Situation, in der sich Charlotte gegenüber Schiller im Sommer 1789 befindet: ein Begehren nach dem Dichter zu empfinden, der im Bann ‚mächtiger' Konkurrentinnen steht, nicht nur dem der eigenen Schwester, auch etwa der Weimarer Geliebten Charlotte von Kalb. Die Rolle Carolines ist freilich besonders interessant, da sie mit dem Arrangement des Heiratsantrags in Lauchstädt gewissermaßen als mütterliche Liebesgöttin fungiert und sich darüber selbst eine Vertiefung der Beziehung zum ihrerseits ‚vergötterten' Schiller sichert. Wann Charlotte dieses Gedicht schreibt, ist nicht bekannt. Auf 1803 dagegen datiert ein anderes diesem Motivkreis gewidmetes Gedicht, das überwiegend im gräzisierenden daktylischen Versmaß gehalten ist und eine spätere Umarbeitung des früheren Gedichtes darstellen könnte:

An dem Fuß des Olymps sizt Psyche weinend,
denkend des nähernden Kummers die Purpur schwingen
Traurend gesenkt, der Schmerz er belastet
Schwer ihr gemüth und im Trübsinn entfliehet
Leben und Glück Ihr! weh mir!
spricht sie, was that ich, warum entfiel nicht die lampe
meiner bebenden Hand? warum mußt ich ihm erblicken
Seine Göttlichkeit schaun? Ich sollte
von Angesicht ihm erblicken, den vielgeliebten der Götter!

Um ihm immer leben zu sehen in irdischer hülle,
wohl war weise dein Spruch. voll hoher bedeutung
Du Mutter des geliebtesten Sohns.
Irre, unseelige Nacht, o wär sie nimmer erschienen.
nicht allein erspäht ich das traurig tiefe gemeimniß
Auch das Unglück noch führet dem Blick hinab in die Tiefe
Des lebens, daß ein seeliger Wahn
uns ewig möchte verhüllen. – Denn
wem schenken die Götter sich Eros Umarmung zu freuen
wage nicht länger zu schauen im Lichte sein daseyn.
wahrheit und Liebe sie fliehen sich ewig
denn jene liebt dämmerung, diese den Tag nur.[65]

Charlottes Bearbeitungen des *Amor und Psyche*-Mythos, die vor allem vor dem Hintergrund der Antikerezeption im Umfeld der klassischen Literatur Beachtung verdienen, sind nicht die einzigen Adaptionen der Dreiecksmotivik.[66]

Doch zurück zum Herbst 1789. Schiller hält schriftlich um Charlotte an, sie haucht im selben Medium ein erleichtertes Jawort. Bis man die *Chère mère* einweiht, wird es noch eine Weile dauern. Am 7. Januar schickt Schiller einen zweiten Brief an Luise von Lengefeld (da sie seinen ersten offenbar unbeantwortet ließ) und versucht sie der Angemessenheit der Wohnverhältnisse und seines jetzt noch bescheidenen, jedoch absehbar wachsenden Einkommens zu versichern.[67] Auch nachdem der Antrag formuliert, die Einwilligung der Mutter eingeholt ist, zweifelt Charlotte weiterhin, ob Schiller ihr im Grunde nicht Caroline vorziehe. Seine Antwort vom 15. November 1789 beschreibt treffend, was er an der einen, was an der anderen schätzt:

> Unsere Liebe braucht keiner Ängstlichkeit, keiner Wachsamkeit, – wie könnte ich mich zwischen euch beiden meines Daseyns freuen, wie könnte ich meiner eigenen Seele immer mächtig genug bleiben, wenn meine Gefühle für euch beide, für jedes von euch, nicht die süße Sicherheit hätten, daß ich dem andern nicht entziehe, was ich dem Einen bin [...].
>
> Caroline ist mir näher im Alter und darum auch gleicher in der Form unsrer Gefühle und Gedanken. Sie hat mehr Empfindungen in mir zur Sprache gebracht als Du meine Lotte – aber ich wünschte nicht um alles, daß dieses anders wäre, daß Du anders wärest als Du bist. Was Caroline vor Dir voraus hat, mußt Du von mir empfangen; Deine Seele muß sich in meiner Liebe entfalten, und mein Geschöpf mußt Du seyn, Deine Blüthe muß in den Frühling meiner Liebe fallen.[68]

Seine Ausführungen verdeutlichen zudem, warum Lotte die geeignetere Frau für ihn ist, er gleichwohl aber auf die Gegenwart Carolines einstweilen nicht verzichten will.

Zum Ausgangspunkt ihrer Darstellung des Schiller'schen Liebesdreiecks nimmt Naumann die Sage des Grafen von Gleichen, der vom Kreuzzug eine Morgenländerin mitgebracht und in einer Ehe zu dritt mit seiner bisherigen Gattin glücklich seine Tage verlebt haben soll.[69] Bereits Besucher Schillers in Jena, der livländische Maler Karl Gotthard Graß zum Beispiel, ziehen diesen Vergleich für die *Ménage a trois*. Im Juli 1791 schreibt er an Schiller: „Ich kann Ihnen nicht meine Empfindung über die Liebe dieser trefflichen Schwestern unter einander und zu Ihnen bergen. Es war mir oft als ob die Frau Hofmeisterin [Luise von Lengefeld] nur eine Tochter, und Sie, wie der alte Graf von Gleichen, laut der Sage, zwey Frauen hätten."[70]

Ob und inwieweit Charlotte unter diesen Verhältnissen gelitten hat, ist fraglich. An modernen Vorstellungen psychologischer Beziehungshaushalte lässt sich eine solche Konstellation des späten 18. Jahrhunderts nicht messen. Wenn Schiller über Körners „Weiber" spricht – wie etwa im Brief vom 27. Juli 1788[71] –, bezieht sich das ebenfalls auf dessen Frau Minna (Anna Maria Jacobine, geb. Stock) und Schwägerin Dora (Johanna Dorothea Stock); Charlotte von Kalb führt ihn, Schiller, neben ihrem Ehemann, als ihren Liebhaber. Vom höfischen Blickwinkel aus ist die Frage der Nebenbeziehungen, gar Ehen zur linken Hand, ohnehin weniger brisant als die des angemessenen Standes. Goethes Beziehung zu Charlotte von Stein hat nichts Anrüchiges, die zur bürgerlichen Christiane Vulpius will man ihm dagegen sein Lebtag nicht verzeihen.

In späteren Jahren wird sich Charlotte Schiller, dann schon Witwe, aus gegebenem Anlass der Sage vom Graf von Gleichen erinnern, des Ahnen einer Adelsfamilie, mit deren Nachfahren sie übrigens von Rudolstadt her seit ihrer Jugend befreundet ist.[72] Im Februar 1815 wohnt sie einer Theateraufführung bei zu Ehren der Großfürstin Maria Pawlowna. Gegeben wird unter anderem *Der Graf von Gleichen. Ein Spiel für lebendige Marionetten* des populären Theaterdichters August von Kotzebue, ein Stück, in dem sich der Graf selbst und seine beiden Frauen – in Anspielung auf Goethes *Stella* – am Ende erstechen. Hat der Unterhaltungsdichter Kotzebue Charlotte von jeher zur Kritik gereizt, so erbost sie nun noch mehr, dass die legendären oder fiktiven Dreiecksbeziehungen Gleichens und Goethes der Lächerlichkeit preisgegeben werden: „Alsdann folgte die Parodie des Grafen von Gleichen[], von lauter Herren gespielt. Ueber das Stück kann man viel sagen. Die Geschichte, die eine heilige Volkssage ist, herunterzusetzen, ist in meinen Augen schon ein Verbrechen des Dichters. ‚Stella' zu travestiren ist auch ein eben so großes Verbrechen."[73] Charlottes Brief datiert auf den 22. Februar 1815 – ihren 25. Hochzeitstag.

Anmerkungen

1 GSA 83/1658. Vgl. korrigierte Version in: Urlichs (Hg.): *Charlotte*, Bd. 1, S. 104.
2 Wolzogen: *Schillers Leben*, Tl. 1, S. 236 f.
3 Neuere Biographien und Monographien: Alt: *Schiller*, Luserke-Jacqui: *Friedrich Schiller*, Oellers: *Schiller*, Damm: *Das Leben des Friedrich Schiller*, Safranski: *Friedrich Schiller*. Daten und Informationen im Folgenden nach Gellhaus/Oellers (Hg.): *Schiller*.
4 Gellhaus/Oellers (Hg.): *Schiller*, S. 13–23.
5 Ebd., S. 25. Da die Umbenennung erst nach Schillers Schulabschluss (15. Dezember 1780) erfolgt, trifft die Bezeichnung „Carlsschüler" (bzw. „Karlsschüler") auf Schiller im Grunde nicht zu.
6 Eine Reihe von Schilderungen seiner Kommilitonen über Schiller sind gesammelt in: Schiller: *NA*, Bd. 41. IIA, S. 54–63.
7 Gellhaus/Oellers (Hg.): *Schiller*, S. 37–45.
8 Ebd., S. 37.
9 Hartmann: *Schillers Jugendfreunde*, S. 207. Vgl. Gellhaus/Oellers (Hg.): *Schiller*, S. 41. Hs. Johann Wilhelm Petersen: *Schillers Jugendgeschichte. 1807 (Manuscript der im „Morgenblatt" 1807 erschienenen Erinnerungen von Schillers Jugendfreund)*. In: DLA Cotta Ms. Schiller B4.

10 Zitiert nach: Gellhaus/Oellers (Hg.): *Schiller*, S. 41. Diese zusätzlichen handschriftlichen Aufzeichnungen Petersens im Schiller National Museum Marbach a. N. (SNM) waren mir aufgrund von Umbauarbeiten nicht zugänglich. Vgl. auch Kurscheidt: *„... das Leben mehr in Idealen halten“*, S. 68 u. Anm. 210.
11 Gellhaus/Oellers (Hg.): *Schiller*, S. 50.
12 Ebd., S. 47–55.
13 Ebd., S. 57–65.
14 Ebd., S. 67–84.
15 Vgl. hierzu auch Naumann: *Schillers Königin*, S. 104.
16 Zu Albrecht s. auch: Pailer: *Literaturbeziehungen und Geschlechterentwürfe.*
17 Gellhaus/Oellers (Hg.): *Schiller*, S. 120 f.; Abbildungen, ebd., S. 118 f.
18 Ebd., S. 120. Vgl. auch Schiller: *NA*, Bd. 42, S. 106.
19 Von Schiller, Weimar, 18. (?) Februar 1788. In: Schiller: *NA*, Bd. 25, S. 17.
20 An Schiller, Rudolstadt, 24. April 1788. In: Schiller: *NA*, Bd. 33. I, S. 179.
21 Wolzogen: *Schillers Leben*, Tl. I, S. 164.
22 Von Schiller, Rudolstadt, Ende August 1788. In: Schiller: *NA*, Bd. 25, S. 100.
23 Vgl. Naumann: *Schiller, Lotte und Line*, S. 85–88.
24 Vgl. Anmerkungsapparat in Schiller: *NA*, Bd. 25, S. 535.
25 Günzel: *Das Weimarer Fürstenhaus*, S. 74.
26 An Körner, Rudolstadt, 12. September 1788. In: Schiller: *NA*, Bd. 25, S. 106 f.
27 Ebd.
28 Kiene: *Schillers Lotte*, S. 108.
29 Vgl. dazu grundsätzlich die Darstellungen von Lutz Unbehaun.
30 Zit. nach Naumann: *Schiller, Lotte und Line*, S. 67–69. Angegebene Quelle: Tagebuch des Prinzen im Thüringischen Staatsarchiv Rudolstadt.
31 Ebd., S. 76.
32 Reprint in: Stein: *Dramen*. Hg. von Kord.
33 Vgl. hierzu insbesondere die Neuedition: Stein: *Neues Freiheits-System.* Hg. von Dietrick/Pailer; Hs. GSA 122/5.
34 Schiller zeigt sich eifersüchtig, als Lotte ohne ihn auf einen Ball geht. Vgl. Naumann: *Schiller, Lotte und Line*, S. 84; Jüngling/Roßbeck: *Schillers Doppelliebe*, S. 73 f. Vgl. auch Schiller: *NA*, Bd. 25, S. 99 u. 534.
35 Zit. nach Naumann: *Schiller, Lotte und Line*, S. 77.
36 Ebd., S. 77–79.
37 An Knebel, 2. Juni 1788. In: GSA 54/256,1.
38 Gibbon und Plutarch finden häufig Erwähnung in ihren Briefen an Knebel und Schiller der Jahre 1788/89, z. B. an Schiller, 26. Januar und 4. Februar 1789. In:Schiller: NA, Bd. 33. I, S. 289–291. Eine deutschsprachige Übersetzung von Gibbon erschien ab 1779: [Wenk, F. A. W. und C. G. Schreiter]: *Geschichte des Verfalls und Untergangs des Römischen Reiches.* Leipzig: Weygand, Richter 1779–1806. Ein Exemplar davon befand sich in Schillers Bibliothek. Vgl. Schiller: *NA*, Bd. 41. I, S. 723. Die bekannteste französische Plutarch-Übersetzung stammt von [André] Dacier: *Les vies des hommes illustres de Plutarque*, traduits en François, avec des remarques. Nouvelle édition, à Amsterdam, 1735. Eine deutsche Übersetzung erwarb Friedrich Schiller 1782: Gottlob Benedict von Schirach:

Biographien des Plutarch mit Anmerkungen. 8 Tle. Berlin und Leipzig: Georg Jacob Decker 1777–1780. (Vgl. ebd., S. 641).

39 An Schiller, 5. bis 15. Januar 1789. In: Schiller: *NA*, Bd. 33. I, S. 287.

40 Ebd., S. 286 f.

41 Von Schiller, 3. [2.-6.] Januar 1789. In: Schiller: *NA*, Bd. 25, S. 174.

42 Ebd.

43 Vgl. dazu auch Kapitel I. Naumann, *Schiller, Lotte und Line*, S. 187, schreibt bzgl. Charlottes orthographischer und grammatischer Schwächen: „aber niemand hätte sie deswegen gescholten und gering von ihren geistigen Fähigkeiten gedacht".

44 Schiller an Caroline von Beulwitz, 5. Februar 1789. In: Schiller: *NA*, Bd. 25, S. 196 f.

45 Schiller an Caroline von Beulwitz und Charlotte von Lengefeld, 26. Januar 1789. In: Ebd., S. 190. Vgl. auch das Kapitel „Die schöne Griechin" in: Naumann: *Schiller, Lotte und Line*, S. 101–104.

46 An Schiller, 8. bis 11. Februar 1789. In: Schiller: *NA*, Bd. 33. I, S. 296.

47 Caroline von Beulwitz an Schiller, 10. Februar 1789. In: Ebd., S. 300.

48 Vgl. Alt: *Schiller*, Bd. 1, S. 567–585.

49 Ebd., S. 571.

50 Ebd., S. 567.

51 Schiller an Caroline von Beulwitz und Charlotte von Lengefeld, 26. Januar 1789. In: Schiller, *NA*, Bd. 25, S. 190.

52 Schiller an Körner, 8. Dezember 1787. In: Schiller: *NA*, Bd. 24, S. 181 f.

53 Schiller an Körner, 27. Juli 1788. In: Schiller: *NA*, Bd. 25, S. 83 f.

54 Schiller an Körner, 14. November 1788. In: Ebd., S. 132.

55 An Schiller, 11. und 12. November 1788. In: Schiller: *NA*, Bd. 33. I, S. 248.

56 Caroline von Beulwitz an Schiller, 18. November 1788. In: Ebd., S. 251.

57 Von Schiller, 11. Dezember 1788. In: Schiller: *NA*, Bd. 25, S. 157.

58 Schiller an Göschen, 23. Januar 1788. In: Ebd., S. 10.

59 Schiller an Körner, 7. Januar 1788. In: Ebd., S. 4.

60 Schiller an Körner, 9. März 1789. In: Ebd., S. 222.

61 Von Schiller, 3. August 1789. In. Ebd., S. 272.

62 An Schiller, Lauchstädt, den 5. (?) August 1789. In: Schiller: *NA*, Bd. 33. I, S. 370. S. auch Faksimile, ebd.

63 Apuleius: *Fabula de Amore et Psyche. Das Märchen von Amor und Psyche.*

64 GSA 83/1610.

65 GSA 83/1575.

66 Vgl. Kapitel VI dieser Darstellung.

67 Schiller an Luise von Lengefeld, 7. [9.] Januar 1790. In: Schiller: *NA*, Bd. 25, S. 384–386.

68 Schiller an Caroline von Beulwitz und Charlotte von Lengefeld. In: Ebd., S. 329.

69 Vgl. Naumann: *Schiller, Lotte und Line*, S. 11–14.

70 An Schiller, 3. Juli 1791. In: Schiller: *NA*, Bd. 34. I, S. 76. Vgl. auch Naumann: *Schiller, Lotte und Line*, S. 13.

71 Schiller an Körner, 27. Juli 1788. In: Schiller: *NA*, Bd. 25, S. 83.

72 Ihre Freundin Friederike von Holleben ist eine verheiratete von Gleichen-Rußwurm, die ihr befreundete Friederike von Mandelsloh eine geborene von Gleichen. Vgl. Briefe an Frau

Friederike von Gleichen-Rußwurm, 1790 bis 1803. In: Urlichs (Hg.): *Charlotte*, Bd. I, S. 377–382. Charlottes jüngste Tochter Emilie wird, allerdings erst nach dem Tod der Mutter, in diese Familie einheiraten.

73 An Knebel, 22. Februar 1815. In. Düntzer (Hg.): *Briefe von Schiller's Gattin*, S. 179. Informationen zu Kotzebues Stück folgen Düntzers Anmerkung (ebd.).

V Statuswechsel: Frau Hofrätin Schiller in Jena

> An einen Montag Den 22ten Feb: 1790 wurden wir in Wenigen Jena von *Diaconus* Schmidt getraut. Schiller kam einige tage vorher nach Erfurt wo ich u. Caroline war, uns abzuholen. wir kamen Sonntag Abend nach Jena, wo wir bey hof. Seegner abstiegen. Den Montag früh fuhren wir drey zusammen, nach Kahle, wo wir meine Mutter abholten. Es war eine Frühlings Tag wie heut 1806 wo ich dieses mit schmerzen niederschreibe! von kahle fuhren wir gegen 2 Uhr ab, u. kamen um 5 uhr ganz in der Stille in wenigen Jena an, stiegen an der kirche aus. niemand war bey der trauung zugegen, als meine Mutter, u. Caroline. – Den Abend brachten wir still u. ruhig miteinander in gesprächen zu beym Thee. so verging der Tag, der so viele Freuden, in seinem gefolge hatte, u. so viele Schmerzen! – Jeglichen Menschen ereilet sein Tag Auch meiner wird kommen![1]

Im Frühjahr 1806, aus dem Blickwinkel der Witwe, erinnert sich Charlotte Schiller an die bescheidene Trauung, wie sie am 22. Februar 1790 der Diakon Carl Christian Erhard Schmid in Wenigenjena vollzieht.[2] Ihre männlichen Freunde und Briefpartner reagieren recht konsterniert auf die Nachricht von der Vermählung, die Charlotte kurze Zeit später ausstreut. Karl Ludwig von Knebel, mit dem sie in den zwei vorangehenden Jahren einen so intensiven schriftlichen Austausch gepflegt hat, schweigt fortan. Fritz von Stein bemerkt im April 1790 angesichts einer Weimarer Geselligkeit: „H. v. K. kam mir vor, wie eine ausgespannte Trommel".[3] Wilhelm von Wolzogen, Charlottes Cousin und Schillers Jugendfreund aus Tagen der Stuttgarter Militär-Akademie hält sich zu dieser Zeit als Gesandter im Dienst des Württemberger Herzogs in Paris auf. Charlotte meldet ihm am 9. März 1790 aus Jena die Verbindung: „Du wirst nicht wissen, mein Lieber, wie ich Dir jetzt von hier aus schreibe. Daß es einst so sein würde, habe ich Dir gesagt; da Du uns nichts darüber geantwortet, so glaube ich, es ist dieser Brief nicht in Deine Hände gekommen. Da dies nun einmal so ist, so mußt Du nur jetzt wissen, daß ich seit 14 Tagen Schillers Frau bin."[4] Einen Monat später antwortet er:

> Du hast mir da, liebes Lottchen, einen schönen Spaß gespielt und mir einen recht bösen Handel auf den Hals gezogen, dadurch, daß du dich so schnell verheirathest. Gibst mir Commission, dir einen langbeinigten Franzosen in Paris zu finden und ihn mit dem nächsten besten Nordwind nach Rudolstadt zu schicken. [...]
>
> Ich ahne den heimlichen Stolz, die Frau eines Professors und Gelehrten zu sein, den du hegst; du drängst mir mit Macht die Würde einer Professorin auf [...]. Wie kann ich zusammen reimen Schiller, Lottchen und Pedantismus, spanische Gravität, abgezirkelter, langsamer Gang, Allongeperücke und finsterer Blick, Neid und Bosheit im Herzen und den Stock in der Hand. – Verzeihe mir, liebes Lottchen, wenn ich behaupte, daß du dich ebenso wenig dazu schickest die Frau eines Professors zu sein, als Schiller Professor selbst zu sein. Ich denke, wir schicken unsere Titel mit einander in's Archiv [...].[5]

Wilhelms Vorstellung vom autoritären professoralen Habitus, den man Schiller an der Jenaer Universität abverlangt, ist sichtlich geprägt durch die eigene Erfahrung strenger Ausbildung, die ihn schließlich in den militärischen Rang eines Leutnants versetzt und nach Paris verpflanzt hat.[6]

1789 ist Friedrich Schiller zum außerordentlichen Professor für Philosophie – mit Schwerpunkt Geschichtswissenschaft – an die Universität Jena berufen worden. Goethe hat sich entsprechend mit einer *Promemoria* für den jüngeren Kollegen eingesetzt, nach verschiedenen Kanzleischreiben und Berufungsskripten im Dezember 1788 und Januar 1789[7] melden mehrere Zeitungen, etwa die *Erfurtische Gelehrte Zeitung*:

> Desgleichen ist der Sachsen-Weimarische Rath, Hr. Friedr. *Schiller*, gleich berühmt im dramatischen als historischen Fache durch seine Trauerspiele, die Räuber, die Verschwörung des Fiesko, Don Carlos, durch die Herausgabe der Thalia und durch die meisterhafte Geschichte des Abfalls der vereinigten Niederlande von der Spanischen Regierung, als außerordentlicher Professor der Philosophie auf hiesiger Universität angestellt worden.[8]

Am 28. April 1789 wird der neu ernannte Extraordinarius zudem promoviert,[9] im Sommersemester des Jahres hält er seine erste Vorlesung.[10] Am 11. Mai zieht er nach Jena, in eine Mietwohnung der Schwestern Anna und Christine Schramm in der Jenergasse 26, die sogenante „Schrammei", in die nach der Vermählung Charlotte mit einziehen wird. Finden seine Antrittsvorlesung in Reinholds Hörsaal am 26. Mai ebenso wie weitere Lehrveranstaltungen im Griesbachschen Haus zunächst großen Andrang, so wird die Zahl der immatrikulierten Studenten in den folgenden Jahren erheblich zurückgehen.[11] Einzelne „begeisterte Schüler", die selbst berühmt werden sollen, finden sich freilich in der Zuhörerschaft, wie etwa im darauffolgenden Winter 1790/91 Friedrich von Hardenberg (Novalis),[12] der nicht nur Schillers Lyrik, sondern auch dessen junge Frau schätzt. Noch 1797 sendet der ehemalige Student an Charlotte („Beste Frau Hofräthin!") eine Locke seiner „verewigten Freundin", der jung verstorbenen Sophie von Kühn, mit dem Hinweis: „Möchte es Ihnen zugleich ein Beweis sein, wie herzlich ich Sie verehre, wie unvergeßlich mir Ihr Gefühl für Sophiechen sein wird."[13]

Im Vorfeld der Hochzeit waren freilich nicht nur Fragen der finanziellen Absicherung, sondern auch Standesfragen nicht unerheblich. Das gelehrte Amt selbst – ohne anständige Besoldung – leistet noch nicht die Anbindung Schillers an die Adelsgesellschaft. Charlotte muss mit ihrem väterlichen Familiennamen die den vornehmen Stand indizierende Silbe ‚von' aufgeben; Schiller bemüht sich entsprechend, „um eine Sylbe"[14] zu wachsen, vom Rat zum Hofrat, um auch seiner künftigen Frau „wenigstens einen anständigen Rang hier zu geben".[15] Zunächst wendet er sich an den Erbprinzen von Sachsen-Coburg mit einem entsprechenden Gesuch, schließlich erfolgreich an Herzog Georg von Sachsen-Meiningen:

> Ich bin auf dem Wege, eine Heurath zu thun, die das ganze Glück meines Lebens ausmacht; mit einem Fräulein von Lengefeld, einer Tochter der Oberhofmeisterin in Rudolstädtischen Diensten. Da mir die Güte der Mutter und die Liebe der Tochter das Opfer des Adels bringt, und ich ihr sonst gar keine äußerlichen Vortheile dafür anzubieten habe, so wünschte ich, ihr dieses Opfer durch einen anständigen Rang in etwas zu ersetzen oder weniger fühlbar zu machen. Durch zwey Silben, gnädigster Herr, können Sie meinen Wunsch erfüllen [...].[16]

Die Ernennung erfolgt, und entsprechend wächst auch die Anredeform für Charlotte zu „Frau Hofräthin Schiller in Jena", wie es etwa die Adressierung der Briefe Charlotte von Steins an ihr Patenkind dokumentiert.[17] Diese Stellung ist in mehrfachem Sinn hart errungen, bedenkt man, dass Lotte während des Rudolstädter Sommers und Nachsommers allzuoft der gesprächsfreudigeren Line das Feld im Umgang mit dem Poeten überlassen, sich seine Zuneigung mit der älteren Schwester teilen musste, dass er auch jetzt noch möglicherweise zu ihrer Schwester eine glühendere Leidenschaft hegt. Caroline sei ihm, so schreibt er Ende 1789, näher „im Alter und darum auch gleicher in der Form unsrer Gefühle und Gedanken. Sie hat mehr Empfindungen in mir zur Sprache gebracht als Du meine Lotte". Charlotte dagegen entwirft er als sein „Geschöpf", eine Persönlichkeit, die sich nach seinen Wünschen formen soll: „Deine Blüthe muß in den Frühling meiner Liebe fallen".[18] Seiner Entscheidung für Lotte unterliegt das Pygmalion-Motiv, die Vorstellung als Künstler sich eine Statue zu erschaffen, die durch seine Liebe erst zum Leben erwacht.

Für die Stellung der Ehefrau ist Lotte freilich zweifellos die geeignetere, da sie nicht wie ihre Schwester durch die Liebe glücklich *werden*, vielmehr den Dichter selbst glücklich *machen* will.[19] „Denn glücklich mußt Du werden, mein theurer Geliebter, o ich könnte die ganze Welt aufbieten, um Dir Glück zu geben! Es ist ein freundlicher Gedanke, daß ich Dich glücklich machen kann durch meine Liebe, durch mein bemühn, Dir das Leben leicht und schön zu machen“,[20] schreibt sie im Januar 1790, also kurz vor der anstehenden Hochzeit. Und noch eine andere Konkurrentin gilt es im Auge zu behalten: Schillers Geliebte in Weimar, Charlotte von Kalb. Dass diese „so viel Härten in ihren Wesen“ habe, die ihn bestimmt „nicht glücklich gemacht hätten“, betont Lotte schon wenig später.[21] Ihre eigene Rolle als Ehefrau entwirft sie als praktische Gehilfin: „Ich werde mich recht gut dazu anstellen, die Oekonomie zu verwalten [...]. Im Ernst traust Du mir weniger Kenntniße zu als ich habe auf diesen Punkt. Deine Gehilfin wird durch ihre Talente sich schon kennen lernen laßen.“[22]

Wie sieht ihr Tagesablauf, ihr gesellschaftlicher Umgang aus in den ersten Ehejahren in Jena? Charlotte zieht zu Schiller in die „Schrammei“, wo er zwei zusätzliche Zimmer gemietet hat. Seit Jahresbeginn hat er für sich den Diener Schultheiß eingestellt, für Charlotte wird eine Kammerjungfer engagiert, nach damaligen Vorstellungen das Minimum an Personal.[23] Dass in derselben Wohnung auch noch Caroline untergebracht wird, die ihrem ungeliebten Beulwitz in Rudolstadt nur allzugerne durch Besuche in Jena entflieht, kann Lotte abwenden. Schillers Entwurf einer *Ménage a trois* mit einem geteilten Zimmer für seine beiden Frauen ist dann doch zu keck. Die Schwester logiert in einem der Schrammei nahe gelegenen eigenen Quartier im Seegnerschen Haus.

Der gesellschaftliche Umgang in Jena ist nicht eben ausgedehnt. Hinzu kommt, dass Schiller Ball- und Tanzvergnügungen, die Charlotte anziehen, abhold ist.[24] Besuche und Kontakte beschränken sich zunächst auf andere Gelehrte am Ort und ihre Gattinnen: den Orientalisten Heinrich Eberhard Gottlob Paulus und seine Frau Caroline; den Professor der Beredsamkeit und Dichtkunst und Herausgeber der *Allgemeinen Literatur-Zeitung*, Christian Gottfried Schütz, und Frau Anna Henriette; dessen Mitherausgeber und Juristen Gottlieb Hufeland und Frau Konradine Louise Wilhelmine; den Theologen und Kirchenrat Johann Jakob Griesbach und Frau Friederike Juliane. Zu Charlottes Bedauern entwickelt sich zu Karl Leonard Reinhold, der mit der ältesten Tochter Wielands, Sophie Katharina Susanne, verheiratet ist, nur ein mäßiger Kontakt, was auch damit zu tun hat, dass Schiller den Ordinarius, der bis 1794 in Jena lehrt, nicht entsprechend hofiert. Wenige Jahre später soll Johann Gottlob Fichte mit seiner Frau Johanna hinzukommen.[25] Die Jenaer Universität Salana wird verwaltet in Koalition der Herzogtümer Sachsen-Weimar-Eisenach, Sachsen-Coburg, Sachsen-Gotha und Sachsen-Meiningen. Da sie auf Weimarer Gebiet liegt, wird sie überwiegend von Carl August finanziell unterhalten, so dass dieser das größte Bestimmungsrecht hat. Ihr liberales Flair dankt sich dem Umstand, dass überwiegend Honorarprofessoren wie Schiller, die sich hauptsächlich über die Kollegiengelder der Studenten ernähren, neben wenigen konservativen Ordinarien lehren, von denen einer der Jesuitenzögling Reinhold ist. Dass die Liberalität gleichwohl bald an ihre Grenzen stößt, vor allem wenn Sympathien für die Französische Revolution bestehen, soll sich im Atheismusstreit um den 1793/94 an die Salana berufenen Philosophen Fichte erweisen.[26]

Das Universitätswesen ist zur damaligen Zeit eine reine Männerangelegenheit. Charlotte hat mit der Salana nur indirekt über ihren Mann zu tun, indem sie zum einen aus einem Nebenzimmer – wie ein halbes Jahrhundert vorher Luise A. V. Gottsched in Leipzig – die Vorlesungen ihres Mannes mithört[27] und sich von ihm Bücher aus der Universitätsbibliothek besorgen lässt. Ein ihrem eigenen Alter näherer Bekanntenkreis entwickelt sich 1791 rund um den Mittagstisch in der Schrammei. Die gesellige Tafelrunde setzt sich zusammen aus Universitätsangehörigen und -gästen: dem Pädagogen Ludwig Friedrich Göritz, dem Juristen Bartholomäus Ludwig Fischenich aus Bonn, Immanuel Niethammer aus Tübingen; Charlottes „Brüderchen" aus Kindertagen, Fritz von Stein; Karl Heinrich von Gros und Christian Gottlob Vogt. Man trifft sich als Tischgesellschaft, verbringt häufig auch Abende mit ernsthaften Gesprächen wie vergnüglichem Kartenspiel, konsumiert alkoholische Getränke ebenso wie ernüchternden Kaffee.[28] Schiller ist Genussmensch und – Langschläfer. Den unbürgerlichen Charakter seiner Lebensart bezeugen Berichte von Zeitgenossen: „der Hausherr trägt auch tagsüber seinen Morgenmantel, zeigt sich Gästen unfrisiert".[29]

In welchem Maße es sich seinem Lebenswandel schuldet, ist schwer abzuschätzen: in die ersten Ehejahre fällt jedenfalls auch Schillers erste schwere Krankheit, die aus einer Erkältung bei einem Besuch in Erfurt zum Jahresende 1790 erwächst. Freilich scheint er von Geburt an von schwacher Konstitution, hat schon als Kind eine Neigung zu Erkältungskrankheiten, insbesondere zum Schnupfen. Eine Malaria-Infektion im Herbst und Winter 1783/84, mit zeitüblichen Methoden und Medikamenten (Chininrinde) behandelt, mag zur langfristigen Schädigung des Magen-Darmtraktes geführt haben. Die durchfeierten Nächte mit Tabak- und Alkoholgenuss der Stuttgarter Garnisonszeit mögen das ihrige getan haben.[30] Zum Jahresbeginn 1791 leidet er, aus Erfurt zurückgekehrt, an „einem heftigen Catarrhfieber".[31] Die besorgte Charlotte von Stein schickt eilends „sechs Flaschen Selzer Waßer. ich hoffe es soll gut seyn. Ich habe mich gestern noch lange geängstigt und bin noch nicht ganz ruhig über Schillern, schreiben Sie ein Wort was er macht oder bitten Starcken mir ein paar Worte darüber zu schreiben."[32] Eine Woche später kündigt sie an: „Der Herzog wird ihm den besten madera Wein schicken".[33] Studenten und Besucher, wie etwa Novalis und Fischenich, halten Nachtwachen am Bett des Freundes.[34] Die *Oberdeutsche Allgemeine Literaturzeitung* meldet am 8. Juni fälschlicherweise seinen Tod. In Dänemark findet, organisiert vom Dichter Jens Baggesen und Graf Schimmelmann, eine Gedenkfeier statt.[35] Der Totgesagte erholt sich indessen, doch soll sich der Rest seines Lebens als wahre „Krankheitslawine" entwickeln.[36]

Während der ersten Jahreshälfte 1791 übernimmt Charlotte ein Großteil von Schillers Korrespondenzen, benachrichtigt etwa Körners in Dresden und Schillers Angehörige von seinem Zustand, verhandelt mit dem Verleger Göschen und versorgt Hausarzt Dr. Stark mit Billets. Dabei tritt sie, wie Horst Nahler untersucht hat, nicht einfach „als Sekretärin in Erscheinung“, indem sie „etwa nach Diktat einen Brief niederschreibt, unter den Schiller seine Unterschrift setzt“, häufiger formuliert sie selbstständig, schreibt „in seinem Sinne, ohne daß die Botschaft im einzelnen mit ihm abgesprochen sein muß“.[37] Der Krankenbericht an Johann Christian Stark vom 14. und 15. Mai 1791 bildet ein solches Beispiel. Über der Pflege ihres Mannes wird sie selbst krank, bedarf ärztlicher Fürsorge. Hinzu kommt die finanziell nicht unprekäre Situation des jungen Paars. Ein kurähnlicher Aufenthalt in Rudolstadt wird eingelegt, gefolgt von einer vierwöchigen Reise ins böhmische Karlsbad, die vermutlich Beulwitz finanziert. Auch Caroline ist mit von der Partie.[38]

Während Arzt- und Arzneirechnungen anwachsen, kann Schiller weder Vorlesungen halten noch seine Zeitschriftenprojekte weiterführen. Das schmale Stipendium vom Weimarer Herzog beläuft sich auf 200 Taler jährlich, die *Chère mère* gibt weitere 150 hinzu. Erleichterung bringen im November Briefe von der dänischen Regierung sowie von Jens Baggesen: Ein Stipendium von 1000 Reichstalern jährlich auf drei Jahre soll Schiller erhalten.[39] Erwirkt hat der junge Poet, der im Jahr zuvor Schillers besuchte, dies über Gräfin Charlotte von Schimmelmann, deren Gatte Ernst Heinrich Finanzminister am Kopenhagener Hof ist.[40] Mit Frau von Schimmelmann wird Charlotte über die 90er Jahre (und später noch) eine ausgedehnte Korrespondenz führen.[41] Über sie wird Lotte auch mit der dänischen Schriftstellerin Friederike Brun bekannt, die ihr ihre Gedichte und Balladen mitsamt Vertonungen schickt. Zu Ende des Jenaer Jahrzehnts wendet sich die Autorin, deren frühere Werke Schiller teils herausgegeben, teils lobend rezensiert hat, an dessen Frau im Gestus der Bescheidenheit:

> Darf eine beinah Unbekannte u. vielleicht schon ganz wieder Vergessne sich Ihnen mit einer kleinen Mühwaltung nahen? Das Ihre liebenswürdige Freundlichkeit nie vergessen bei mir ist beweise Ihnen der Muth, den ich habe, mich mit meinen Kindlein an Sie zu wenden; Sie bitten, die kleinen Hülflosen heimlich dem Gemahl in die lorbeerumschattete Wiege des Musenalmanachs für das Zukunftsvolle Jahr 1800 zu legen?[42]

Für Friedrich Schiller verstärkt sich in der Jenaer Zeit der Wunsch, seine Familie im Schwabenland zu besuchen, sobald es ihm gesundheitlich besser geht. Seine Mutter Elisabetha Dorothea kommt ihm mit ihrem Wiedersehenswunsch zuvor. Mitte September reist sie gemeinsam mit ihrer jüngsten Tochter Christiane, genannt Nanette, nach Jena, nimmt Unterkunft in dem zuvor von Caroline während ihrer Besuche bewohnten Seegnerschen Zimmer. Charlotte, einerseits hoch erfreut, Teile von Schillers Familie kennenzulernen, tritt wohl ihrer adligen Herkunft wegen etwas überheblich auf. Ein besonders warmes Verhältnis entwickelt sich anscheinend nicht.[43]

1793 kann Lotte Schiller endlich bewegen, in ein kleines gemietetes Gartenhaus in der Zwätzengasse umzuziehen. Der Umzug erfolgt am 7. April 1793. Das bringt zwar den Verlust der Tischrunde und Abendgesellschaften mit sich, dafür aber endlich eine eigene Hauswirtschaft. Im Sommer fühlt sich Schiller soweit erholt, dass man eine Reise zu seiner Familie in Württemberg ins Auge fassen kann. Charlotte ist es nun, die seit einiger Zeit kränkelt. In Wahrheit befindet sie sich bereits im siebten Monat einer Schwangerschaft, als selbige von Dr. Stark als Ursache ihres Übelbefindens diagnostiziert wird. An den mittlerweile nach Bonn zurückgekehrten Bartholomäus Fischenich, den Charlotte später in ihren Briefen zum Ideal-Sohn stilisieren wird, schreibt Friedrich Schiller am 25. Juli 1793:

> Meine kleine Maus wird mir in 6 biß 8 Wochen ein großes großes Geschenk machen. Sie hat sich seit Anfang dieses Jahrs sehr oft übel befunden, daß mir für ihre Gesundheit ernstlich bange wurde, und Sie können denken theurer Freund, daß der Anblick ihres Leidens und die Furcht, sie vielleicht ganz und gar zu verlieren, meinen eigenen Zustand mir schwer genug machen mußte. Aber wie angenehm hat sich dieses unglückliche Räthsel ihrer Zufälle gelößt. Sie ist schon im achten Monate schwanger, und ich sehe mich nicht bloß von einer schweren Besorgniß befreyt, sondern blicke noch einer der schönsten Lebensfreuden, nach der ich so lange mich gesehnt habe entgegen.[44]

Man reist gleich Anfang August 1793, damit die Niederkunft in Schwaben erfolgen kann. Ein früherer Freund Schillers aus Tagen der herzoglichen Militär-Akademie, Dr. Friedrich von Hoven, soll Geburtshilfe leisten. Seit Charlottes Reise in die Schweiz sind zehn Jahre vergangen, strapaziös ist eine solche Unternehmung aber immer noch, die Straßen sind kaum weniger holprig, Rad- und Achsbrüche eher der Normalfall und Raubüberfälle nicht auszuschließen. Goethes Christiane, freilich aus prosaischeren Verhältnissen stammend, ist auf ihren Reisen nie ohne Pistole unterwegs.[45] Besonders zimperlich kann die hochschwangere Lotte indessen auch nicht sein, als sie in die mehrtägige Kutschfahrt einwilligt. Hält man sich zunächst in der Reichsstadt Heilbronn auf – eine Vorsichtsmaßnahme, um sich dem Machtbereich des württembergischen Herzogs fernzuhalten –, so zieht die junge Familie kurz vor dem Geburtstermin nach Ludwigsburg um. Charlottes Zustand kurz vor und während der Entbindung ist durchaus besorgniserregend. Am 14. September bringt sie ihr erstes Kind, den Sohn *Karl* Friedrich Ludwig, zur Welt. „Wünsche mir Glück lieber Körner", meldet der glückliche Vater seinem Dresdner Freund, „Ein kleiner Sohn ist da, die Mutter ist wohl auf, der Junge groß und stark, und alles ist glücklich abgelaufen. Nicht 6 Tage waren wir hier angelangt, so gieng es los."[46]

Abgesehen von den in Familiennähe besseren Bedingungen für Charlottes Wochenbett ist dem Umstand, dass der erste Schillersproß nahe seinem Vaterhaus geboren werden soll, auch symbolische Bedeutung beizumessen. Charlotte mag sich während ihres Aufenthalts vergegenwärtigt haben, unter welchen Umständen ihr Mann selbst das Lebenslicht erblickte. Überliefert sind Gedichtentwürfe die die Umstände von Schillers Elternhaus, Geburt und ersten Lebensjahren ‚balladesk' vermitteln. Zwei Versionen, die den Titel *Geburt* tragen, erzählen in reimlosen vierhebigen (trochäischen) Versen vom Kriegsdienst bzw. einem Probemanöver, zu dem Johann Caspar Schiller berufen wird, während seine Frau, bereits Mutter einer Tochter, erneut schwanger ist. Aufschlussreich sind Charlottes Verse in der Art, wie sie Schwangerschaft überhaupt thematisieren. Präsentiert wird die Perspektive der werdenden Mutter, die ins Lager eilt, um ihren Mann von der anstehenden Niederkunft zu benachrichtigen, dort aber nur ausgelassenes Militärtreiben antrifft. In ihr Haus zurückkehrend, schenkt sie einem Knaben das Leben:

Einsam saß im stillen zimmer
fromm die Gattin,
treulich pflegend ihres Kindes
Treulich sorgend für die Tochter.
Ihrer weiblichen Geschäfte
freute sich des mannes geist.

Schon neun Monden untern herzen
fühle sie das junge leben
daß an ihrer brust entfaltend
sich zum neuen dasein rüstet.
Als der Ruf des Kriegs ertönte,
Doch nicht jenes der verderbend
Sich verbreitet auf der Erde.
der mit drohender geberde
Ueber Länder, Städte ziehet
Und uns raubt des lebens Ruh.
Nur zum scheine, sollt er kriegen
Es gebots der stolze herzog
Seiner Krieger Muth zu üben
Rief er sie zum lager hin.

Lange Tage harrte sehnend
Ihren Schmerz im Busen fühlend
harrete dies fromme weib.
Endlich raft sie sich vom Size.
kleidet sich in feines linnen,
und geht selbst zum Lager hin.
Dort empfangen sie Trompeten,
Trommerln, Pfeifen, Lustgesänge,
Und es scherzt der muthge krieger
mit den waffen, wähnet muthsvoll

Auch im Ernsten Kampf zu siegen,
wenn es gält ums vaterland.

Aber nicht der Freude lieder
Nicht die schmetternden trompeten,
Können ihren Schmerz ersticken
der in ihren Busen wühlt.
Angst voll eilt sie aus dem lager
Und hat kaum ihr haus begrüsset,
Als ein knabe sah das licht.[47]

Beachtung verdient auch – in dem offenbar im selben Kontext entstandenen Gedicht *Kindheit* – die Charakterisierung der Eltern, besonders des ernsten, strengen Vaters, der den Sohn dem Bildungsinstitut des Herzogs opfern muss:

Aber ernst bedenkend langsam
tritt der Vater in die wohnung
Sieht die Gattin schweigend an,
fasst dem knaben an den händen
und spricht diese worte aus.
Eben als ich zu Euch eilte
nahet sich ein Abgesandter,
von dem herzog, er verlanget
dich geliebten sohn von mir.[48]

Trotz Anerkennung für Schillers Eltern, kommt Charlottes Einschätzung der Einfachheit ihrer Lebensumstände, der Ahnungslosigkeit, was für ein Genie ihnen da in die Wiege gelegt worden ist, zum Ausdruck. Wann Charlotte diese Verse verfasst, wissen wir nicht. Gleichwohl liegt nahe, dass sie die wesentlichen Eindrücke von Schillers Geburt und Kindheit während der Schwabenreise 1793/94 aufnimmt – in Verbindung mit ihrer ersten eigenen Erfahrung von Mutterschaft.

Schillers dichterische Tätigkeit, die sich fern von der Heimat vollziehen sollte, ist in Württemberg mittlerweile zumindest nicht mehr der Verfolgung ausgesetzt. Der noch lebende alte Herzog Carl Eugen scheint den heimkehrenden Landessohn beflissen zu „ignoriren“.[49] Sein Nachfolger Herzog Ludwig Eugen wird ihn darüber hinaus rehabilitieren. Beruflich ergibt sich einer der wichtigsten Kontakte zu dem Tübinger (später Stuttgarter) Verleger Johann Friedrich Cotta, mit dessen Familie Charlotte auch in den Jahren nach Schillers Tod in intensivem brieflichem Austausch stehen wird. In der Ludwigsburger Zeit entsteht schließlich auch das Doppelbildnis von Charlotte und Friedrich Schiller, das die Künstlerin Ludovike Simanowitz anfertigt: Schiller in Denkerpose, die aus einem Buch aufblickende Charlotte. Zur gleichen

Zeit fertigt der Bildhauer Dannecker eine erste Fassung der berühmten Schiller-Büste an.[50]

Auch in Schwaben ist die Dritte im Bunde, zu Lottes größerer oder geringerer Freude, ihre ältere Schwester Caroline von Beulwitz. Seit Jahren erwägt sie die Scheidung von dem ungeliebten Ehemann, dem *Ours* (frz. Bär), wie sie ihn nennt. Eine Liebschaft pflegt sie ebenfalls spätestens seit dem Besuch in Erfurt 1790/91 mit dem dortigen Mainzer Koadjutor Carl Theodor von Dalberg, dem Bruder des Mannheimer Theaterintendanten. Begeistert ist Charlotte weder von den Scheidungsplänen noch von der Liebschaft, das geht aus den wenigen erhaltenen Briefen zwischen beiden Schwestern hervor. Lotte hat offenbar Bedenken geäußert, wie man die Trennungspläne der *Chère mère* nahebringen solle. Caroline beruhigt sie: „Bei Allem ist nichts zu bedenken, als wie wir ihr die Pille am schönsten vergolden, die sie doch verschlucken muß. Du brauchst dir nicht den mindesten Vorwurf zu machen, ihr zu sagen, du wüßtest nichts davon, weil einen nichts in der Welt verbinden kann, eine anvertraute Sache wieder zu sagen". Wenn sie wolle, so fährt Caroline fort, könne Lotte die Mama freilich wissen lassen, „daß es meine Idee nie gewesen sei, immer mit O. fortzuleben".[51]

Erst im Januar 1794 – Charlotte und Caroline sind in Ludwigsburg mit Schiller – richtet dieser schließlich einen Brief an Beulwitz, in dem er ihm die einvernehmliche Scheidung von Caroline unter Anführung zahlreicher Gründe nahelegt: Nachkommen werden aus dieser Ehe wohl kaum zu erwarten sein; er, Beulwitz selbst, sei rundum in solchen Umständen, dass er durchaus eine vorteilhafte Partie machen könne.[52] Der 38-Jährige mag selbst schon Gedanken dieser Art gehegt haben, jedenfalls willigt er alsbald ein, die Ehe wird am 7. Juli 1794 geschieden. Höchste Zeit, wie Kirsten Jüngling und Brigitte Roßbeck in ihrer Doppelbiographie Charlottes und Carolines urteilen: ist Caroline doch seit spätestens Januar des Jahres schwanger und damit beschäftigt, Arrangements für die heimliche Geburt zu treffen. Über den Vater darf spekuliert werden: Ist es Gustav Behagel von Adlerskron, der sich versucht, nicht nur an Schiller, sondern auch an dessen Schwägerin zu attachieren? Ist es Carl Theodor von Dalberg, Carolines „Goldschatz"? Ist es am Ende Friedrich Schiller selbst? Oder ist es Cousin Wilhelm von Wolzogen, der auf beide Lengefeld-Töchter schon als Jugendlicher ein Auge geworfen hat und als zweiter Ehemann Carolines auch offiziell die Vaterstelle an Adolf übernimmt? Am Ende mag es so sein, dass Caroline es selbst nicht mit Sicherheit hätte sagen können.[53] Die Trauung der geschiedenen Caroline mit Wilhelm findet am 27. September 1794 auf dessen Familiengut in Bauerbach statt, beide reisen danach erneut nach Schwaben und in die Schweiz, möglicherweise um die Geburt des bereits existierenden, dort in Pflege gegebenen Nachkommen neu zu ‚inszenieren'. Offiziell datiert Adolfs Geburt auf den 10. September 1795.[54] 1796 wird Wilhelm an den Weimarer Hof berufen, Caroline richtet dort einen entsprechenden standesgemäßen Salon ein. Charlotte, wenn auch zunächst kritisch ob der Allüren ihrer Schwester, ist über diese Entwicklung recht froh. Aufatmend schreibt sie im Februar 1797:

> Meine Schwester hat sich geändert, u. zu ihren vortheil, sie ist sehr ruhig u. glücklich jezt, u. daher heiter u. gesund u. theilnehmend, es lässt sich immer leicht u. angenehm mit ihr leben. Wolzogen ist auch ein guter Mensch, u. ist mir recht lieb weil ich sehe wie er alles thut was in seinen Kräften steht Carolinen eine angenehme Existenz zu machen, gegen den launigten, egoistischen ehemahligen Schwager sticht dieser sehr vortheilhaft ab.[55]

Charlotte, Friedrich und der kleine Karl kehren im Mai 1794 aus Schwaben zurück, mit ihnen Christine Wenzel, die für zwei Jahrzehnte – sie stirbt im März 1814 – im Schiller'schen Haushalt als Haus-und Kindermädchen anstellig werden soll. Man zieht in die Mietwohnung im Kirstenschen Haus am Markt ein, das bereits im 17. Jahrhundert als „Professorenhaus" mit Hörsaal errichtet worden war. Intensiven Umgang pflegen die Schillers mit Wilhelm von Humboldt und seiner Frau Caroline (geb. von Dacheröden), die Charlotte schon als Jugendliche kannte.[56]

Während Charlotte in dieser Zeit wohl wenig zum Lesen kommt, geschweige denn zum Schreiben, allenfalls Zeichen- und Musikstunden nimmt, hält für Schiller das Jahr ein „glückliches Ereignis"[57] anderer Art bereit: Ausgelöst durch ein intensives Gespräch im Anschluss an eine Vorlesung in der Naturforschenden Gesellschaft am 20. Juli 1794 intensiviert sich die bis dahin oberflächlich-kühle Beziehung zu Goethe, was in der Folgezeit auch gelegentliche Aufenthalte zur gemeinsamen schriftstellerischen Produktion in Jena und Weimar nach sich ziehen soll. Im März 1796 machen beide, Charlotte und Friedrich, einen Besuch in Weimar, er logiert bei Goethe, sie mit dem zweijährigen Karl bei Frau von Stein. Ihre Unterkunft ist im ehemaligen Zimmer ihres Freundes Fritz, in dem sie die Porträts diverser Herzoge bestaunt. Zum Ausdruck kommt in ihrem Brief vom April des Jahres aber auch ihre tiefe Verbundenheit mit seiner Mutter:

> Ich bin nun schon fast 4 wochen hier u. so glücklich einmal wieder mit der lieben Mutter leben zu können, u. wir haben uns so viel zu sagen daß ich doch weggehen werde ohne fertig zu sein. Es würde mir eben so seyn wenn ich so viel Jahre mit ihr wäre als ich Tage bey ihr zubringe. Ich bin in Ihr Stübchen logirt, u. denke Ihrer recht oft, wenn ich die schönen weissen Herzoge ansehe, auf Ihren Schreibtisch, Herzog Bernhard freut mich besonders. Wären Sie doch auch mit uns![58]

Charlotte genießt den Besuch des Theaters, amüsiert sich allerdings über die besondere Loge, die man Schiller zuweist. „[Ich] besuche die Comödien allemahl, auch Schiller besucht sie, der eine eigne Loge hat, auf dem Theater wo er ganz ungesehen ist. Es sieht aus als sässe er in einen Käfig, u. es ist mir recht lächerlich wenn ich mir es so vorstelle."[59]

Charlotte ist zu dieser Zeit erneut schwanger. Zurück in Jena, wird sie am 11. Juli

1796 von ihrem zweiten Sohn, *Ernst* Friedrich Wilhelm, entbunden. Wieder ist es Fritz, mit dem sie sich brieflich austauscht, diesmal über die Frage, ob Jungen oder Mädchen als Erziehungsobjekte vorzuziehen seien. Eine Anspielung findet sich in diesem Brief auch auf ihre Schreibtätigkeit: „Sie werden denken ich fange an recht ernsthaft zu werden, u. […] size mit einer grossen Brille am Schreibtisch und stelle meine Untersuchungen an, aber so arg ists noch nicht. Ob ich gleich leider alle Tage älter werden, und die Zeit erreicht habe, wo wie *Madame de Stael* sagt *la vie commence a se décolorer*, so habe ich doch recht schöne heitere Farben um mich u. mein leben erhält immer neue Schönere bilder."[60]

Getrübt werden die schöneren Bilder indessen durch Trauernachrichten im selben Jahr: Schillers jüngste Schwester Nanette ist am 23. März gestorben, sein Vater folgt ihr am 7. September. Nach einem weiteren Umzug ins Griesbachsche Haus im April 1795 erwirbt Schiller im März 1797 ein Grundstück in Jena, im Mai zieht die mittlerweile vierköpfige Familie ins Gartenhaus auf dem sogenannten Jüdengraben. Derselbe Brief, in dem sich Charlotte ihrem Freund in Gelehrtenposition mit Brille am Schreibtisch präsentiert, entfaltet auch ausgedehnte Schilderungen von Erwägungen eines Umzugs nach Weimar, die man offenbar im Vorfeld gehegt hat:

> Unser Plan in weimar zu wohnen hat sich nicht ausführen lassen, wir wünschten hauptsächlich ein haus mit einen Garten zu haben, oder besser Garten mit haus, denn das nöthigere war der Garten. Schiller fühlt jezt auf das lebhafteste was er entbehrt daß er immer in der Stube eingeschlossen ist, u. wie er sich nur durch eine wohnung im freyen wieder an die luft gewöhnen kann. Da fand sich nun in Weimar nichts, u. hier haben wir einen Garten im Handel, der alle vorzüge hat, gesunde trockne lage, schöne aussicht, nicht zu weit von der Stadt entlegen […]. Der Garten ist gut unterhalten, hat viel Bäume u. Gras. Kurz es ist eine sehr angenehme Besizung.[61]

Mit Unterstützung des Tübinger Verlegers Cotta kommt der Kaufvertrag über das Gartenhaus des verstorbenen Professors Schmidt für 1150 Reichstaler am 16. März zustande, am 2. Mai ist es soweit renoviert, dass die Familie Schiller für den Sommer einziehen kann.[62] Winterquartier bleibt auch für die kommenden Jahre das Griesbachsche Haus. Im Erdgeschoss des Gartenhauses sind Dienstboten – u. a. der neu hinzukommende Diener Georg Gottfried Rudolph[63] – und Kinder untergebracht, im Obergeschoss befinden sich Schillers Arbeitsraum, Charlottes Räume sowie die Gesellschaftszimmer befinden sich in der Beletage. An der äußeren Gartenseite, zur Leutra hin gelegen, befindet sich einerseits die Küche, andererseits wird der Dichter sich ein Refugium errichten in der sogenannten „Gartenzinne", einem kleinen aufgestockten Zimmer über dem Badehäuschen mit Außentreppe.[64]

Friedrich Schillers Wunsch nach einem Garten – und zwar einem Nutzgarten mit Gemüse- und Obstbaumzucht – wurzelt mit Sicherheit im Umgang mit der entsprechenden Tätigkeit und den Schriften seines Vaters.[65] Auch für Charlotte kann man vermuten, dass die ländliche Umgebung, die forstwirtschaftliche Tätigkeit ihres Vaters ebenso wie die Gartenwirtschaft ihrer Mutter, für eine entsprechende Sehnsucht gesorgt haben. Im selben Brief an Fritz von Stein stellt sie auch Überlegungen an, wie und wo Friedrich und sie sich überhaupt am ehesten wohlfühlen können: „Für unser beider neigung, wäre es eigentlich am schönsten in einer ganz grossen Stadt zu leben, wo man kleine Cirkel um sich haben könnte u. das Gewühl u. bewegen der Menge von weiten beobachten kann ohne sich zu vermischen mit ihr."[66]

Ein drittes Kind kündigt sich 1799 an. Die Tochter *Caroline* Henriette Luise wird am 11. Oktober geboren. Waren die vorherigen Schwangerschaften, Entbindungen und Wochenbetten für Charlotte, gemessen an den damaligen Methoden, Umständen und Einrichtungen für Gebärende, vergleichsweise glimpflich abgegangen, so entwickelt sich diese dritte Schwangerschaft zum wahren Albtraum. Fritz von Stein vertraut Charlotte nur andeutungsweise an, welche Qualen sie während und vor allem nach der Entbindung aushalten musste:

> Ich schreibe Ihnen nur einige zeilen um ein lebenszeichen von mir zu geben. Ich war lange krank und fühle jezt erst wie nahe ich war das Leben ganz zu verlaßen. Ich denke mir meine Krankheit wie die Ihrige von vorigen Winter. Denn es war ein hiziges Fieber. Das ich eine kleine Tochter habe wißen Sie wohl, ich muß nun recht suchen mir gleiches Ansehn in meiner Familie zu verschaffen, weil die Söhne unbildsamer sind, und die Töchter weichmüthig und lenksamer und zum handlenden leben in der wircklichkeit mehr bestimmt.[67]

Drastischer als sie selbst schildert Schiller seinem Schwager Reinwald und seiner Schwester Christophine die lebensbedrohende Erkrankung seiner Frau. Die Niederkunft wird erschwert durch „Krämpfe", „Blutsturz" und gefolgt von einem „bösen Nervenfieber". Sieben lange Wochen, in denen Luise von Lengefeld zur Pflege bei ihr ist, schwebt Charlotte in Lebensgefahr, verfällt gar in einen „Zustand des Wahnsinns", so dass Schiller um ihren Verstand fürchtet.[68]

Schillers literarische Produktivität der 90er Jahre konzentriert sich auf die Herausgabe von Zeitschriften wie *Neue Thalia* und *Die Horen*, in denen er auch eigene Gedichte sowie historische und ästhetische Aufsätze veröffentlicht, ab dem Sommer 1794 auf gemeinsame Projekte mit Goethe, die *Xenien* zum Beispiel, oder das gemeinsame ‚Balladenjahr' 1797/98. Oder Schiller gibt Goethe Anregungen zu dessen *Wilhelm Meisters Lehrjahre*. Im Verlauf des Jenaer Jahrzehnts kehrt er zum dramatischen Fach zurück, es reifen die Pläne zum *Wallenstein*; am 12. Oktober kommt es zur Uraufführung von *Wallensteins Lager*, zu Weihnachten stellt er die *Piccolomini* (nahezu) fertig.[69]

Für Charlotte ist die gemeinsame Lebenszeit in Jena dagegen vor allem geprägt durch die Geburt dreier Kinder. Sie liest und schreibt weniger als zuvor, entdeckt vor allem ihr Talent fürs Zeichnen wieder und nimmt, von Schiller unterstützt, mit großem Enthusiasmus Unterricht bei Johann Heinrich Lips. Eine von ihr angefertigte Radierung, die eine ländliche Szenerie darstellt, hängt im Weimarer Schillerhaus.[70] Erst zum Ende der Jenaer Zeit wird sie selbst zur Feder greifen. Verschiedene Frauen ihres engeren Umfeldes werden dagegen während der 90er Jahre literarisch produktiv, zwei davon im direkten Austausch mit Charlotte und Friedrich Schiller, ihre Schwester Caroline und ihre Patin Charlotte von Stein.

Caroline von Beulwitz veröffentlicht 1792 etwa das Fragment gebliebene Drama *Der leukadische Fels,* das Schiller in die Zeitschrift *Neue Thalia* – ein Fortsetzungsprojekt seiner *Rheinische[n] Thalia* und *Thalia* aus den 80er Jahren – aufnimmt: im ‚klassischen' Blankvers gehalten, ist das Stück in der griechischen Antike angesiedelt. Es handelt von der geplanten Verheiratung einer Fürstentochter, die einem Kriegshelden aus Dankbarkeit versprochen wurde. Die junge Frau Lidia liebt indessen insgeheim ihren Lehrer Diagoras, glaubt ihre Liebe aber unerwidert und eilt daher zu dem berühmten Felsen vor Leukas (daher der Titel des Stückes), von dem die Sängerin Sappho sich aus unglücklicher Liebe in den Tod gestürzt haben soll. Das Stück ist unvollendet. Inspiriert ist die Adaption des Sappho-Mythos möglicherweise durch die Lektüre der Werke Alexander Popes, die ihre Schwester Charlotte 1787 von Henry Heron als Abschiedsgeschenk erhalten hat. Diese Werkausgabe enthält auch in lyrischer Form den Abschiedsbrief Sapphos an ihren legendären Geliebten Phaon, *Sappho to Phaon*, der eine entsprechende antike Dichtung Ovids aufnimmt.[71] In der zweiten Häfte der 90er Jahre veröffentlicht Caroline (mittlerweile verheiratete von Wolzogen) den Roman *Agnes von Lilien*, der die Prüfungsgeschichte einer (vermeintlichen) Waise zum Inhalt hat und an Genremuster des empfindsamen Romans à la Sophie von La Roche (*Geschichte des Fräuleins von Sternheim*) und des Bildungsromans à la Goethe (*Wilhelm Meisters Lehrjahre*) anknüpft. Der anonym erschienene Roman löst allerhand Spekulationen aus, unter anderem das Gerücht, er stamme aus Goethes Feder. Selbst Carolines geschiedener Ehemann Beulwitz findet Gefallen daran, ohne die Urheberin zu ahnen. Frau von Stein, die zunächst auf Charlotte von Kalb als Verfasserin tippt, erhält von Lotte Schiller das Manuskript zu lesen, bevor der Roman in Fortsetzungen in den *Horen* erscheint: „Fräulein Göchhausen hat mir gesagt, daß Agnes Lilien von der Wolzogen wäre. Einen Moment, muß ich sagen, hab ich's einmal gedacht, aber weil mein Lollochen so treuherzig unwissend beim Manuscript that, so glaubte ich, wie ich's gedruckt las, es sei von der Kalb, denn mir war's, als müßte es eine Frau geschrieben haben."[72]

In ihren zahlreichen Briefen an „Frau Hofräthin Schiller in Jena" – die Gegenkorrespondenzen sind leider nicht erhalten – äußert Charlotte von Stein sich zugleich über ihre eigenen literarischen Versuche, Übersetzungen aber auch Originalwerke. Tatsächlich wird Stein bis spät ins 20. Jahrhundert nicht als Weimarer Autorin, vielmehr als Freundin und Muse Goethes wahrgenommen. Was immer über sie geschrieben wird, behandelt exklusiv ihre Bedeutung für Dasein und Dichtung des Weimarer

Dichters, bis hin zu Darstellungen, die ihr selbst diesen Status absprechen wollen.[73] Bereits im 19. Jahrhundert werden ihre Dramen in den biographischen Kontext eingebunden, zwei davon erscheinen etwa in einer Anthologie des irreführenden Titels *Goethes Briefe an Frau von Stein.*[74] Zugleich damit werden sie als ‚Schlüsseldramen' gelesen, gelten als Ausdrucksform der enragierten Hofdame, die sich über Goethes ‚Ehe ohne Zeremoniell' ereifert. Besonders ihr Drama *Dido* wurde lange Zeit so aufgefasst.

Für dieses Drama wählt Stein – ähnlich wie Wolzogen – einen bekannten Mythos, die sagenhafte Gründung Karthagos, folgt jedoch nicht der gängigen Version. Statt nach Vergil die Begegnung von Dido und Aeneas zu dramatisieren, wählt sie den bei Iustinus[75] überlieferten Gründungsmythos der Stadt: Die Phönizierin Dido, die nach der Flucht vor ihrem Bruder Pygmalion den blühenden Stadtstaat Karthago gegründet hat, wird von Jarbes, dem Herrscher des jetulischen Nachbarstaates, bedrängt. Nur vorgeblich sucht er kulturelle Unterweisung für sein Land, tatsächlich geht es ihm darum, sein Reich durch eine Heirat mit Dido zu vergrößern. Widersetzt sie sich, droht er mit Krieg. Ihre Hofgelehrten schlagen sich auf die Seite von Jarbes, Unterstützung findet sie nur beim Priester Albicerio und ihrer Freundin Elissa. Will sie zunächst in die Einsamkeit auswandern, so kehrt sie alsbald mutig entschlossen nach Karthago zurück, willigt zum Schein in die Ehe mit Jarbes ein, jedoch nur, um sich kurz darauf auf einem Scheiterhaufen, den sie für ein Tieropfer hat errichten lassen, zu erdolchen.

Das Stück ist eine Tragikomödie, insofern es Hofsatire (mit der Figur des dick und behäbig gewordenen Dichters Ogon, der freilich auf Goethe gemünzt sein mag) mit dem ernsthafteren Thema der Rolle von Frauen als Regentinnen verknüpft. Fehlt es dem männlichen Beherrscher Jetuliens an Sitte und Bildung, so verbindet sich die vorbildhafte Regierungsverantwortung Didos mit der engen Freundschaft zu einer Frau, wobei Elissa gewissermaßen das *Alter ego* darstellt, insofern ihr Name der frühere phönizische Name der Königin selbst ist. Damit wird das im 18. Jahrhundert so populäre männliche Freundschaftsmodell des Füreinanderstehens auf Frauen übertragen. Lässt Dido die Vertraute zunächst als Stellvertreterin in Karthago, so kehrt sie später zurück, um sie aus der Gefahr zu retten. Die symbiotische Freundschaft der Frauen, ihre jeweilige Ahnung von der Gefahr für die andere, erinnert an das in Goethes *Iphigenie* gestaltete Freundespaar Orest und Pylades. Ähnlich wie in Goethes Antikedrama ist eine der beiden, Elissa, praktisch denkend, die andere, Dido, feinsinniger und phantasmatischer. Überdies ist nun die mit Orest vergleichbare Figur eine Fürstin, die in erratischer Selbstexilierung eine Reise aus ihrer Kultur unternimmt. Allerdings gibt es für sie kein Kultbild, kein weibliches Anderes zu finden. So kehrt sie nach Karthago zu Elissa und damit zu sich selbst zurück, um sich zum Opfer zu bestimmen. Dies Opfer soll zum einen ihr Land vor der Invasion bewahren, wie es zum anderen darauf verweist, daß die Regentschaft einer Frau nicht akzeptiert wird, sondern dieser vielmehr – wie Iphigenie – „die Aufopferung" geziemt.[76]

Charlotte von Stein schreibt dieses Stück in den Jahren 1794 bis 1796 in engem Austausch mit Lotte Schiller. Ihre Briefe aus der Zeit thematisieren den blutigen Fortgang der Ereignisse der Französischen Revolution ebenso wie Lektüren französischer Erzählungen: etwa der Renaissance-Königin und Schriftstellerin Marguerite de Navarre oder des Louis-Élisabeth de la Vergne, Comte de Tressan.[77] Oder sie äußert sich über Goethes und Schillers etwas kess empfundene Gemeinschaftsproduktion, die *Xenien.* Am 19. November 1796 stellt sie in Aussicht, ihr nun bald das Manuskript ihrer *Dido* senden zu können, von dem sie sich indessen nicht vorstellen kann, dass Schiller Geschmack daran finden wird: „Meine Dido habe ich der Eliza Gore gegeben, und die liesst entsetzlich lang daran, weil ihr die Hand und auch die Sprache schwer ist, so bald ichs zurück bekomme sollen Sie's haben, aber Schillern wird's kein Spaß machen, den wie kann den Meister so etwas gefallen. Es ist nun 2 Jahr daß ich's abschreiben will und komme immer nicht dazu, es mag auch wohl noch mancher schreib und Sprach Fehler darinn seyn."[78] Am Heiligen Abend 1796 und nochmals Anfang Januar 1797 bittet sie Lotte, das Manuskript zurückzusenden, da sie sich gerne eine Abschrift anfertigen wolle.[79] Um dieselbe Zeit trifft Friedrich Schillers Urteil bei ihr ein, das indessen wesentlich positiver ausfällt, als befürchtet:

> Ungern gebe ich Ihre Composition aus den Händen theure Freundin. Sie hat mich unbeschreiblich interessiert und in jeder Rücksicht. Ausser dem schönen stillen sanften Geist, der überhaupt darinn athmet, und ausser dem vielen, was im einzelnen vortreflich gedacht und ausgesprochen ist, ist es mir und zwar vorzüglich, durch die Individualität und Lebendigkeit theuer geworden, womit sich eine zarte und edle Weibliche Natur, womit sich die ganze Seele unsrer Freundin darinn gezeichnet hat. [...] Aber so individuell und wahr es auch ist, daß man es unter die Bekenntniße rechnen könnte, die ein edles Gemüth sich selbst und von sich selbst macht, so poetisch ist es bey dem allen, weil es wirklich eine productive Kraft, nehmlich eine Macht beweißt, sein eigenes Empfinden zum Gegenstand eines heitern und ruhigen Spiels zu machen und ihm einen äußern Körper zu geben.[80]

Obschon Schiller unverkennbar in den Geschlechtervorstellungen seiner Zeit verhaftet ist und ‚weibliche Literatur' als ein persönliches Bekenntnis, als direkten Ausdruck des Wesens der Verfasserin ansieht, anerkennt er die poetische Leistung der Weimarer Freundin, ein Kunstwerk – gemäß dem ‚männlichen' Geniediskurs – als eigenständigen Körper von sich als Person abzutrennen und zu ‚veräußern'. Sein Vorschlag, wenn sie das Stück von einem Schreiber „copiren" lasse, möge sie ihm die Abschrift zusenden, damit er nochmal über die Orthographie gehen könne,[81] lässt darauf schließen, dass er Steins *Dido* gerne in einer seiner Zeitschriften abdrucken möchte. Die posthume Abqualifizierung des Dramas als unkünstlerisch, da es rein persönlich motiviert sei und „in verschlüsselter Form ihr Verhältnis zu Goethe nach dem Bruch" behandle, ist in Schillers Urteil jedenfalls nicht einmal andeutungsweise zu erkennen.[82] Trotz seiner nachhaltigen Ermutigung entschließt sich Stein, das Drama nicht zu veröffentlichen, da sie zum einen meint, sie hätte es besser in Versen abfassen sollen – wozu es ihr an Talent mangele –, und überhaupt fürchtet, sich aufgrund sprachlicher Mängel Feinde zu machen:

> Sie gehen mit meiner Dido um wie man mit einen einzigen Kind zu thun pflegt, machen ihr viel weis und halten ihr die Fehler zu gut daß Sie sie immer noch lesen mögen wie Sie mir schreiben; so sehr mich's freut daß sie Schillern gefält, so kan ich mich doch nicht entschliesen sie drucken zu laßen, wen mir die angefangne *Comedie* glücken solte, so könte ich mich eher dazu entschliesen; Mit ersterer könte ich mir Feinde machen in der Abschrift von dem Chor Gesang finde ich in meinen *exemplar* von der Dido einige Schreibfehler die mir's unverständlich machen, ich kan mich nicht lang beym Schreiben aufhalten, den ich hab zu Mittag viele Gäste sonst schrieb ich's ab daß Sie es in ihrem *exemplar* corrigiren könten im Fall es auch fehlerhaft ist, überhaupt gefallen mir diese Verse nicht, und ich habe gar keine Gabe welche zu machen sonst würde ich mit Freuden sie zum Musen Almanach bringen.[83]

Wie sie zugleich mitteilt, arbeitet sie an einer Komödie, für die sie sich eine Veröffentlichung eher vorstellen kann. Allerdings gibt sie auch diese nicht in Druck.[84] Diese Komödie, *Neues Freiheits-System oder Die Verschwörung gegen die Liebe*, führt im Medium literarischer Komik den ‚revolutionären' Subjekt- und Schreibanspruch eines unter bürgerlichem Inkognito philosophierenden Adligen ad absurdum, um zugleich die Möglichkeiten und Grenzen einer ‚weiblichen' Subjekt- und Schreibposition auszuhandeln. Dabei geht es letztendlich um Paradoxien weiblicher Autor- und Bürgerschaft im Konstrukt eines Literaturstaates bzw. einer ‚Kulturnation', wie sie etwa Friedrich Schiller ersinnt. Auch dieses 1798/99 verfertigte Lustspiel wurde bisher nicht nach dem Manuskript veröffentlicht, es erschien erst posthum in zwei Varianten, die erhebliche Eingriffe aufweisen.[85] Das in Weimar erhalten Manuskript ist die Abschrift eines professionellen Schreibers, die Stein hatte anfertigen lassen.[86] An Charlotte Schiller schreibt die Autorin am 18. September 1798:

> Daß Ihnen meine Comedie gefält hat mir rechte Lust gemacht weiter zu schreiben, doch kan ich hier nicht recht fleisig seyn, es lebt sich hier so hübsch vom Genuß des Anschauens, meine Kinder treiben so eine hübsche Wirthschaft und meine Schwiegertochter ist recht anständig und gut, und wen ich erst Großmama werde dann wird's wohl mit den *comedien* schreiben gar zu Ende seyn, wen ich nur eher auf den Einfal gekommen wäre wie Geist und Antheil an allen lebhafter war. Im Traum sah ich ein dickes schön gedrucktes und gebundnes Buch daß ich geschrieben hatte und war mir doch gar nicht erin-

nerlich daß ich diesen Reichthum hervorgebracht hätte, dies war ein guter Traum, vorher hatte ich aber einen bösen Traum, nehmlich meine *guitarre* war zerfallen [...].[87]

Das Buch und die Gitarre sind bemerkenswerte Traumbilder für Autorschaft und Aufführung von Werken in ihrer Widersprüchlichkeit für Frauen.

Obwohl Charlotte von Stein selbst mit Veröffentlichungen zögert, versucht sie Charlotte Schiller zu bewegen, ihr literarisches Talent zu entwickeln. Indem sie Bezug nimmt auf die schriftstellerische Tätigkeit einer Zeitgenossin, Emilie von Berlepsch, betont sie, dass sie die *Eignung* der Frauen zur Schriftstellerei keineswegs so bescheiden einschätzt wie die jüngere Freundin, obschon sie ihr, was die zeitgenössische gesellschaftliche *Bestimmung* der Frau angeht, beipflichten muss:

Ich habe der Frau von Perlebsch [Berlepsch] ihre Schriften nicht gelesen auser wenige Briefe auf einer Reise, ich kan aber über unser Geschlecht nicht so bescheiden seyn wie Sie sind. Ich glaube, daß wen eben so viel Frauens Schriftstellerinn wären als Männer es sind und wir nicht durch so tausend Kleinigkeiten in unßrer Haußhaltung herab gestimt würden, man vielleicht auch einige gute darunter finden würde, den wie wenige gute giebt es nicht unter den Autoren ohne Zahl: Die Organnisation ist wohl einerley, und wohl gar unßre noch feiner zum Denken aber es ist nun einmahl unßre Bestimmung nicht, darin bin ich mein, liebes Lologen, ganz Ihrer Meinung; Grüßen Sie Schillern aufs beste von mir.[88]

Überzeugt von Lottes Talent, täuscht sie sich indessen im Fall zweier Erzählgedichte, *Die Nonne* und *Die Kapelle im Walde*, die 1797 in Schillers Zeitschrift *Die Horen* erscheinen, was dazu führt, dass beide Texte in Schillers Familie oder Gattin gewidmeten Biographien im 19. Jahrhundert im Anhang als Charlottes Werke abgedruckt werden.[89] Tatsächlich stammen beide Werke von der Weißenfelder Dichterin Luise Brachmann, deren eigenhändige Vorlagen im Goethe- und Schiller-Archiv in Weimar liegen.[90]

Angeregt hat Charlotte von Stein möglicherweise umgekehrt das Entstehen einer Verserzählung, die sich in Charlotte Schillers Nachlass befindet. Am 27. Februar 1798 antwortet sie auf einen (nicht erhaltenen) Brief Lottes:

Was die Erzählung in Versen betrift von der Michal, die Sie mir auftragen so mögte ich sie gern übernehmen, wen ich nur welche machen könte, sie hatte gewiß einen rechten Prinzeßin Anstand, und musste ihr abscheulich vorkommen wie ihr königlicher Gemahl von seinen Ornat entkleidet vor der Bundeslade her Hanßwurst's Sprünge machte, und der ganze *enthusiasmus* den sie vorher vor ihm hatte war nun aufeinmahl vorüber. liebes Lologen ich bitte machen Sie aus der Michal eine Erzählung, wen man immer an so einer schönen Quelle wohnt wie Sie, ich dächte man könte sich manchmahl ein Brünnlein ableiden, um mich herum ist alles unpoetisch.[91]

Die Rede ist von einem biblischen Stoff (aus den zwei Büchern Samuel), der Charlotte von Stein möglicherweise in der dramatischen Vermittlung durch Voltaire bekannt war. Michal ist die Tochter von König Saul, die dessen Kontrahenten David heiratet. Angesichs einer langanhaltenden Tradition von sowohl David- als auch Saul-Dramen, ist Voltaire besonders markant, da er in religions- und mythenkritischer Absicht die Rolle Davids als korruptes Werkzeug in den Händen der Priesterschaft unterstreicht. Charlotte Schiller beginnt ihre Verserzählung *Michal*[92] möglicherweise auf Anregung der Freundin:

In aller königlichen Pracht
zeigt Michal sich das herze lacht
einem jeden der sie erblickt
so schön und reich ist sie geschmückt.
Die schwarzen Haare glänzend fallen
Um ihren Nacken, lieblich wallen
Herab sie, und wieder herauf gewunden
Sind zierlich sie mit Perln durchwunden.
Es hatt viele Müh und Fleiß
Ihren fraun gekostet und vielen Schweiß
bis sie geschmücket ward so reich
Am Glanz und Pracht war keine ihr gleich,

Allerdings ist Michal sich bewusst, dass äußere Schönheit allein ihren Wert nicht begründen kann, wie die Königin ihren Hofdamen erklärt:

Doch hoff ich liebe Jungfraun mein
Man preiset nicht die Schaal allein
Und denket nicht das äussrer Schein
sey werth so hoch gepriesen zu sein
Auch vertrau ich nur daß dem Mund entfährt
kein wort daß meinen verstand nicht ehrt.

Sodann geht sie dazu über, die Rolle des Königs an ihrer Seite zu bestimmen, der in seiner Jugend öfter von der hohen Bahn abgekommen sei, nun mit dem Alter aber zunehmend Weisheit erlange:

Was auch in froher Jugend zeit
vielleicht vermochte zu führen weit

dem König von gerader Bahn
Zu weichen ab, Berg ab berg an
So ist dies leider der Jugend eigen.
Doch jezt da die Jahre sich abwärts neigen,
So wird der Weisheit täglich mehr
Sein Ruhm bleibt sicher, und seine Ehr.

Die Szene endet mit dem Eintreten der Hofleute, die Michal näher zu sich ruft. Strategien der Komisierung sind in den erhaltenen Versen erkennbar, besonders in der Schilderung des kunstvoll herabwallenden und wieder aufgewundenen Haars der Königin, ebenso wie in der Auf- und Abbewegung der Laufbahn des Königs. Aufgrund des fragmentarischen Charakters ist freilich schwer abzuschätzen, in welchem Maße ein komischer Text geplant war bzw. David entsprechend dem Rat Charlotte von Steins – und der Tradition Voltaires – als lächerliche Figur thematisiert werden sollte.[93] Die Betonung liegt zunächst auf Standes- und *Ver*standesbewusstsein der königlichen Frauenfigur, die sich mit den Eskapaden ihres Mannes arrangieren muss, eine Thematik, die Charlotte Schiller auch in ihrem Spätwerk beschäftigen wird.

Inwieweit sie selbst während des Jenaer Jahrzehnts tatsächlich zumindest ansatzweise zur Literaturproduktion kommt, ist schwer abzuschätzen. Tätiger sind offenbar ihre Schwester ebenso wie ihre Patin. Gerade die letztere kennt indessen den Grund der verzögerten Kreativität talentierter Frauen nur allzu gut aus der eigenen Erfahrung mehrfacher Mutterschaft. Charlotte Schillers drei Geburten, eigene Erkrankungen wie die ihres Mannes und vieles andere mögen dazu beitragen, dass sie in den 90er Jahren vor allem in der Rolle der geistigen Partnerin und Assistentin ihres Mannes auftritt. Immerhin schließt dieser sie in einem Brief an Körner im August 1798 in den Kreis jener Persönlichkeiten ein, an die er vor allem denkt, wenn er selbst produktiv ist: „Denn ich muß gestehen, daß Ihr, Humboldts, Göthe und meine Frau die einzigen Menschen sind, an die ich mich gern erinnre wenn ich dichte und die mich dafür belohnen können, denn das Publicum, so wie es ist, nimmt einem alle Freude.“[94] Er selbst hat die Lyrik satt, will sich mit und nach der Vollendung des *Wallenstein* ganz dem Drama zuwenden. Charlotte greift zur Feder, als Schiller im Winter 1799/1800 wieder chronisch erkankt – kurz vor dem Umzug der Familie nach Weimar.

Anmerkungen

1 Charlotte Schiller: *Über den Hochzeitstag (22.* Februar 1790). In: GSA 83/1660.
2 Vgl. auch den Eintrag im Ehebuch der Pfarrei Wenigenjena. In: Schiller: *NA*, Bd. 41. IIA, S. 287.
3 Von Fritz von Stein, 4. August 1790. In: Urlichs (Hg.): *Charlotte*, Bd. 1, S. 431. Hs. GSA 83/1857.
4 An Wilhelm von Wolzogen, 9. März 1790. In: Wolzogen: *Literarischer Nachlaß*, Bd. 2, S. 193.

5 Von Wilhelm von Wolzogen, 10. April 1790. In: Urlichs (Hg.): *Charlotte*, Bd. 2, S. 111–113.
6 Zu Wilhelm von Wolzogens Reaktion auf die Nachricht vgl. auch Jüngling/Roßbeck: *Schillers Doppelliebe*, S. 128.
7 Alle Dokumente in: Schiller: *NA*, Bd. 41. IIA, S. 263–270.
8 *Erfurtische Gelehrte Zeitung*, 19. April 1789. In: Ebd., S. 270.
9 Dokumente in: Ebd., S. 289–292.
10 Zu den Themen der Vorlesungen vgl. ebd., S. 307–320.
11 Für detaillierte Informationen zu Schillers Vorlesungstätigkeit s. Theml: *Friedrich Schillers Jenaer Jahre*, S. 27–34.
12 Vgl. Alt: *Schiller*, Bd. 1, S. 649–654.
13 Von Novalis, 25. Mai 1797. In: Urlichs (Hg.): *Charlotte*, Bd. 3, S. 180.
14 Schiller an Körner, 13. Januar 1790. In: Schiller: *NA*, Bd. 25, S. 394.
15 Schiller an Luise von Lengefeld, 15. Januar 1790. In: Ebd., S. 395.
16 Schiller an Herzog Georg von Sachsen-Meiningen, 22. Dezember 1789. In: Ebd., S. 372.
17 Briefe von Charlotte von Stein. In: GSA 83/1856, 2 (1790/1794) und GSA 83/1856,3 (1795–1799).
18 Schiller an Charlotte von Lengefeld und Caroline von Beulwitz, 15. November 1789. In: Schiller: *NA*, Bd. 25, S. 329.
19 Das betont auch Nauman: *Schiller, Lotte und Line*, S. 91.
20 An Schiller, 6. Januar 1790. In: Schiller: *NA*, Bd. 33. I, S. 452.
21 An Schiller, 22. Januar 1790. In: Ebd., S. 463.
22 An Schiller, 26. Januar 1790. In: Ebd., S. 466.
23 Alt: *Schiller*, Bd. 1, S. 647.
24 Vgl. etwa Theml: *Friedrich Schillers Jenaer Jahre*, S. 51 f., bzw. Schiller: *NA*, Bd. 42, S. 160.
25 Jüngling/Roßbeck: *Schillers Doppelliebe*, S. 140 f.
26 Vgl. Merseburger: *Mythos Weimar*, S. 112 f.
27 Vgl. Kiene: *Schillers Lotte*, S. 202.
28 Jüngling/Roßbeck: *Schillers Doppelliebe*, S. 150.
29 Alt: *Schiller*, Bd. 1, S. 648; vgl. auch Theml: *Schillers Jenaer Jahre*, S. 46 f.; sowie den Bericht eines Reisenden in: Schiller: *NA*, Bd. 42, S. 158.
30 Gellhaus/Oellers (Hg.): *Schiller*, S. 161 f.
31 An Körner, 12. Januar 1791. In: Schiller: *NA*, Bd. 26, S. 70.
32 Von Charlotte von Stein, 16. Januar [1791]. In: GSA 83/1756,2.
33 Von Charlotte von Stein, 27. Januar [1791]. In: Ebd.
34 Gellhaus/Oellers (Hg.): *Schiller*, S. 163.
35 Ebd., S. 164.
36 Ebd., S. 166.
37 Nahler: *Zeugnissammlung und Briefkommentar*, S. 324.
38 Kiene: *Schillers Lotte*, S. 211.
39 Friedrich Christian von Augustenburg und Schimmelmann an Schiller, 27. November 1791, und Baggesen an Schiller, 29. November 1791. In: Schiller: *NA*, Bd. 34. I, S. 113–117.
40 Vgl. Jüngling/Roßbeck: *Schillers Doppelliebe*, S. 146 f.

41 Vgl. Briefe von Charlotte von Schimmelmann. In: Urlichs (Hg.): *Charlotte*, Bd. 2, S. 363–444.
42 Von Friederike Brun, 22. Juni 1799. In: GSA 83/1707. Zu Brun s. auch Loster-Schneider: *Kriegsgeschichte(n), Genre, Poetik*.
43 Vgl. Kiene: *Schillers Lotte*, S. 219 f.
44 An Fischenich, 25. Juli 1793. In: Schiller: *NA*, Bd. 26, S. 275.
45 Auf der Rückreise vom Besuch bei Goethes Mutter in Frankfurt, 1797, führt sie sogar zwei Pistolen mit sich. Vgl. Damm: *Christiane und Goethe*, S. 239.
46 An Körner, 15. September 1793. In: *NA*, Bd. 26, S. 281.
47 GSA 83/1566.
48 Ebd.
49 Schiller an Wilhelm und Christophine Reinwald, 16. September 1793. In: Schiller: *NA*, Bd. 26, S. 282.
50 Zu den Abbildungen s. insbesondere Davidis: *Die Schillers – Eine Familiengalerie*. In: *Schillers Familie*.
51 Von Caroline von Beulwitz, Winter 1792. In: Urlichs (Hg.): *Charlotte*, Bd. 2, S. 58 f. Es wird vermutet, dass einige Briefe von Caroline selbst oder von Emilie von Gleichen-Rußwurm vernichtet wurden.
52 Schiller an Beulwitz, 21. Januar 1794. In: Schiller, *NA*, Bd. 26, S. 338–340.
53 Ausführlich recherchiert in Jüngling/Roßbeck: *Schillers Doppelliebe*, S. 160–181. Nach zeitgenössischen Abbildungen ist zwar schwer zu urteilen, gleichwohl scheint mir die Ähnlichkeit Adolfs mit Dalberg besonders groß. Vgl. ebd., Abb. 10 und 11.
54 Vgl. ebd., S. 170–172.
55 An Fritz von Stein, 3. März 1797. In: GSA 122/99a,2.
56 Vgl. Theml: *Friedrich Schillers Jenaer Jahre*, S. 64 f.
57 So der Titel eines von Goethe 20 Jahre später veröffentlichten Aufsatzes über seine erste nähere Bekanntschaft mit Schiller. Vgl. ebd., S. 69–72.
58 An Fritz von Stein, 18. April 1796. In: GSA 122/99a,2.
59 Ebd.
60 An Fritz von Stein, 3. März 1797. In: Ebd.
61 Ebd. Vgl. auch einen Auszug dieses Briefes in: Schiller, *NA*, Bd. 42, S. 222.
62 Vgl. Pester: *Schillers Gartenhaus in Jena*, S. 17 f.
63 Vgl. Theml: *Friedrich Schillers Jenaer Jahre*, S. 85. Nach Schillers Tod wird er bei Cottas anstellig. Im Schreiben an Cotta, am 14. August 1805, kündigt Charlotte ihn an und gibt Informationen über seine bisherige Besoldung und Verpflegung. In: DLA Cotta/Verf. Schiller/Schiller, Charlotte von [Umschrift, fremde Hand], S. 34 f.
64 Vgl. ebd., S. 29.
65 Diesen Aspekt betont vor allem Pester: *Schillers Gartenhaus in Jena*.
66 An Fritz von Stein, 3. März 1797. In: GSA 122/99a,2.
67 An Fritz von Stein, 5. Dezember 1799. In: Ebd.
68 Schiller an Reinwald, 6. Dezember 1799 In: Schiller: *NA*, Bd. 30, S. 124.
69 Dokumentiert ist dies etwa in den Chronologien von Gellhaus/Oellers (Hg.): *Schiller*, S. 374–378; oder in Luserke-Jacqui (Hg.): *Schiller-Handbuch*, S. 611–618.
70 Details zum Zeichenunterricht bei Lips, briefliche Hinweise von Friedrich und Charlotte

Schiller dazu sowie ein Abdruck der Radierung in: Tezky/Geyersbach: *Schillers Wohnhaus in Weimar*, S. 46 f.

71 Pope: *Sappho to Phaon*. In: *The Works*, Bd. 1, S. 147–162. Vgl. zu diesem Drama auch: Pailer: *Das Sappho-Leiden*.

72 Von Charlotte von Stein, 15. Februar 1797. In: Urlichs (Hg.): *Charlotte*, Bd. 2, S. 320. Die Hs. ist nicht erhalten.

73 Ausführlich behandelt die Geschichte der Charlotte von Stein-Biographik Gutjahr: *Charlotte von Steins „Dido" – eine Anti-Iphigenie?* Zum abgesprochenen Status der Geliebten s. Ghibellino: *Goethe und Anna Amalia*.

74 Schöll: *Goethes Briefe an Frau von Stein*. *Rino* in: Bd. 1, S. 397–400; *Dido* in: Bd. 2, S. 488–534. Reprint beider Stücke in: Stein: *Dramen*. Hg. von Kord.

75 Ihre Quelle ist vermutlich Hederich: *Gründliches mythologisches Lexikon*, Sp. 920–926.

76 Ebd., S. 493.

77 Marguerite de Navarre erwähnt sie in einem Brief vom 30. August 1794. In: GSA 83/1756,2. Die „Contes de Tressan" werden in mehreren Briefen der 90er Jahre erwähnt, z. B. am 4. Juli 1795. In: Ebd. Vermutlich handelt es sich um die Ausgabe der Werke des Comte de Tressan: *Ouevres choisis du comte de Tressan, avec figures*. 11 Bde. (1787–1796), die u. a. eine Übersetzung des *Orlando Furioso* von Ariost und Zusammenfassungen verschiedener Ritterromane enthalten. Gegenüber Knebel wird Charlotte Schiller 1816 entsprechend erwähnen, dass sie den Ariost in der Übersetzung von Tressan wiederliest. An Knebel, 6. März 1816. In: Düntzer (Hg.): *Briefe von Schiller's Gattin*, S. 495 f.

78 Von Charlotte von Stein, 19. November [1796]. In: GSA 83/1856,3.

79 Von Charlotte von Stein, 24. Dezember 1796 und 3. Januar 1797. In: Ebd.

80 Schiller an Charlotte von Stein, 2. Januar 1797. In: Schiller: *NA*, Bd. 29, S. 33.

81 Ebd.

82 Interessanterweise wird diese Annahme, die auf den ersten Herausgeber der *Dido*, Heinrich Düntzer (1867), zurückgeht, im Anmerkungsapparat zu Schillers Brief kolportiert. Vgl. Schiller: *NA*, Bd. 29, S. 345 f.

83 Von Charlotte von Stein, 24. Mai 1798. In: GSA 83/1756,3.

84 Vgl. Dietrick/Pailer: *Nachwort*. In: Charlotte von Stein: *Neues Freiheits-System*, S. 103–113.

85 *Ein neues Freiheits-System*. Hg. von Felix von Stein (1867); *Die Verschwörung gegen die Liebe*. Hg. von Ulbrich (1948); Reprint desselben in: Stein: *Dramen*. Hg. von Kord. Neuedition: *Neues Freiheits-System oder Die Verschwörung gegen die Liebe*. Hg. von Dietrick/Pailer.

86 GSA 122/5.

87 Von Charlotte von Stein, 18. September 1798. In: GSA 83/1856,3.

88 Von Charlotte von Stein, 24. November 1798. In: Ebd..

89 Vgl. Anhänge in: Döring: *Schiller's Familienkreis*, S. 103–117, und Fulda: *Leben Charlottens von Lengefeld*, S. 301–321.

90 GSA 83/97. Beide Gedichte waren im 1. Stück der *Horen* 1797 erschienen.

91 Von Charlotte von Stein, 27. Februar 1798. In: GSA 83/1856,3.

92 GSA 83/1556.

93 Ein *Saul*-Drama Knebels erwähnt Charlotte in späteren Jahren, z. B. an Knebel, 12. Januar 1811. In: DLA Schiller, Friedrich von/Zug. Mat. Charl. v. Schiller/Briefe von ihr an Knebel.

94 Schiller an Körner. In: Schiller: *NA*, Bd. 29, S. 262.

VI Ortswechsel: Ankunft im klassischen Weimar

> Damit doch jemand im Hause die Feder führt, bin ich auch mit meiner angefangnen Geschichte beschäftigt, die vielleicht doch so wird daß man sie brauchen kann. Ich gehe streng zu wercke und laße mir nichts hingehen, und so wollen wir sehen was heraus kommt.
>
> So lieb ich die Christel habe, so stört sie mich doch in meinem Schreiben, und da ich schon mit die Kinder zu thun habe, so bin ich freilich ruhiger wenn nicht auch noch ein andres wesen, daß nicht Antheil an meinen Geschäften nehmen kann, meine Gedanken zerstreut. – Den nächsten Sommer will ich recht fleißig sein, und die zeit, die mir die Kinder übrig laßen zu brauchen suchen.[1]

‚Momentaufnahmen' wie diese, in denen Charlotte Schiller sich selbst als Schriftstellerin skizziert, finden sich in ihren brieflichen Aufzeichnungen nur selten – zumal in der Korrespondenz mit ihrem Ehemann. Hatte sie während der Rudolstädter Zeit heftig geleugnet, literarisch tätig zu sein, und gegenüber Knebel, wie auch gegenüber Schiller, allenfalls von Übersetzungen gesprochen,[2] so drückt sie im März 1801, nach zehnjähriger Ehe, dreifacher Mutterschaft und verändertem Wohnsitz, zum ersten Mal deutlich ihren Schreibwunsch aus. Freilich war das Ehepaar nur selten getrennt, wie eben in diesem Frühjahr, als Schiller sich für vier Wochen ins Jenaer Gartenhaus zurückgezogen hat, um an der *Jungfrau von Orleans* zu arbeiten.

Vergegenwärtigen wir uns zunächst die Schreibsituation: Im Oktober 1799 wird Charlotte von ihrem dritten Kind, der Tochter *Caroline* Henriette Louise entbunden, gefolgt von schwerem Wochenbettfieber, das sie beinahe nicht überlebt. Schiller schickt den ältesten Sohn, Karl, nach Weimar (zu Goethe) voraus, Anfang Dezember folgt die restliche Familie. Während Schiller das neue Quartier in der Windischengasse (heutige Windischenstraße) bezieht und einrichtet, ist Lotte bei Frau von Stein.[3] Als Neubeginn nach der schweren Erkrankung seiner Frau – auch er selbst ist seit den frühen 90er Jahren keineswegs in solidem Gesundheitszustand –, fasst er die Ankunft in Weimar auf: „Noch einen herzlichen Gruss an meine liebe Lolo. Ich bin ganz beruhigt, da ich sie heute so wohl gefunden und bei unserer lieben Fr*au* v. Stein so gut aufgehohen weiß. Alle Erinnerungen an die lezten acht Wochen mögen in dem Jenaer Thal zurück bleiben, wir wollen hier ein neues heiteres Leben anfangen."[4] Charlotte schreibt Tags darauf an Fritz von Stein nach Breslau:

> Seit ein paar Tagen sind wir hier, ich wohne noch einige Tage bey Ihrer lieben Mutter die so gnädig ist, mich aufzunehmen weil mir die Ruhe und Aufmerksamk[eit] auf meine Person jezt sehr nöthig ist, und wir noch zeit brauchen uns einzurichten hier. Ich bin ganz von Schiller und der kleinen familie getrennt für jezt. Daß es mir wohlthätig ist bey der geliebten Mutter zu sein werden Sie wohl fühlen denn Sie wißen wie ich sie liebe. Ich finde mich nun nach u. nach selbst wieder in ihrer Nähe.[5]

Für den Rest des Dezembers wird Lotte noch bei ihrer Patin bleiben, Anfang Januar 1800 ist dann die Familie vereint. „Wir sind jezt ziemlich hier eingewohnt und es gefällt uns sehr. Ich kann auch nun wieder arbeiten", meldet Schiller der *Chère mère*.[6] Fraglich ist freilich, wie behaglich Charlotte sich in den Räumen im zweiten Obergeschoss des Hauses fühlt. Angenehm ist ihr die Unterkunft, da sie sich direkt über dem Domizil von „Tante Schardt"[7] befindet – der mit dem Bruder Charlotte von Steins, Carl von Schardt, verheirateten Sophie (geb. von Bernstorff); weniger angenehm dagegen, weil die dem Markt nahe Straße geräuschvoll ist und es sich zudem um die ehemalige Stadtwohnung von Schillers Geliebter Charlotte von Kalb handelt.[8]

Bereits 1787 hatte Lotte Frau von Kalb kennengelernt, sie bei verschiedenen Anlässen getroffen, sich gelegentlich in Briefen an Schiller auch nach ihr erkundigt oder Grüße ausrichten lassen. Schillers Liebesbeziehung zu ihr hat sie freilich die ganze Zeit über höflich ignoriert. Erst im Januar 1790 wagt sie anzudeuten, dass diese Frau ihn gewiss nicht glücklich gemacht hätte.[9] Freilich ist es umgekehrt eben gerade Charlotte von Kalb, die Schillers Kontakt zum Weimarer Hof bei einem Besuch Carl Augusts am Darmstädter Hof 1783 herstellt, ihn mit Weimarer Kreisen bekannt macht und – gerade um die Zeit, als er um Lotte von Lengefeld anhält – eine Scheidung von ihrem Mann erwägt, um frei zu sein für ihn.[10] Im Versuch, sich auf die bestmögliche Art aus der schwierigen Beziehung zu winden, streut Schiller daher im Winter 1789 zugleich Direktiven aus, wie Lotte mit der jählings verabschiedeten Geliebten umzugehen habe:

> Mich verlangt zu hören, wie Dein zweyter Besuch bey der *Kalb* abgelaufen ist. Nur, meine liebste, lass Dich von der Gefälligkeit und Freundschaft, die sie Dir immer mehr beweisen wird, nicht zu Hofnungen verleiten, als könntest Du Dir wirklich eine Freundinn in ihr erwerben. Ich muss hier den Apfel der Zwietracht zwischen euch werfen, aber ich kann nicht anders. Die Kalb kann Dich nicht lieben, selbst wenn sie es noch so sehr wollte. Gewisse Dinge verzeyhen sich niemals; liebtest Du nach mir einen andern, und ich machte die Entdeckung, daß Du mich nie geliebt hättest, ich könnte es mir durch keine An-

> strengung abgewinnen, der Freund dieses andern zu seyn. Weibliche Seelen sind eben so wenig dieser Grossmuth fähig. Die *Kalb* ist in ihren Neigungen hartnäckig; ihr Betragen gegen Dich bringt mich fast auf den Gedanken, daß sie mein Verhältniß zu ihr noch nicht ganz aufgegeben hat – und dieses Verhalten gegen Dich ist vielleicht der Anfang eines neuen Planes.[11]

Im Winter 1789/90 geht Lotte gegenüber der anderen Charlotte also, wie vom Bräutigam vorsorglich angeordnet, auf Distanz, jedoch nur, um sich zehn Jahre später, zum Jahreswechsel 1799/1800, in deren ehemaliger Wohnung wiederzufinden, ein Umstand, den Lotte, so gut es geht, ‚verdrängt': „Wir wohnen in Oertels alter wohnung, aber die Kalb die zulezt da wohnte hat ihre Spuren glücklicherweise verdrängt, u. man wird nicht mehr an sie erinnert."[12] Beim Umzug ins neu erworbene Haus an der Esplanade, anderthalb Jahre später, wird sie der Logis keine Träne nachweinen.

Trotz der Schatten der Vergangenheit, die sie in der Windischengasse sicher einholen, verbindet sich Lottes Umzug nach Weimar mit einer ‚Ankunft' im Selbstverständnis einer Schriftstellerin im Umfeld der Produzenten klassischer Literatur, Schiller und Goethe: „Damit doch jemand im Hause die Feder führt" (s. o.), wie sie im März 1801 erstaunlich selbstbewusst verkündet. Wenige Tage später antwortet Schiller: „Arbeite Deine Geschichte nur mit dem möglichsten Fleiße aus, daß sie schon eine Gestalt hat, wenn Du sie mir mittheilst. Sie giebt uns dann eher Gelegenheit, das Wesentliche worauf es ankommt zur Sprache zu bringen und über die Grundsätze, nach denen verfahren werden muß, in Ordnung zu kommen."[13]

Um welche Geschichte es sich handelt, ist nicht bekannt. Überliefert sind aus der Zeit 1799–1801 vier Manuskripte, zum Teil auch Abschriften von Schillers Diener, mit Korrekturen von Schillers Hand. Drei der Erzähltexte, die im vorrevolutionären Paris spielen, hat dieser in verschiedenen Literatur-Zeitschriften in den Jahren 1800 bis 1802 anonym veröffentlicht: *Rosalie* (unter dem Titel *Die Nonne*) und *Die neue Pamela* erscheinen 1800 in der bei Cotta veröffentlichten Monatsschrift *Flora. Teutschlands Töchtern geweiht.* Eine dritte Erzählung, *Autun und Manon*, druckt der Berliner Verleger Unger 1801 im *Journal der Romane.* Zwei weitere Erzählungen, deren Manuskripte nicht erhalten sind, erscheinen ebenfalls in diesen Organen, *Der Prozeß* 1801 im nämlichen *Journal*, und die – allerdings nicht mehr in Frankreich, sondern in England spielende Erzählung – *Die Brüder* 1802 in der *Flora.*[14] Erhalten ist schließlich eine sechste Erzählung, die stofflich zu den ersten vier passt und den Titel *Die heimliche Heirat* trägt.[15] Man hat spekuliert, dass es sich bei besagter „Geschichte" möglicherweise um diese einzig nicht publizierte Erzählung *Die heimliche Heirat* handelt, da hier die Korrekturen Schillers „sehr erheblich" seien.[16] Im Grunde muss man aber davon ausgehen, dass zum Zeitpunkt des kurzen diesbezüglichen Briefwechsels zwischen Charlotte und Friedrich Schiller im Frühjahr 1801 nur die ersten beiden Erzählungen, *Rosalie* und *Die neue Pamela*, bereits erschienen, die anderen vier allenfalls geplant oder in Arbeit sind. Es spricht nichts dagegen, die nächste bei Unger erscheinende „Geschichte“, *Autun und Manon*, als die von beiden im Frühjahr diskutierte anzusehen. Plausibel ist zudem, dass Charlotte, wie sie ankündigt, sich im Sommer an weitere literarische Produktionen setzt.

Ein großes Rätsel stellt für die Schiller-Forschung bislang dar, ob es sich bei diesen sechs Erzählungen um Originale handle. Zum einen hat das damit zu tun, dass Charlotte selbst sich über ihre literarische Tätigkeit als „Folge einer konvenionellen Erziehung“[17] stets bescheiden äußert, zum anderen mangelt es an Korrespondenzen zwischen ihr und Schiller, die näheren Aufschluss geben könnten, da das Ehepaar nur selten und für nur relativ kurze Phasen getrennt ist, so dass kaum Anlass zu schriftlichem Austausch besteht: „Von den annähernd 400 Briefen, die die Korrespondenz mit Charlotte umfaßt, stammen 300 aus der Zeit vor 1790“, schreibt Peter-André Alt.[18] Hinzu kommt der Umstand, dass Friedrich Schiller 1799 beiden Verlegern, Cotta in Tübingen und Unger in Berlin, „Übersetzungen“ für ihre Zeitschriften in Aussicht stellt.[19] Der Urheber, ein talentierter Schriftsteller, wolle nicht genannt werden. Daraus schloss man, dass es sich bei den meisten Erzählungen Charlottes aus dieser Zeit – ebenso wie bei vielen weiteren hinterlassenen Manuskripten – wohl nicht um Originale handle. Dass Schiller Übersetzungen ankündigt, belegt indessen durchaus nicht, dass es wirklich – im modernen Sinn – solche sind. Er mag dies aus pragmatischen Gründen tun, ebenso wie er die Autorschaft seiner Frau möglicherweise verschweigt, um nicht das Honorar zu riskieren, das für einen anonym bleiben wollenden fremden „Verfasser“ leichter einzufordern ist.

Dass es sich um stoffliche Adaptionen oder freie Bearbeitungen handelt, ist freilich möglich. Den Nachweis der Vorlagen hat indessen noch niemand erbracht. Er ist auch in der Tat schwer zu erbringen: Anhand von Texten, deren Vorlagen ermittelt werden konnten, lässt sich ersehen, dass Charlotte Schiller im Falle von Adaptionen die Titel in der Regel dem Original angleicht, d. h. den Umstand, dass es sich um einen übertragenen Text handelt, gerade nicht verschleiert. Das gilt etwa für die historische Novelle *Der Bastard von Navarra*,[20] die Erzählung *Die Königinn von Navarra*[21] und das Lustspiel *Die beyden wittwen oder Der Brief ohne Aufschrift*.[22]

Im Unterschied zu den genannten Texten ergaben entsprechende Titel- und Stichwort-Recherchen für die von Friedrich Schiller bearbeiteten und teils veröffentlichten Erzählungen von 1800–1802 dagegen nur Funde gänzlich abweichender Werke. Dass die erste der Erzählungen, *Rosalie*, kaum etwas mit Diderots satirischem Roman *La Religieuse*[23] gemein hat, ist evident.[24] Ebenso wenig basiert er auf anderen französischen Texten zum Motiv der gegen ihren Willen oder aus Flucht vor Heiratszwang im Kloster untergebrachten Nonne, die gelegentlich auch den Namen *Rosalie* trägt.[25] Ähnlich verhält es sich im Fall der Erzählung *Die neue Pamela*, deren Titel den Erfolgsroman Richardsons alludiert und das Grundmotiv der Tugendprobe angesichts Verführungsversuchen eines Mannes von höherem Stand aufnimmt. Die Adaptionen, Variationen und Parodien zu Richardsons *Pamela, or Virtue Rewarded* (1740) sind bereits zur Mitte des 18. Jahrhunderts zahlreich. Charlotte ist spätestens seit 1787 mit mehreren Werken Richardsons vertraut, ebenso wie mit denen Henry Fieldings, der Richardsons berühmtes Tugendmuster zur *Shamela* ummünzt.[26] Über beide englische Autoren hat Charlotte sich mit Henry Heron, mit Knebel und offenbar während der Karnevalsaison in Weimar 1788 auch mit Friedrich Schiller unterhalten. Nach Art und Charakter kommt Charlotte Schillers Erzählung am nächsten ein englischer Roman, dessen Titel in einer zeitgenössischen französischen Übersetzung *Marianne, ou La nouvelle Pamela* lautet.[27]

Auffällig ist immerhin, dass fünf der sechs Erzählungen Variationen wiederkehrender Motive darstellen und in Stil und Struktur große Ähnlichkeiten aufweisen. Alle sind im französischen *Ancien régime* angsiedelt, spielen überwiegend in Paris und handeln von Standesunterschieden zweier Liebender, vom Heiratszwang durch materialistische oder tyrannische Eltern und vom Nonnendasein als möglicher Alternative. Komposition, Figurenzeichnung und Dialogstruktur ähneln sich zudem. Sollte es direkte Vorlagen tatsächlich geben, ist also davon auszugehen, dass sie alle vom selben Autor bzw. derselben Autorin stammen – oder, umgekehrt, die kreative Leistung Charlotte Schillers sich größer ausnimmt, als bisher angenommen. Beachtung verdient in diesem Zusammenhang der damals überhaupt andere Stellenwert von Übersetzungstätigkeiten. Im 18. Jahrhundert stellt eine solche Tätigkeit keineswegs einen Mangel an geistiger Originalität dar, sondern eröffnet „Übergänge zu anderen Sprachwelten".[28] Aus der französischen Literatur ist das Phänomen bekannt, dass Originalwerke als Übersetzungen ausgegeben werden, um den Marktwert durch das „Flair des Fremden" zu erhöhen. Ein prominentes Beispiel ist Voltaires im Untertitel als Übersetzung aus dem Deutschen ausgegebenes Stück *Candide ou l'optimisme* (1759).[29] Um die literarische Tätigkeit mit weiblichen Geschlechtscharakteristiken wie Bescheidenheit und Nützlickeit vereinbar zu halten, neigen Autorinnen freilich umgekehrt dazu, ihre Anverwandlungen fremder Texte als Form eines besonders „treuen Dienstes" am Original zu markieren.[30]

Starke Frauen stehen im Zentrum aller fünf ‚französischen' Erzählungen Charlotte Schillers, deren Handlungen kurz angerissen seien: In *Rosalie* erzählt der junge Graf von Saint Armand, wie er durch seinen Freund, den Offizier Belfort, mit dessen Schwester Rosalie bekannt wird. Diese wurde vom Vater ins Kloster gesteckt, da sie sich einer Heirat widersetzte, ein Vorgang, der sich nach einer kurzzeitigen Entlassung aus dem Kloster – Saint Armand ist in Kriegsgeschäften unterwegs – wiederholen soll. Diesmal aber steht die Weihung zur Nonne an. Verkleidet verschafft er sich Zugang zum Kloster und erscheint bei der Einsegnungszeremonie. Ihn erblickend, beantwortet Rosalie die rituelle Frage des Priesters, „was sie verlange", damit, dass sie den Grafen heiraten möchte – was schließlich gegen den Willen ihres Vaters auch erfolgt.

Die neue Pamela, in der dritten Person erzählt, schildert den jungen Saint Hilaire, der eines Tages Marianne, die Gesellschafterin eines adligen Fräuleins von Clairval, kennen lernt. Angesichts des Standesunterschiedes will diese sich auf keinen Liebeshandel ohne Heiratsversprechen einlassen. Genau davor aber zögert der junge Adlige aus (Ehr-)Furcht vor seiner verwitweten Mutter zurück. Er beginnt sich als Wohltäter von Marianne und deren kranker Mutter zu erweisen, indem er beiden eine bessere Wohnung und Ausstattung besorgt. Beim Besuch der Messe von Saint Germain trifft Marianne unerwartet eine Bekannte ihrer ehemaligen Dienstherrin, die aufgrund ihres vornehmen Putzes vermutet, sie habe sich vorteilhaft verheirat – oder aber sei Mätresse geworden. Zutiefst verletzt über diesen Verdacht, will sie den Schleier nehmen, weiht dann aber Fräulein von Clairval ein, die mit ihrer Bekannten und der Prinzessin spricht und deren Eingreifen schließlich zu einer glücklichen Verbindung der Liebenden führt.

Autun und Manon ist wieder eine Ich-Erzählung: Herr d'Auton verliebt sich in die 15-jährige Manon Ribeaupierre, die er fünf Jahre später wiedertrifft. Ihr Vater, den seine eigene Ehe mit einer wesentlich jüngeren Frau zu manischer Eifersucht getrieben hat, versperrt sich über Jahre einer Verbindung der beiden, was sich erst bei seinem Tod als erzieherische Maßnahme herausstellt. Die Liebenden wollen nun heiraten, da entdeckt d'Auton eines Tages Briefe an Manon von einem gewissen Rosier. Er verdächtigt sie, ihn betrogen zu haben, reist in die Dauphiné, um den Nebenbuhler zu suchen, löst schließlich das Verhältnis auf, doch am Ende klärt sich das Missverständnis glücklich auf: Der Brief war nicht an Manon, sondern an eine Freundin gerichtet.

Einen tragischen Verlauf nimmt dagegen die Erzählung *Der Prozeß*, deren Erzählhaltung von der dritten zur ersten Person wechselt. Die jungen Liebenden sind die schöne Anna d'Albini, Tochter einer Offizierswitwe, die auf den günstigen Ausgang eines Prozesses hofft, und der junge Rigaud, dessen Vater als Parlamentsmitglied mit eben diesem Gerichtsverfahren betraut ist. Beide Elternteile, Annas Mutter, wie Rigauds Vater, widersetzten sich einer Verbindung der beiden, so dass sie heimlich heiraten. Als Anna ein Kind erwartet, weihen sie die Mutter ein, die die Tochter zur Entbindung zu sich bringen lässt. Zuvor findet der alte Rigaud einen Brief Annas an seinen Sohn, den er gefangen nehmen und nach St. Lazarre bringen lässt. Enragiert kommt er ins Haus der d'Albini, wo Anna vor Schreck eine Treppe hinabstürzt. Als ihre Mutter die tödlich verletzte Tochter kalt und gefühllos ins (Armen-)Hospital abtransportieren lässt, wird Rigaud selbst vom Schicksal der Tochter und seines Sohnes gerührt. Anna und das Kind sterben. Doch erhält der junge Rigaud die Genugtuung, dass der anhängige Prozess gegen die Witwe d'Albini und zugunsten ihrer zwei noch lebenden Töchter entschieden wird.

Die heimliche Heirat, wieder eine Er-Erzählung, schildert, wie Herr Saligny die 17-jährige, um zehn Jahre jüngere Waise Marie von Anville im Hause ihres Onkels beim Musikunterricht kennenlernt. Die Liebesbeziehung führt zur heimlichen Vermählung und Geburt eines Kindes. Saligny wird gerichtlich für sieben Jahre aus Frankreich verbannt, die Liebenden pflegen weiterhin eine Briefbeziehung. Marie, die ihr Kind im Verborgenen zur Welt bringt, gibt es in Pflege, geht selbst dann für Jahre ins Kloster. Mit 25 wird sie volljährig, beide können ihre Heirat nun offiziell machen, ohne auf die Einwilligung des Onkels angewiesen zu sein.

Eine Besonderheit aller fünf Erzählungen ist, dass es sich nicht um zeittypische Brieferzählungen handelt, die überwiegend die Persepktive der weiblichen Figuren nahelegen. Vielmehr dominiert eine Blickführung mit den männlichen Helden, deren Anstrengungen, die Angebetete für sich zu gewinnen, durch kluges und besonnenes Verhalten der (meisten) Frauenfiguren konterkariert werden. Selbstbewusstes und selbstständiges Handeln im Rahmen der Möglichkeiten für Frauen der damaligen Zeit kommt so besonders deutlich zum Vorschein. Neben den Generationenkonflikten und der Behandlung heimlicher Heiraten und Schwangerschaften sind Standeskonflikte in den meisten der Erzählungen auffällig, und zwar in gerade umgekehrter Hierarchie wie im Privatleben Charlotte Schillers. In den fünf ‚französischen' Erzählungen sind jeweils die Männer von höherem Stand als ihre geliebte Frauen.[31]

Eine Merkwürdigkeit stellt dar, dass die sechste Erzählung, *Die Brüder*, in Plot, Motivik, Stil und Struktur gänzlich abweicht. Ein Manuskript existiert nicht. Schiller hatte sie Cotta zum Abdruck in der *Flora* gesandt, dieser ihn nach dem Druck, für welchen er die Bogenanzahl des Heftes eigens ausgedehnt hatte, in einer Randbemerkung gefragt, ob der Verfasser sich denn nicht erklärt habe, „daß es kein Original, sondern die Übersezung eines bereits übersezten Romans seye?"[32] Cottas Äußerung lässt sich auf zwei Arten lesen. Gemeint sein kann eine Geschichte, die entweder bereits ins Deutsche oder aber vom Englischen ins Französische übersetzt war – zumal Schiller ursprünglich, im Mai 1799, sechs Übersetzungen aus dem Französischen in Aussicht gestellt hatte. Letzteres Szenario träfe etwa für den Roman *The Brothers* von Susan Smythies zu,[33] der indessen inhaltlich nur einen losen Zusammenhang zu Charlotte Schillers Erzählung aufweist. Prominent behandelt ist das Motiv der ungleichen Brüder freilich auch im Drama der Zeit. Berühmte englische Beispiele sind Edward Youngs klassizistische Tragödie *The Brothers* (1752) oder Richard Cumberlands Komödie gleichen Titels (1792). Eine direkte Vorlage aus der englischen oder französischen Literatur für die Erzählung *Die Brüder* war bisher ebenso wenig zu ermitteln wie eine andere deutschsprachige Version derselben Geschichte.

Die Erzählung (in der dritten Person) handelt von den ungleichen Brüdern Heinrich und Wilhelm Norvis, Söhne eines verstorbenen Landkrämers, die nach London ziehen. Heinrich spielt die Violine, wird Musikant, heiratet eine Sängerin, die jung stirbt. Er ermöglicht seinem Bruder das Studium der Theologie in Oxford. Dieser wird Prediger, später Dechant und sogar Bischoff und verheiratet sich opportun mit der schottischen Lady Clementine. Heinrich geht mit portugiesischen und englischen Abenteurern nach der afrikanischen Zocotora Insel, sein gleichnamiger Sohn kommt als Jugendlicher zurück zur Familie von Wilhelm, der selbst einen Sohn namens Wilhelm hat. Im Sommer hält sich die Familie in dem Dorf Anfield auf, das dem Grafen Fermont gehört. Dort verlieben sich beide Söhne in junge Mädchen aus einfachen Verhältnissen, Heinrich in Friederike (Riekchen) Rymer, Wilhelm in Elisabeth (Lischen) Rose. Elisabeth wird schwanger. Wilhelm, der davon nichts wissen will, wendet sich von ihr ab, heiratet die Tochter eines Landadligen, Caroline Fermont, und wird schließlich Richter. Heinrich, der sich und Friederike unter Druck als Eltern des Kindes bekannt hatte, wird zur See geschickt. Er reist nach Sierra Leone, spürt seinen alten Vater auf, kommt mit diesem im Alter zurück und findet seine Jugendliebe Riekchen wieder. Elisabeth Rose ist inzwischen zur Bettlerin und Prostituierten herabgesunken und von Wilhelm selbst als Richter zum Tode verurteilt worden. Nachdem Wilhelm erfahren hat, wer sie war, will er sich des Sohnes annehmen, dieser ist jedoch einer Krankheit erlegen. Wilhelm wird wahnsinnig.

Die Inhaltsangabe verdeutlicht, dass keine Gemeinsamkeit dieser mit den französischen Geschichten besteht, dass vielmehr gänzlich abweichende Elemente dominieren. Die Missionars- und Abenteuergeschichte verbindet sich mit ökonomischen Diskussionen zwischen dem nach London zurückkehrenden Heinrich junior und Wilhelm senior. In der Generation der Söhne beider ungleichen Brüder dominiert das Motiv der verführten Unschuld bis hin zum Kindsmörderinnen-Prozess (da Elisabeth eingesteht, sie habe ihr Kind ermorden wollen, als sie es im Wald aussetzte). Da Hinweise auf eine mögliche Vorlage auch zu dieser Erzählung fehlen, ist bisher eigentlich nur sicher, dass die Inspirationsquelle oder stoffliche Anregung nicht identisch mit der der anderen fünf Erzählungen ist. Als gelöst gelten kann das Rätsel der Vorlagen freilich nicht und verdient weitere Recherche.

Ein klarer Fall von Übersetzung liegt dagegen, wie bereits angedeutet, für die Erzählung *Der Bastard von Navarra* vor. Auf den ersten Seiten der Handschrift hat Friedrich Schiller Korrekturen vorgenommen, so dass anzunehmen ist, dass Charlotte auch diese Erzählung während der Weimarer Zeit verfasst oder zumindest begonnen hat. Im Mittelpunkt der Erzählung steht Ramiro I, von 1035–1063 König von Aragon, Sohn von *Sancho el Mayor, rey de Navarra*. Der Legende nach war er ein unehelicher Sohn, der seiner Stiefmutter Munia half, so dass sie ihn adoptierte. Eine Statue befindet sich in Madrid. Charlotte Schillers Version basiert auf einer Novelle von Jean de Préchac, *Le Batard de Navarre*, die 1683 erstmals, 1761 in zweiter Auflage erschien.[34] Es ist wahrscheinlich, dass ihr diese zweite Auflage vorlag, die im 13. Band der *Bibliotheque de Campagne* erschienen war, zumindest erwähnt Charlotte von Stein diese Sammlung in einem Brief an Lotte vom 4. Juli 1795: „Die *bibliotheque de Campagne* ist hier nirgends als beym Wieland zu haben, und der verleiht keine Bücher mehr weil man ihn gar zu viel drum gebracht hat.“[35] Möglicherweise hat sich Wieland später williger gezeigt und das Buch doch verliehen.

Mit den historischen Daten und Namen (nach heutigem Stand) stimmt freilich in der Vorlage wie in Charlottes Übersetzung nur wenig überein. Der Inhalt in Charlottes Version lässt sich, wie folgt, zusammenfassen: Don Sancho der Große, König über Navarra, Aragonien und Castilien, hat einen unehelichen Sohn aus einer ersten Liebesverbindung, Ramiro, der sich zum Kriegshelden gegen die Mauren entwickelt. Ramiro nimmt Dienst bei Herzog Alfonso von Leon, der zwei schöne Töchter, Tigride und Elvire hat. Er verliebt sich in Tigride. Auf eine Verbindung mit derselben hat es aber auch seine Stiefmutter Nunna für ihren Bruder Don Garzias (auch: Garzian,

Grazian) abgesehen. Gegen Nunnas Versuche, die Liebe Ramiros zu Tigride zu hintertreiben, gegen den Versuch ihres Vaters Alfonso, sie in die Ehe mit Don Garzias zu zwingen, und gegen die konkurrierenden Anstrengungen ihrer Schwester Elvire, die es selbst auf Ramiro abgesehen hat, kann der Held sich behaupten. Er befreit Tigride aus dem Kloster und überwindet Don Garzias im Zweikampf. Als er an den Hof seines Vaters zurückkehrt, hat sich das Schicksal Nunnas unglücklich gewendet, denn ihre eigenen Söhne haben sie fälschlich des Hochverrats beschuldigt. Ramiro kämpft nun auch für sie, bestätigt damit seine hohe Tugend und wird vom Vater zum König von Aragon ausgerufen. Tigride, mittlerweile neuerlicher Konkurrenz durch die schöne maurische Prinzessin Haca ausgesetzt, die Ramiro als Kriegsbeute nach Leon mitgebracht hat, kann den Geliebten endlich heiraten. Die zum Christentum bekehrte Maurin heiratet Tigrides Bruder Bermudas.

Stofflich verwandt ist die Erzählung mit Pierre Corneilles berühmter klassizistischer Tragikomödie *Le Cid* (1637), die den spanischen Helden im familialen Liebeskonflikt und als Nationalheld im Kampf gegen die Mauren gestaltet. Charlotte Schiller ist mit den Werken der französischen Klassiker Corneille und Racine durch Lektüre und Theateraufführungen vertraut, erinnert sich in späteren Jahren speziell des *Cid.*[36] Mit der Geschichte dieses spanischen Helden hatte sich auch Herder seit den späten 1770er Jahren eingehend befasst und spanische bzw. französische Romanzen zu diesem Stoffkreis übertragen.[37] Spanische Motivik spielt zudem bereits in Schillers *Dom Karlos* sowie in seiner historischen Abhandlung zum *Abfall der vereinigten Niederlande* eine bedeutende Rolle. Nach 1800 wird der spanische Bühnendichter Calderon fürs deutsche Theater adaptiert, der sich ebenfalls nationalen Heldenfiguren zuwendet. Von Charlotte Schiller ist neben der Übersetzung des *Batard de Navarre* auch der Entwurf einer (Vers-)Erzählung *Graf Wilfred von Barcelona* erhalten.[38]

Dass die Erzählung *Der Bastard von Navarra* Charlotte stofflich reizvoll erscheint, ist naheliegend: Ramiro mit seiner ‚hybriden' Herkunft, der sich seinen Adel erst verdienen muss, der von zwei Prinzessinen geliebt wird, sich aber klar für eine von ihnen entscheidet, ähnelt nicht nur von ungefähr Charlottes ‚Helden' Friedrich Schiller. Bemerkenswert ist zudem die weibliche Konkurrenz von morgenländischer und abendländischer Prinzessin, die nicht etwa durch eine Dreiecksbeziehung wie die des Grafen von Gleichen, sondern durch eine klare Ordnung der Verhältnisse harmonisiert wird. Die Bearbeitung der französischen Vorlage gibt Charlotte die Möglichkeit gegen die vormaligen oder noch bestehenden Nebenbeziehungen ihres Mannes gewissermaßen anzuschreiben.

Seit den 90er Jahren, der Arbeit am *Wallenstein*, ist Schiller wieder verstärkt im dramatischen Fach tätig. 1801 vollendet er *Maria Stuart* und *Die Jungfrau von Orleans*, die aufgrund herzoglicher Intervention in Weimar – Carl August findet den Stoff aus persönlichen wie staatlichen Gründen zu delikat – in Dresden zur Uraufführung kommt. Während schwerer Erkrankungen Goethes übernimmt Schiller zudem im selben Jahr die Leitung verschiedener Theaterproben, Anfang 1802 bearbeitet er dessen *Iphigenie auf Tauris* für die Bühne, die am 15. Mai aufgeführt wird.[39]

In die Anfangsjahre der Schillers in Weimar fällt auch eine kulturpolitische Auseinandersetzung um den erfolgreichen Theaterdichter August von Kotzebue (1761–1819), der, aus einer Weimarer Kaufmanns- und Ratsfamilie stammend, in Russland, Mainz, Mannheim und Paris unterwegs ist, bevor er sich 1801 auf etliche Jahre in Weimar etabliert. Als Schriftsteller der Goethezeit ist er in den Kanon der tradierenswürdigen Literatur indessen nur als Negativbeispiel eingangen. Wie Simone Winko untersucht hat, behandelt bereits die frühe Literaturgeschichtsschreibung des 19. Jahrhunderts ihn stets abwertend.[40] Neben der Vielschreiberei und Epigonalität – des Nachahmens also origineller Kunstwerke – lastet man ihm Mängel in der sittlichen und politischen Haltung an: popularisiert er doch Motive wie Ehebruch und außereheliche Schwangerschaft in seinen Komödien, steht zudem unter dem Verdacht eines Jakobiners, tritt nach dem Wiener Kongress journalistisch für Demokratie und Pressefreiheit ein – und wird schließlich wegen Verdachts, ein russischer Spion zu sein, das Opfer eines Attentats durch den Burschenschaftler Karl Ludwig Sand. Zur Zeit der Weimarer Klassik (mit Goethe und Schiller als Hauptakteuren) und der Jenaer Romantik (dem Kreis um die Brüder Schlegel, Novalis und Tieck) ist Kotzebue indessen der meistgespielte Autor auf deutschen Bühnen: in Weimar unter Goethes Intendanz spielt man seine Stücke häufiger als die der Klassiker.[41] Auch nach seinem Tod werden sie Kassenschlager bleiben. Am Wiener Burgtheater werden einer Statistik von 1867 zufolge, „innerhalb von 77 Jahren an 3650 Abenden – also ziemlich genau 10 Jahre lang –104 Stücke von Kotzebue gegeben".[42]

Versucht Kotzebue selbst kurz nach 1800, in Weimar einen Platz als Dichter neben den Vertretern der klassischen und romantischen Kunstprogramme zu beanspruchen, so begegnen ihm diese umgekehrt mit satirischen Schmähschriften. August Wilhelm Schlegel veröffentlicht anonym ein Büchlein des Titels *Ehrenpforte und Triumphbogen für den Theater-Präsidenten von Kotzbue bey seiner gehofften Rückkehr ins Vaterland*. Es umfasst eine Reihe von Gedichten sowie ein kleines Schauspiel, das Kotzebues legendäre Verbannung nach Sibirien und seine Rettung durch Figuren seiner eigenen zahlreichen Schauspiele zum Gegenstand hat. Die Strategie der Verballhornung enthält im Grunde bereits alle Komponenten, die bei seiner späteren Kanonisierung als Negativbeispiel geltend gemacht werden.

1802 unternimmt Kotzebue in Weimar einen Versuch, Goethe von seinem hohen Sockel zu stoßen und an seiner Stelle Schiller zu küren. Er plant, eine Feier zu Ehren Schillers am 5. März 1802 im neu eröffneten Weimarer Stadthaus zu veranstalten.[43] Dabei sollen Szenen aus Schillers Haupttragödien gegeben werden mit Henriette von Egloffstein als Jungfrau von Orléans, Amalie von Imhoff als Maria Stuart; Sophie Mereau soll *Das Lied von der Glocke* rezitieren. Unter einer großen Papiermaché-Glocke soll sodann die Dannecker-Büste Schillers ans Licht kommen. Zwei Tage vor der Feier lässt Schiller Goethe wissen, er werde sich wohl krank schreiben lassen. Darüber hinaus verweigert der Bürgermeister den Schlüssel zum Saal[44] – und wird am Morgen nach der verhinderten Feier, so Schiller im Brief an Goethe, vom Herzog „wegen seiner großen Verdienste zum Rath erklärt".[45]

Für Charlotte Schiller wird sich, auch lange nach Schillers Tod noch, der Verfall Weimarer Kulturhöhe in einem Namen verdichten: Kotzebue, angefangen mit einem Lustspiel, *Der verunglückte 5te März*[46], das sich mit eben dieser „Kotzebuiade"[47] im Jahr 1802 befasst. Die Handlung ist rasch zusammengefasst: Ein Herr Firlefanz hat die Absicht, eine Jubelfeier zu veranstalten für einen Poeten. Anwesende Damen haben Rollen aus dessen dramatischen Werken inne. Als Höhepunkt soll unter einer Pappglocke die Büste des zu Krönenden zum Vorschein kommen. Die Veranstaltung wird jedoch aus mehreren Gründen verhindert: Erstens lässt sich der Jubilar entschuldigen, zweitens fehlt die Büste, und drittens verweigert der Bürgermeister die Nutzung des Bürgersaals für den zugedachten Zweck.

Charlotte Schiller verulkt die Episode, um Kotzebue und Schiller zu kontrastieren. Zum einen pasquilliert sie die ihr durchaus bekannten Personen, wenn sich etwa die beiden Darstellerinnen Egloffstein und Imhoff um die Rollen der „Jungfrau" und der „Königin von Spanien" streiten.[48] Zum zweiten steckt sie Kotzebue alias Firlefanz in die Rolle eines Hanswurst, der durch den redlichen Bürgermeister und einen Ratsherrn von der Bühne vertrieben wird. Schnelle und oberflächliche Produktion, billige Effekthascherei, hohle Gaukelei, das sind die Qualitäten, die sich Firlefanz selbst bescheinigt. Durch Selbstüberschätzung, gepaart mit holprigem ‚Versgeklapper', desavouiert er sich als Dilettant, als eine der anwesenden Damen ihn lobt:

> So hör' ich's gern, mein schönes Kind.
> Aber nicht allen die Kräfte gewachsen sind,
> Doch guter Will' und guter Muth
> das Genie auch ersetzen thut.[49]

Damit zeichnet Charlotte Schiller Kotzebues Treiben in scharfem Kontrast zum Schaubühnen-Programm ihres Mannes, das auf moralische und ästhetische Erziehung zielt.[50] Interessant ist dabei, in welcher Weise das Motiv der Glocke im Stück eingesetzt wird. Firlefanz beschreibt den umstehenden Damen zu Beginn die Glocke „von schlechter Pappe"[51], unter der die Büste hervorkommen soll. Wenn ihm am Ende gar die Büste nicht zur Verfügung gestellt wird – „Die Büste fehlet auch fürwahr, / die schicklich die Glocke sollte umhüllen"[52] – und Firlefanz beschließt, ersatzweise eine Büste zu *malen*, so heißt das, was Kotzebue zu bieten hat, ist nichts als Attrappe, Verpackung ohne Inhalt. Sowohl indem er die Glocke als leere Form kopiert, als auch im künstlerischen Programm, das er propagiert, entspricht die Figur des Firlefanz genau dem, was Friedrich Schiller (im Verbund mit Goethe) als Grundmerkmal des Dilettantismus beschreibt: „Alle Dilettanten sind Plagiarii. Sie entnerven und vernichten jedes original Schöne in der Sprache und im Gedanken, indem sie es nachsprechen, nachäffen und ihre Leerheit damit ausflicken.“[53]

Auch in einem weiteren Sinn verdient der Bezug zu Schillers *Lied von der Glocke* Beachtung.[54] Darin wird bekanntlich erst die Gussform geschaffen, die schließlich zerstört wird, um die solide Glocke zu enthüllen, Symbol für Eintracht und Frieden und, wenn sie am Ende gewissermaßen an den Himmel geheftet wird, für die Erhabenheit der Dichtung. Charlotte Schiller belässt es aber nicht nur bei diesem impliziten Verweis; vielmehr lässt sie am Ende den Ratsherrn die Botschaft von Schillers Gedicht in Kurzform wiederholen: Den Umstand nämlich, dass Firlefanz für sein Spektakel den Saal nicht nutzen darf, begründet dieser damit, dass sich die Bürger die Errichtung des Saales durch ökonomische Lebenshaltung vom Munde abgespart hätten und die Handwerker ohne Ermüden im Einsatz gewesen seien. Ähnlich der Glocke, die bei Friedrich Schiller durch harte Arbeit entsteht und dann höhere Werte verkündet, erscheint bei Charlotte Schiller der Bürgersaal als das Produkt der Arbeit, aus dem nur Erbauendes und künstlerisch Solides hervorgehen soll.

Schiller selbst hatte sich über das Pasquill August Wilhelm Schlegels bereits 1801 mit gemischten Gefühlen geäußert: „Auch mache ich Dich auf eine Schrift aufmerksam, welche Schlegel gegen Kotzebue geschrieben: Ehrenpforte und Triumphbogen für den TheaterPræsidenten Kotzebue. Sie ist freilich unendlich derb und grob, aber den Witz kann man ihr nicht absprechen.“[55] Wann genau Charlotte ihre Parodie schreibt, ist nicht bekannt; ein Kommentar von Friedrich Schiller existiert nicht.

Der Weimarer kulturpolitische Vorfall um Kotzebue fällt indessen in eine Zeit, in der sich Schiller mit seiner Familie ein neues Zuhause schafft, in dem sich für ihn wie Charlotte die Arbeitsbedingungen verbessern sollen. Auf den 15. Februar datiert der Kaufvertrag für das Haus an der Esplanade,[56] einer damals baumbewachsenen Allee, auf den 29. April der Einzug. Offenbar verbringt man die ersten Monate unter erheblichen Umbauarbeiten: das Treppenhaus wird verlegt, die Verbindung zwischen dem älteren Hinterhaus (Windischengasse 17) und dem Vorderhaus (Esplanade) verbessert, im Erdgeschoss wird der Fußboden angehoben, ein Gewölbekeller wird eingebaut, Schränke und Regale werden in die Wände eingearbeitet, Papiertapeten eingezogen.[57] Erst im August 1802 scheint ein Normalzustand einzukehren, unter dem sich auch an geistige Arbeit denken lässt. Soweit sich die Wohnverhältnisse des seit 1847 zum Museum ungewidmeten „Schillerhauses“[58] in Weimar ermitteln lassen, befinden sich zur Zeit des Einzugs im Erdgeschoss Eingangshalle, Dienerzimmer, Küche sowie vermutlich weitere Wirtschaftsräume wie Holzställe und Waschhaus; im ersten Obergeschoss, der Beletage, die Wohn- und Gesellschaftsräume, Charlottes Zimmer sowie die Schlafzimmer der Töchter, im zweiten Obergeschoss Friedrich Schillers Arbeitsbereich mit Gesellschafts-, Schlaf-, und Ankleidezimmer. Die Söhne, ebenso wie das weitere Dienstpersonal und Gäste, sind vermutlich in den neu ausgebauten Räumen des Hinterhauses untergebracht, die heutigen Besuchern nicht zugänglich sind.

Am 1. Juli 1802 meldet Charlotte Fritz von Stein nach Breslau die häusliche Veränderung, die es nun sogar erlaubt, den Freund ins eigene Heim einzuladen:

> Ich hoffe wenn Sie wieder nach Weimar kommen, so soll es Ihnen auch bey uns wohl werden, unser haus ist recht freundlich, das Haus was die Gräfin Baches ehmals in der Esplanade bewohnte haben wir gekauft, u. ich freue mich sehr des Besizes weil die lage meinen Augen wohlthätig ist, u. ich immer wie in einer Laube size, auch für die Kinder ist es sehr freundlich, u. für eine wohnung in der Stadt hat sie alles angenehme eines Gartenhauses, weil die *Esplanade* unser Garten ist. der Einzug, das arrangement des hauses, die veränderungen die wir machen mußten haben uns viel zeit u. Ruhe geraubt, besonders Schiller der noch nicht zu einer fruchtbaren Stimmung kommen konnte, da die Thätigkeit des Geistes sein höhres leben ist, so ist es ihm noch nicht recht hell u. gemüthlich. Ich fühle diese Stimmung immer mit, u. mir ist nie wohler als wenn ich Schillers Geist in einer Thätigkeit weis die ihm erhebt.[59]

Hat Schiller im neuen Haus seinen eigenen Arbeitsbereich im Obergeschoss, so verfügt auch Charlotte nun über ihren eigenen (Schreib-)Raum. Da Charlotte ihren Mann um 21 Jahre überleben wird, ist es sie, die dem Haus sein nachhaltiges Gepräge gibt und insbesondere die Beletage zeitlebens als ihr Refugium bewahrt, während sie die Räume im Obergeschoss zeitweilig vermietet.[60]

Ihr Schreiben an Fritz lässt auch erkennen, dass sie ihre eigene Rolle an der Seite des Dichters in der Anregung und Unterstützung seiner Produktion sieht. Ihr kurzes Lustspiel über die Ereignisse vom 5. März 1802, das in den neuen Räumen entstanden sein mag,[61] liest sich entsprechend als eine Stellungsnahme zu Schillers ästhetischem Programm im Medium der Poesie. Ob andere Lustspiel-Übersetzungen und Entwürfe aus dieser oder späterer Zeit stammen, ist leider nicht bekannt.

Poetisch tätig ist Charlotte Schiller in der Weimarer Zeit nachweislich im Bereich der Lyrik. Verschiedene Gedichte mit antikisierenden Stoffen liegen aus dieser Zeit vor, wie etwa die beiden bereits behandelten Gedichte zur *Amor und Psyche*-Motivik. Eines davon, *Psyches Klage*, ist undatiert, ein zweites, *An dem Fuß des Olymps sizt Psyche weinend*, ist auf 1803 datiert.[62] Der Stoff ist in der Zeit um 1800 freilich recht populär, u. a. erscheint ein Gedicht Herders im 12. Stück von Schillers *Horen* 1795, das Charlotte sicherlich kennt.[63]

Ein ausührlicheres antikisierendes Erzählgedicht, *Selena und Lycon*, entsteht 1801.[64] Es behandelt in 19 nummerierten, jeweils achtversigen Strophen das Geschick eines jungen Liebespaares am Vorabend der Vermählung. Nach Gebrauch des Landes sollen die einander Versprochenen sich in der Zeit vor der Heirat nicht sehen. Er jedoch ist in Leidenschaft entflammt, sie von Sehnsucht erfüllt:

> Aber nach des Landes heilgen Sitten
> Ist den liebenden kein Blick vergönnt.

Flehen möcht der Jüngling, zärtlich bitten
Scheu die Braut; sie blieben doch getrennt.
Seit der Jüngling wagt es zu gestehen
welche Gluth in seinem Innren tobt,
darf er die Geliebte nimmer sehen
der er ewig Treue angelobt.

Ach umsonst versuchet sie zu stillen
Der Gedanken reiches, bunt Gewühl
Strebend sich die Zukunft zu enthüllen
welches loos ihr durch die liebe fiel?
Auf vom Size stand sie, bang beklommen,
Ruhen muß der bunten Spindel lauf
Jeder andre Wunsch ist weggenommen,
Nur die Sehnsucht schwillt dem Busen auf.[65]

Beide, von Sternen und Mond ins Freie gelockt, treffen sich in einem monderhellten Felsental. Selena versucht, dem Begehren ihres Geliebten wie dem eigenen zu entfliehen, Lycon jedoch kann seine Leidenschaft nicht zügeln. Nach vollzogenem Liebesakt erkennt Selena, dass sie den Zorn der Götter auf sich gebracht hat, eilt über die scharfen Klippen davon und stürzt eine Felsspalte hinab. Lycon folgt ihr in den Tod. Seine Freunde, die nach ihm gesucht haben, finden beide im Felsabgrund vereint.

Die Figuren der Liebenden, Selena und Lycon, sind selbst nicht mythologisch, ihre tragische Liebesvereinigung, der Verstoß gegen die Tradition ist allerdings in den Kontext der griechisch-römischen Mythologie eingebunden. Ähnlich wie das Geschick der Liebenden Aeneas und Dido in Vergils Epos von der Götterwelt des Olymp aus gesteuert wird, erscheinen auch in Charlotte Schillers Ballade göttliche Akteure: Luna verklärt Lycon den Anblick der reizvollen Selena:

Ihrer blonden Locken schönes wallen
Ihr Gewand das sittsam sie umschliesst,
und den Schleyer sieht er niederfallen
der wie lichtgewölcke Sie umfliesst.
Nicht des Landes heilige Geseze,
Nicht der alten Sitte streng Gebot
Achtet er; er böte alle Schäze
willig auf; selbst achtend nicht der Todt.[66]

Zu beachten ist dabei, dass Selene einer der zahlreichen Namen der Mondgöttin selbst ist.[67] Weiter stehen Hymen und Amor für zwei gegensätzliche Pole von Liebe: die gesetzliche Verbindung eines Paares, bzw. dessen leidenschaftliche Vereinigung. Zu

Beginn wird Selenas Perspektive gegeben, wie sie auf Hymen vertraut: „lockend winket Hymen, seinem lichte / Süß vertrauend blickt sie in die Welt".[68] Bei der nächtlichen Begegnung im Felsental dagegen wird Lycon von Amor geleitet: „Immer kühner fodert er die Rechte, / Die des schlauen Amors List ihn gab".[69] Nach der verbotenen Liebesvereinigung wird die Reaktion Hymens geschildert: „Hymen senket traurend sein Gefieder / Flieht des schadenfrohen Bruders Blick / schauet drohend vom Olymp hernieder / Lässt die Armen reuevoll zurück."[70]

Schauplatz und Zeit des Geschehens werden nicht mitgeteilt. In einer Kopfzeile des Manuskripts heißt es „Erzählung aus der Insel Maina". Diese geographische Angabe bezieht sich historisch auf eine Halbinsel des Peloponnes (den zweiten Finger der handförmigen Formation von Osten her sozusagen), die seit dem Mittelalter unter wechselnder venezianischer, griechischer oder türkischer Vorherrschaft den Namen Morea trug. Der Landstrich Maina (heute: Mani) und seine Bewohner, die Mainoten, stehen im 18. Jahrhundert unter dem Ruf der tapfer-beharrlichen Unabhängigkeit gegen griechische oder türkische Annexionsbetrebungen. Zur Zeit, da Charlotte Schiller ihr Erzählgedicht abfasst, ist wenig über Maina bekannt. 1799 erscheint eine Reiseschilderung zweier Mainoten in napoleonischem Auftrag, die in mehreren Rezensionsorganen 1800 besprochen wird.[71] Das Buch selbst oder aber die Besprechungen, die einerseits betonen, dass man über Maina im Grunde noch gar nichts wisse, zugleich aber unisono den romanhaften Charakter der Schilderung bemängeln, könnten Charlotte inspiriert haben. Behandelt werden zumindest Sitte, Moral, Stellung der Frauen im kulturellen Wertesystem ebenso wie Heirats- und Ehegebräuche.

Griechische Inseln und Landschaften sind in der Zeit um 1800 besonders beliebte Gegenstände antikisierender Dichtungen von Autorinnen. Bereits bei Caroline von Wolzogens *Der leukadische Fels* fällt dabei auf, dass der Antikebezug historische, mythologische und fiktive Szenarien mischt. In der Ballade ihrer Schwester, *Selena und Lycon*, verhält es sich kaum anders. Eine weitere Autorin im Weimarer Umfeld ist Amalie von Imhoff, eine Nichte Charlotte von Steins, deren Versepos *Die Schwestern von Lesbos* Schiller im *Musen-Almanach für das Jahr 1800* veröffentlicht, ehe es als Buchedition erscheint. Eine dramatische Antikedichtung, *Die Schwestern auf Corcyra*, wird 1812 als weitere Veröffentlichung der mittlerweile verheirateten Amalie von Hellwig nachfolgen.[72]

Antikerezeption ist freilich ein Grundzug der Weimarer Klassik überhaupt, so dass es umso mehr wundert, wenn die Beiträge von Autorinnen, mögen sie auch einen eigenwilligen Umgang mit antiken Stoffen aufweisen, allesamt aus Grundlagenwerken zur *Antikerezeption* ausgespart bleiben.[73] Erklären lässt sich das nur damit, dass die namhaften männlichen Dichter der Weimarer Klassik mit den Antikedichtungen von Autorinnen selbst bereits ihre Probleme haben. Amalie von Imhoff, deren *Schwestern von Lesbos* als eines der bekanntesten antikisierenden Versepen gelten kann, bildet ein besonders interessantes Beispiel für den Umgang Goethes und Schillers mit Autorinnen generell: Einerseits bieten sich die weiblichen Produktionen an, um die diversen

Literaturjournale und Almanache zu füllen, andererseits muss dem weiblichen Talent doch immer wieder durch die professionelleren Männer nachgeholfen werden. Im Frühjahr 1799 sendet Amalie von Imhoff die ersten vier Gesänge ihrer *Schwestern von Lesbos* an Schiller, der sie sogleich – zunächst lobend – gegenüber dem Verleger Cotta erwähnt:

> Ich habe ein kleines episches Gedicht, von der Größe wie Göthens Herrmann und Dorothea, und von sehr großem Interesse, erhalten, welches ganz dazu qualifiziert ist, den Innhalt unsers neuen Almanachs abzugeben. Es soll ganz allein darinn erscheinen, und Göthe wird es mit einem darauf bezughabenden kleinen Einleitungsgedichte, ich aber mit einer Vorrede begleiten, vielleicht auch noch einige kleinere Gedichte anhängen.[74]

Bereits sechs Wochen später muss er diesen Plan revidieren, da der zunächst jovial zugeneigte Goethe[75] erhebliche Kritik an dem – wohl etwas vorschnell mit seinem eigenen Versepos verglichenen – Werk der jungen Dame geübt hat. Offenbar hat Goethe mit Amalie von Imhoff (und Caroline von Wolzogen) konferiert,[76] was auch Schiller, wie er versichert, „großen Trost" gewährt, zumal auf diesem Weg auch seine Schwägerin viel „gelernt habe".[77] Auch in weiteren Briefen seufzt Goethe unter der redaktionellen Mühe, die ihm die *Schwestern von Lesbos* bereiten: „es ist und bleibt aber eine böse Aufgabe. Das Werk ist wie eine bronzene Statue, artig gedacht und gut modellirt, wobey aber der Guß versagt hätte. Je weiter man in der Ausführung kommt, je mehr giebts zu thun."[78] Und: „Freylich da ich selbst gegenwärtig an einer strengen Revision meiner eignen Arbeiten bin, so erscheinen mir die Frauenzimmerlichkeiten unserer lieben kleinen Freundin noch etwas loser und lockerer als vorher, und wir wollen sehen wie wir uns eben durchhelfen."[79]

Die Korrespondenz veranschaulicht, wie Goethe und Schiller an ihre eigenen Produktionen einen Kunstanspruch stellen, den man, ihrer Auffassung nach, an Frauen gar nicht stellen kann und darf. Weibliche Talente will man fördern, geht aber gleichzeitig davon aus, dass es sich um „Frauenzimmerlichkeiten" (s. o.) handelt, denen erst der männliche Geist zu dichterischem Niveau verhelfen muss. Ähnlich doppeldeutig liest sich auch Schillers Lob anderer Produktionen von Autorinnen, Sophie Mereaus etwa: „Ich muß mich doch wirklich drüber wundern, wie unsere Weiber jetzt, auf bloß dilettantischem Wege, eine gewiße Schreibgeschicklichkeit sich zu verschaffen wißen, die der Kunst nahe kommt".[80] Mit Einschätzungen dieser Art sicherlich vertraut, ist auch Schillers Ehefrau Charlotte nicht grundlos vorsichtig, ihren literarischen Entwürfen Kunstwert bescheinigen zu wollen. Ob und was von ihren Arbeiten sie Schiller zu lesen gibt, ist nicht bekannt.

Eines ihrer Romankonzepte, das sich einem zeitgenössischen Stoff zuwendet und um die Geschicke einer Familie Wallberg kreist,[81] mag ebenfalls aus der Weimarer Zeit stammen. Es erzählt von Clare, der Frau des Amerika-Ausgewanderten Alexander

Wallberg,[82] die angesichts des brodelnden Unabhängigkeitskrieges ihm mit ihren beiden Kindern nach England zu dessen Eltern vorausreist. Während ihres Aufenthaltes in Portsmouth werden über verschiedene Gespräche mysteriöse Familienzusammenhänge angedeutet: Eine Tochter der Familie, deren Miniaturbildnis Clare erblickt, hat sich gegen den Willen der Eltern für das Klosterleben entschieden; die Eltern haben jeden Kontakt mit ihr abgebrochen, sprechen nicht über sie. Der Kapitän des Schiffes, auf dem Clare nach England segelt, ist eine tragisch-unglückliche Gestalt, um deren tieferes Geheimnis – und Verstrickung in das Geschick der verschwundenen Tochter – nur Mutter Wallberg weiß. Clares Erzählungen nehmen den zeitgenössischen Nordamerika-Diskurs auf, handeln etwa von der europäischen Besiedelung und der Erziehung des jungen Mädchens im wilden, unkultivierten Umfeld der ‚neuen Welt', aber auch von den Verwicklungen ihres Vaters sowie ihres Mannes in Kampf und Krieg. Die Behandlung von Aspekten des Amerikanischen Unabhängigkeitskrieges mag dabei inspiriert sein durch einen Kupferstich, *The Battle of Bunker's Hill*, den Schiller von dem Stuttgarter Akademie-Professor Johann Gotthard Müller um Weihnachten 1801 als Geschenk erhielt. Ein Exemplar des Bildes, das eines der ersten bedeutenden Gefechte bei Boston, 1775, zur Darstellung bringt, hängt im Weimarer Schillerhaus.[83]

Der Romanentwurf ist besonders interessant vor dem Hintergrund des Amerika-Diskurses der Zeit. Ein anderer Roman einer Autorin, der von europäischen Ausgewanderten handelt, ist Sophie von La Roches *Erscheinungen am See Oneida* (1798),[84] über den sich Charlotte von Stein mit der Autorin bei einer Gesellschaft im Hause Goethe unterhalten hat.[85] Dass Charlotte Schiller mit dem Werk La Roches vertraut war, ist denkbar. Im Juli 1799 bittet Frau von Stein sie, ihr das entsprechende Werk zu senden: „Schiken Sie die Erzählung von der Erscheinung am See *enoida* [!] ja bald, die *Laroche* sagte mir der Grund der Geschichte sey wahr."[86]

Blickt man auf die literarische Produktion Charlotte Schillers während der Weimarer Zeit so fällt auf, dass sie sich nun an einer Reihe verschiedener Genres und Motive versucht. Die Erzählungen, die in der *Flora* und im *Journal der Romane* erscheinen, kreisen um Standesunterschiede zweier Liebender (wobei jeweils der Mann von höherem Stand ist), die durch moralisch integres Verhalten außer Kraft gesetzt werden können. Die junge Generation kann sich in ihrem Beharren auf ihre Liebesverbindung gegen hartherzige oder versponnene Eltern durchsetzen. Die übersetzte historische Novelle *Der Bastard von Navarra* dagegen kehrt die Standesproblematik um: Nun ist es der männliche Held, der seine Nobilitierung durch bravouröses Verhalten erkämpfen muss, wobei auch hier die eindeutige Entscheidung für eine von mehreren schönen Prinzessinnen großes Gewicht erhält. In ihrem Lustspiel *Der verunglückte 5te März* pasquilliert Charlotte den usurpatorischen Anspruch August von Kotzebues, der – in ihrer Darstellung – erst Schiller, dann gar sich selbst an die Stelle Goethes setzen will. Kritik übt sie dabei an der effektorientierten Vielschreiberei Kotzebues, die dem ästhetischen Programm Schillers (und Goethes) entgegensteht. Dass der Dilettantismus, den sie anhand von Kotzebues Beispiel persifliert, eine von den Klassikern vor allem Frauen bescheinigte, bloß nachahmende Kunstproduktion aus Liebhaberei, nicht etwa Genie, ist, thematisiert sie dagegen nicht. Es scheint, dass sie den ihr zugewiesenen Ort der Dilettantin durchaus internalisiert, ihr Schreiben als eine heimliche Tätigkeit praktiziert, für die sie keine Veröffentlichung beansprucht. Interessant ist dabei, dass sie sich ähnlichen Stoffen und Formen zuwendet, sei es in antikisierenden Erzählgedichten oder im Entwurf eines zeitgenössischen Romans, wie dies Autorinnen ihres Umfeldes mit einem stärkeren Selbstverständnis als Berufsschriftstellerinnen tun: Caroline von Wolzogen etwa, Amalie von Imhoff, oder die bereits seit den 70er Jahren etablierte Sophie von La Roche.

Dass Standesfragen eine so virulente Rolle spielen und sich durch Charlottes Literaturproduktion wie ein roter Faden ziehen, mag freilich damit zusammenhängen, dass sie bei der Heirat mit Schiller der wichtigen Silbe zwischen Vor- und Nachnamen, des ‚von', beraubt wurde. Als Schiller am 16. November 1802 von Joseph II. den Adelsbrief erhält, schließt diese Nobilitierung sie als Ehefrau zwar nicht ein, sie führt aber fortan das ‚von' besonders in Korrespondenzen mit Adeligen, das sie bislang nur über ihren Mädchennamen einspielen konnte: „Charlotte Schiller, geb. von Lengefeld". Friedrich Schiller selbst macht sich bekanntlich wenig aus der Nobilitierung. Umgekehrt hatte man Lotte zur Heirat mit einem Bürgerlichen aus Hofkreisen sein Bedauern ausgesprochen, wie zum Beispiel Herzogin Luise.[87] Dass durch das Schiller zugesprochene Adelsdiplom Charlotte nun ihrer Schwester Caroline wieder gleichgestellt ist, sieht Schiller als ausgleichende Gerechtigkeit. Eine witzelnde Bemerkung über seine Frau, die nun „mit ihrer Schleppe am Hof herumschwänzelt", kann er sich indessen nicht verkneifen.[88] In praktischer Hinsicht eröffnet der Adelstand freilich auch ihm den Vorteil, nun zu Anlässen am Weimarer Hof zugelassen zu sein.

Dass Charlotte übertrieben ‚hofsüchtig' ist, lässt sich nicht behaupten: In ihrer Jugend bewundert sie zum einen den Hofputz ihrer Mutter, meidet aber offizielle Visiten im Rudolstädter Schloss. Gleichzeitig ist sie ja zunächst für die Stellung einer Hofdame bei Herzogin Luise in Weimar vorgesehen, ein Plan, der durch die Verbindung mit Schiller aufgegeben wird. Im Dezember 1789, acht Wochen vor der Hochzeit, schreibt Schiller an Charlotte (und Caroline): „Ach! wie gut ist es meine liebe Lotte, daß Du in der Schweitz nicht zur Hofdame worden bist! Ich mußte über den Plan der guten Mutter lachen, von einer Hofdame zu mir – Aerger kann wohl kein Projekt mislingen!"[89] Charlotte selbst äußert sich zur Nobilitierung im Winter 1802 eher bescheiden und beruft sich auf den Beweis öffentlicher Achtung für Schiller, auf den es ihr ankomme, sowie den absehbaren Nutzen für die gemeinsamen Kinder.[90] In ganz ähnlichem Sinn äußert sich Fritz von Stein, der am 22. März 1803 zum Adelsbrief gratuliert: „Schillers neuer Titel, so wenig Werth er auch darauf legen mag, hat mich gefreut. Wenn Sie auch beide nichts dabei gewonnen haben, so hat doch der Herzog und die Herzogin den Vortheil erlangt Sie öfters zu sehen, und vielleicht kann es Ihren Kindern nützen."[91]

Schillers Arbeit konzentriert sich in den Jahren 1802 und 1803 auf weitere dramatische Produktionen, nach der *Braut von Messina*, die er am 1. Februar abschließt, gilt sein intensives Schaffen dem *Wilhelm Tell*, ein „Sujet", über das sich die Schweizkennerin Charlotte besonders freut.[92] Neben den vermehrten Besuchen bei Hofe, überhaupt vermehrten Aufträgen, die Schiller von Hofseite erhält,[93] legt er aufgrund der weiterhin stark angeschlagenen Gesundheit, einen Aufenthalt in Bad Lauchstädt ein, wo im Juli 1803 auch das Weimarer Theater gastiert und mehrere seiner Stücke inszeniert werden. Charlotte, selbst nicht bei bester Gesundheit, zieht sich im Frühherbst für eine Weile nach Rudolstadt zurück.

Der Jahreswechsel 1803/04 bringt traurige und freudige Ereignisse. Am 18. Dezember stirbt Johann Gottfried Herder. Mit ihm und seiner Familie stand Charlotte Schiller in engerer Beziehung als ihr Mann, auch über ihre Patin Charlotte von Stein. Über seinen Tod notiert sie:

> wie viele Klagen über den Todt erschallen täglich u. stündlich aus der Brust der Menschen! – und wer findet einen heilsamen Balsam diesen bittren Kelch zu versüßen? – Der Schritt ins Leben ist die Bedingung des Todes! – Auch Herder musste sterben. Seine grosse Kraft geht hinüber in eine höhere welt, in höhere wirckungskreise. Diesen trost halte fest zweifelndes Herz! Aber uns ist er verlohren, u. wir sehen weinend das Meteor sich in höhere Zonen aufschwingen. Dessen Gluth unsre Herzen nicht mehr beleben u. ergözen kann. Er verschwindet wie ein Schatten aus der sichtbaren welt.[94]

Das zweite Ereignis, das für Charlotte große Bedeutung hat, ist der Besuch der französischen Schriftstellerin Germaine de Staël, deren Schriften sie bereits aus den 90er Jahren kennt. Auf deren Schrift *De l'influence des passions sur le bonheur des individus et des nations* (1796) hatte bereits Charlotte von Stein in ihrem Lustspiel *Neues Freiheits-System* direkt angespielt, das Buch kursierte 1796/97 unter Weimarer Intellektuellen.[95] Als die Schriftstellerin im Winter 1803/04 Weimar besucht, stellt dies für Charlotte ein besonderes Ereignis dar, zumal ihr eigenes Französisch offenbar salonfähiger ist als das ihres Mannes.[96] Ausführlich berichtet sie Schwager Wilhelm vom Besuch Mme. de Staëls: wie sie mit *„esprit"* und „Volubilität der Zunge" aufzutreten weiß, die Anwesenden aber zuweilen irritiert. Während Goethe sich 3 Wochen lang krank gemeldet habe, „mußten Schiller und Wieland allein die Ehre der Gelehrten retten". Charlotte selbst war mit zum Tee und Souper bei Hofe: „Die Herzogin war sehr artig, und zeigte sich als eine unterrichtete deutsche Fürstin, der ihre Landsleute nicht fremd sind, und die ihre Nation schätzt."[97] Auch andere männliche Hofangehörge haben sich offenbar um die Begegnung gedrückt. Henriette von Knebel, als Erzieherin von Prinzessin Karoline nach Weimar berufen, weist ihren Bruder harsch zurecht: „Übermorgen wird uns Frau von Staël verlassen, und Du hast sie nicht gesehen! Sie hat nach Dir gefragt und Prinzeßchen hat Deine große Éloge gemacht. Da verläßt Du Dich so auf die alten Freunde, und lässest Dichs gar nichts kosten".[98] Schiller selbst vermerkt die

Anwesenheit der französischen Philosophin mit gemischtem Gefühl, wie er etwa Körner wissen lässt:

> Sie ist aber auch das gebildetste und geistreichste weibliche Wesen [...]. Du kannst aber denken, wie eine solche ganz entgegengesetzte, auf dem Gipfel französischer Cultur stehende, aus einer ganz andern Welt zu uns hergeschleuderte Erscheinung mit unserm deutschen, und vollends mit meinem Wesen contrastieren muß [...]. Ich sehe sie oft, und da ich mich noch dazu nicht mit Leichtigkeit im Französischen ausdrücke, so habe ich wirklich harte Stunden.[99]

Charlotte wird auch später die Werke dieser Autorin und ihres Lebensgefährten Benjamin Constant lesen. Ihre Beschäftigung mit der Französischen Revolution verläuft im Wesentlichen über diese aus dem revolutionären Frankreich exilierte Autorin, Tochter des ehemaligen französischen Finanzministers Jacques Necker.

Im Jahr 1804 kündigt sich für die Schillers ein neuerlicher Familienzuwachs an. Im März erhält Charlotte Gewissheit, dass sie wieder schwanger ist, im Juli des Jahres niederkommen soll. Nach den psychotischen Erfahrungen im Wochenbett nach der Geburt Carolines ist dies eine durchaus angstbesetzte Angelegenheit. Gleichwohl reisen die Schillers im April nach Berlin, auch mit Gedanken, den Lebensort überhaupt zu wechseln. Auf Gesellschaften trifft man dort alte und neue Bekannte, Wilhelm und Caroline von Humboldt leben mittlerweile dort sowie der Starschauspieler Iffland, den Schiller noch von Mannheim her kennt. Man verkehrt im Salon der Henriette Herz, läuft aber im Flair der preußischen Hauptstadt leicht Gefahr, als proviniziell wahrgenommen zu werden, besonders Charlotte.[100] Immerhin macht der Preußenkönig am 17. Mai beim Frühstück im Potsdamer Schloss Sanssoucis dem Weimarer Dichter das lukrative Angebot eines Rufs nach Berlin. Friedrich und Charlotte Schiller, die Tags darauf über Wittenberg, Leipzig und Naumburg ihre Rückreise fortsetzen, entscheiden jedoch, in Thüringen zu bleiben. Am 4. Juni macht Schiller dem Weimarer Herzog Mitteilung über das Angebot aus Berlin – führt sozusagen Bleibeverhandlungen – und erhält eine Verdoppelung seiner jährlichen Besoldung (von den mittlerweile 400 auf 800 Taler).[101]

Am 25. Juli 1804 kommt *Emilie* Henriette Louise zur Welt. Charlotte übersteht diese vierte Entbindung ohne die gefürchteten Folgen. Dagegen muss die Zeit davor diesmal fast ebenso grausam gewesen sein, wie bei der vorherigen Schwangerschaft die Zeit danach. Im November 1804 berichtet sie dem ehemaligen Jenaer Tischgenossen Bartholomäus Fischenich, den sie – obschon nur wenige Jahre jünger als sie selbst – gerne als „Sohn“ anspricht:

> Ich bin seit drei Monaten Mutter einer kleinen lieben Tochter, die Emilie heißt; der Name der neuen Schwester darf dem großen Bruder nicht fremd bleiben. Aber vorher war ich sehr krank, und glaubte, ich könnte die Ankunft

> der Kleinen nicht erleben. In dieser Angst und Noth, wo ich Mühe hatte, mich aufrecht zu erhalten, um Schiller's Muth nicht sinken zu lassen, der um mich sehr besorgt war, bekam er einen Anfall von Kolik; er war in großer Gefahr! Ich wußte es damals nur halb. Denken Sie aber, daß eben, wie Schiller's Schmerz auf's höchste stieg, ich meiner Entbindung nahe kam; und den zweiten Tag von Schiller's Krankheit wurde die Kleine geboren.
>
> Wir waren in Jena, wo ich meine Wochen hielt; und Starkens Sorgfalt dankt Schiller und ich das Leben. Er hat Schiller unermüdet gepflegt, und mich in den Wochen mit einer großen Geschicklichkeit behandelt; so daß ich keinen von den Anfällen spürte, die mich das vorige Mal so angegriffen.[102]

Der schwere Krankheitszustand Friedrich Schillers, wie ihn Charlotte im Frühjahr und Sommer 1804 beschreibt, wird sich binnen der nächsten acht Monaten nur für kurze Phasen bessern. Er stirbt am 9. Mai 1805.

Anmerkungen

1 An Schiller, 15. März 1801. In: Schiller: *NA*, Bd. 39. I, S. 33.
2 Vgl. Kap. III und IV dieser Darstellung.
3 Vgl. Jüngling/Roßbeck: *Schillers Doppelliebe*, S. 212–215.
4 An Charlotte Schiller, 4. Dezember 1799. In: Schiller: *NA*, Bd. 28, S. 122.
5 An Fritz von Stein, 5. Dezember 1799. In: GSA 122/99a,2.
6 An Luise von Lengefeld, 2. Januar 1800. In: Schiller: *NA*, Bd. 30, S. 134.
7 An Fritz von Stein, 15. März 1800. In: GSA 122/99a,3.
8 Diese zog im Juni 1787 dort ein. Vgl. Naumann: *Schillers Königin*, S. 125.
9 An Schiller, 22./23. Januar 1790. In: Schiller: *NA*, Bd. 33. I, S. 463.
10 Vgl. ebd., S. 149–163. Charlotte von Kalbs eigene Sicht der Dinge hat sie literarisch gestaltet. Posthum wurden ihre Texte ediert von Palleske unter dem Titel *Charlotte. (Für die Freunde der Verewigten). Gedenkblätter von Charlotte von Kalb.*
11 Von Schiller, 8. Dezember 1789. In: Schiller: *NA*, Bd. 25, S. 350.
12 An Fritz von Stein, 15. März 1800. In: GSA 122/99a,3.
13 Von Schiller, 16. März 1801. In: Schiller: *NA*, Bd. 31, S. 16.
14 Vgl. Literaturverzeichnis. Handschriftlich überliefert sind *Rosalie* (GSA 83/1636), *Die neue Pamela* (GSA 38/1637); *Autun und Manon* (GSA 83/1638). Nicht erhalten sind die Manuskripte von *Der Prozeß* und *Die Brüder.*
15 *Die heimliche Heirat*, GSA 83/1639. Zu dieser Erzählung s. auch: Linda Dietrick: *Charlotte Schiller: Die heimliche Heirat.* In: Loster-Schneider/Pailer (Hg.): *Lexikon deutschsprachiger Epik und Dramatik von Autorinnen*, S. 386 f.
16 Schiller: *NA*, Bd. 16, S. 460. Fünf der insgesamt sechs Texte (alle außer *Die Brüder*) gingen in besagten Band der *Nationalausgabe* ein. Das Kriterium für die Aufnahme bildeten Bearbeitungsspuren Friedrich Schillers, so dass dessen Korrekturen jeweils in größerer Type gesetzt wurden als Charlottes Vorlagen. Vgl. Schiller: *NA*, Bd. 16, S. 225–360. Nach Aus-

kunft von Norbert Oellers sollen die Erzählungen Charlotte Schillers in der Neuauflage des Bandes nicht mehr erscheinen.

17 Alt: *Schiller*, Bd. 1, S. 649.

18 Ebd.

19 Ausführlich dokumentiert finden sich Gesprächsnachweise und briefliche Äußerungen zwischen Schiller und Cotta bzw. Schiller und Unger, beginnend im Mai 1799, im Kommentar der *Nationalausgabe*. Vgl. Schiller: *NA*, Bd. 16, S. 457 f.

20 GSA 83/1640. Vorlage: [Préchac]: *Le batard de Navarre* (1683; 2. Auflage: 1761).

21 GSA 83/1641. Vorlage: [De la Force]: *Histoire de Marguerite de Valois, reine de Navarre, soeur de Francois I.*

22 GSA 83/1632. Vorlage: Ségur: *Les deux veuves, comédie*. Paris 1797.

23 Diderot: *La Religieuse*. In: Ders.: *Contes et romans*, S. 239–415.

24 Aufenanger: *Schiller und die zwei Schwestern*, S. 172, deutet an, dass es sich bei den ersten beiden Erzählungen um Übersetzungen von Richardson (*Pamela*) und Diderot (*Die Nonne*) handle.

25 Z. B.: *Rosalie, ou la vocation forcée, Mémoires de la Comtesse d'Hes**** (1773) oder: d'Arnaud: *Rosalie* (1775). Ein anderer französischer Roman mit ähnlicher Motivik ist: *La religieuse malgé elle* (1720). Forschungsliteratur mit Listen und Hinweisen zu weiteren Primärtexten dieses Motivs: May: *Diderot et „La Religieuse"*, S. 115–141; Ponton: *La religieuse dans la littérature française*, S. 55–68.

26 *An Apology for the Life of Mrs. Shamela Andrews* (1741) parodiert die weibliche Figur Richardsons, *The History of the Adventures of Joseph Andrews* (1742) schildert die Abeneuer von Pamelas Bruder. Vgl. Fielding: *Joseph Andrews/Shamela*.

27 [Kimber]: *Maria, The Genuine Memoirs of a Young Lady of Rank and Fortune* (1765). Der Roman wurde im selben Jahr in zwei Versionen ins Französische übertragen, *Maria, ou les véritables mémoires D'une Dame illustre par son mérite, son rang & sa fortune*, und *Mariane, ou la nouvelle Pamela, histoire véritable*. Die Erzählung *Fanny, histoire Anglaise* von d'Arnaud (1773) ist an Richardson angelehnt, bildet aber auch nicht die Vorlage.

28 Wehinger/Brown (Hg.): *Übersetzungskultur im 18. Jahrhundert*, S. 11.

29 Ebd., S. 9.

30 Ebd., S. 11.

31 Eine weitere französische Erzählung von Charlotte Schiller, die ebenfalls überwiegend in Paris spielt, ist *Nancy*, GSA 83/1643.

32 Cotta an Schiller. In: Schiller: *NA*. Bd. 39. I, S. 319.

33 [Smythies]: *The Brothers, in two volumes* (1759); *Les frères, ou, Histoire de Miss Osmond* (1766). Der Name der Verfasserin wird gelegentlich auch „Smithey" geschrieben.

34 GSA 83/1640. Vorlage: [Préchac]: *Le batard de Navarre*.

35 Von Charlotte von Stein, 4. Juli 1795. In: GSA 83/1756, 3.

36 An Knebel. 11. Mai 1816. In: Düntzer (Hg.): *Briefe von Schiller's Gattin*, S. 279.

37 Herder: *Der Cid. Geschichte des Don Ruy Diaz, Grafen von Bivar. Nach dem Spanischen. Romanze*. In: Ders.: *Werke in zehn Bänden*, Bd. 3, S. 545–693.

38 GSA 83/1554.

39 Vgl. Gellhaus/Oellers (Hg.): *Schiller*, S. 378 f.

40 Winko: *Negativkanonisierung*.

41 Ebd., S. 345. Vgl. auch: Burkhardt: *Das Repertoire*, S. 151.

42 Ebd., S. 345.

43 Stock: *Kotzebue im literarischen Leben der Goethezeit*, S. 59. Vgl. auch den Kommentar in: Schiller: *NA*, Bd. 31, S. 440 f. Eine zeitgenössische Darstellung der Vorgänge stammt von Falk: *Goethe aus näherm persönlichem Umgang dargestellt*, S. 611–618. Für Hinweise hierzu danke ich Nikolas Immer (Universität Jena).

44 S. Anmerkung dazu bei Urlichs (Hg.): *Charlotte*, Bd. 1, S. 23.

45 „Auch wird heute auf dem Theater Ueble Laune von Kotzebue vorgestellt." Schiller an Goethe, 10. März 1802. In: Schiller: *NA*, Bd., 31, S. 114 f.; vgl. Kommentar, ebd., S. 445 f.

46 GSA 83/1622. Ein korrigierter Abdruck findet sich in: Urlichs (Hg.): *Charlotte*, Bd. 1, S. 23–30. Zitiert wird im Folgenden nach der Handschrift. Vgl. zu diesem Stück auch Linda Dietrick: *Charlotte Schiller: Der verunglückte fünfte März*. In: Loster-Schneider/Pailer (Hg.): *Lexikon deutschsprachiger Epik und Dramatik von Autorinnen*, S. 384 f.; Pailer: *Literaturbeziehungen und Geschlechterverhältnisse.*

47 Eine Lieblingsvokabel in Charlotte Schillers späten Briefen, z. B. an Karoline Luise von Mecklenburg-Schwerin, 31. Dezember 1812. In: GSA 83/1922, 2.

48 Inspiriert mag dies sein durch ihre Besuche bei Kotzebues Donnerstagsgesellschaft, von denen sie Fritz von Stein etwa am 2. Januar 1802 berichtet: Amalie von Imhoff habe die Jungfrau gespielt. In: GSA 122/99a, 3.

49 GSA 83/1622, Bl. 2–r.

50 Zu denken insbesondere an Schillers Schrift: *Was kann eine gute stehende Schaubühne eigentlich wirken?* In: Schiller: *SW*, Bd. 5, S. 818–831.

51 GSA 83/1622, Bl. 3–r.

52 Ebd., Bl. 5–r.

53 *Über den Dilettantismus.* In: Schiller: *SW*, Bd. 5, S. 1050–1053, hier S. 1052.

54 *Das Lied von der Glocke.* In: Schiller: *SW*, Bd. 1, S. 429–442. Die *Glocke* kann als sein meistzitiertes und -parodiertes Werk gelten. Vgl. Gellhaus/Oellers (Hg.): *Schiller*, S. 275–279.

55 Schiller an Körner, 5. Januar 1801. In: Schiller: *NA*, Bd. 31, S. 2.

56 Dokumente zum Hauserwerb. In: Schiller: *NA*, Bd. 41. IIA, S. 531–538.

57 Vgl. Tezky/Geyersbach: *Schillers Wohnhaus*, S. 16 f.

58 Zur Musealisierung des Hauses siehe Kahl: *„… ein Tempel der Erinnerung an Deutschlands großen Dichter"*.

59 An Fritz von Stein, 1. Juni 1802. In: GSA 122/99a,3.

60 Vgl. Tezky/Geyersbach: *Schillers Wohnhaus*, S. 41.

61 Ein Einzelblatt, das den Entwurf der Schlussszene beinhaltet, befindet sich im Anhang an die Erzählung *Autun und Manon*, GSA 83/1638, die bereits 1801 im Druck erschienen war.

62 GSA 83/1610 und GSA 83/1975. Vgl. zu diesen beiden Gedichten bereits Kapitel IV.

63 Herder: *Amor und Psyche auf einem Grabmahl.* In: *Die Horen*, 12. Stück (1795), S. 58–60.

64 GSA 83/1958.

65 Ebd., Str. 3 u. 4.

66 Ebd., Str. 8.

67 Vgl. Hederich: *Gründliches mythologisches Lexikon*, Sp. 2184; s. auch das „Namensverzeichnis zur griechischen Mythologie" in der Werkausgabe von Friedrich Schillers Balladen: „*Selene* – Die Mondgöttin, Schwester des Sonnengottes, Spenderin des Taus, Schirmerin

des Wachstums, der weiblichen Zyklen, der Geburt, des nächtlichen Liebeszaubers." In: Schiller: *SW*, Bd. 1, S. 969.

68 GSA 83/1958, Str. 1.

69 Ebd., Str. 9.

70 Ebd., Str. 10.

71 Die *Voyage de Dimo et Nicolo Stephanolopi en Grèce, pendant les années V et VI (1797 et 1797 v. st.) d'après deux missions, dont l'une du Gouvernement français, et l'autre du géneral en chef Bonaparte* (1800), ist z. B. rezensiert im selben Jahrgang in: *Allgemeine Geographische Ephemeriden und.* Hg. von Gaspari/Bertuch, S. 138–145; und *Monatliche Correspondenz zur Beförderung der Erd- und Himmels-Kunde.* Hg. von Zach, S. 555–564.

72 Vgl. Rudi Schweikert: *Amalie von Hellwig.* In: Loster-Schneider/Pailer (Hg.): *Lexikon deutschsprachiger Epik und Dramatik von Autorinnen*, S. 198–200.

73 Riedel: *Antikerezeption.*

74 An Cotta, 13. April 1799. In: Schiller: *NA*, Bd. 30, S. 43.

75 Goethe an Schiller, 20. März 1799. In: Schiller: *NA*, Bd. 38. I, S. 55.

76 Goethe an Schiller, 5. Juni 1799. In: Ebd., S. 96.

77 Schiller an Goethe, 4. Juni 1799. In: Schiller: *NA*, Bd. 30, S. 53.

78 Goethe an Schiller, 24. Juli 1799. In: Schiller: *NA*, Bd. 38. I, S. 127.

79 Goethe an Schiller, 14. August 1799. In: Ebd., S. 143.

80 Schiller an Goethe, 30. Juni 1797. In: Schiller: *NA*, Bd. 29, S. 93.

81 GSA 83/1645.

82 Der Name der Hauptfigur klingt ähnlich wie der der Titelheldin von Friederike Lohmanns Roman *Clare von Wallburg* (1796), es bestehen jedoch keine erkennbaren Gemeinsamkeiten.

83 Tezky/Geyersbach: *Schillers Wohnhaus*, S. 104 f.

84 Vgl. auch Karin Barton: *Sophie von La Roche: Erscheinungen am See Oneida* (1798). In: Loster-Schneider/Pailer (Hg.): *Lexikon deutschsprachiger Epik und Dramatik von Autorinnen*, S. 251–252.

85 Vgl. La Roches Beschreibung ihrer Reise nach Weimar und Schönbeck in: La Roche: *Reisetagebücher.* Hg. von Pott/Nerl-Steckelberg, S. 325–392. Interessant ist, dass La Roche die Anwesenheit Charlotte von Steins bei dem Diner in Goethes Haus nicht erwähnt (ebd., S. 345). Allerdings entwirft sie ein sehr vorteilhaftes Bild Steins anlässlich eines Besuchs im Tiefurter Schloss (ebd., S. 343 f.).

86 Von Charlotte von Stein, 27. Juli 1799. In: GSA 83/1856,3.

87 Vgl. Jüngling/Roßbeck: *Schillers Doppelliebe*, S. 207.

88 An Wilhelm von Humboldt, 17. Februar [und 3. (bis 16.) März] 1803. In: Schiller: *NA*, Bd. 32, S. 13.

89 An Caroline von Beulwitz und Charlotte von Lengefeld, 21. Dezember 1789. In: Schiller: *NA*, Bd. 25, S. 369.

90 An Louise Franck, geb. Schiller, 29. Oktober 1802. In: Urlichs (Hg.): *Charlotte*, Bd. 1, S. 350.

91 Von Fritz von Stein, 22. März 1803. In: Urlichs (Hg.): *Charlotte*, Bd. 2, S. 472. Der Originalbrief ist nicht erhalten.

92 An Wilhelm von Wolzogen, 28. Januar 1804. In: Wolzogen: *Literarischer Nachlaß*, Bd. 2, S. 214.

93 S. hierzu besonders die Beiträge in *Schiller und der Weimarer Hof.*

94 In: GSA 83/1944.

95 Mme. de Staëls Buch lernte Stein 1796 gleich nach dem Erscheinen durch Knebel kennen. Siehe zu Steins Rezeption ihre Briefe an Charlotte Schiller vom 12. Dezember 1796 und vom 7. und 15. Februar 1797. In: GSA 83/1856,3. Vgl. auch Schiller an Körner, 27. Dezember 1796. In: Schiller: *NA*, Bd. 29, S. 30.

96 Vgl. Jüngling/Roßbeck: *Schillers Doppelliebe*, S. 230 f.

97 An Wilhelm von Wolzogen, 28. Januar 1804. In: Wolzogen: *Literarischer Nachlaß*, Bd. 2, S. 216–222.

98 Henriette an Karl Ludwig von Knebel, 28. Februar 1804. In: Düntzer (Hg.): *Karl Ludwig von Knebels Briefwechsel*, S. 198.

99 An Körner, 4. Januar 1804. In: Schiller: *NA*, Bd. 32, S. 97.

100 Vgl. Jüngling/Roßbeck: *Schillers Doppelliebe*, S. 233.

101 Angaben nach Gellhaus/Oellers (Hg.): *Schiller*, S. 379.

102 An Fischenich, 8. November 1804. In: Hennes (Hg.): *Fischenich*, S. 59 f.

VII Witwenstand: Schillers Tod

„Ich habe das Schrecklichste erlebt, habe Schiller sterben sehen.“[1] So äußert sich Charlotte am 4. Juni 1805 im Brief an Fischenich über das einschneidende Ereignis am 9. Mai, das sie unerwartet früh von Schillers Frau zu dessen Witwe macht. Fischenich ist einer der beiden Freunde, denen sie mit vierwöchigem Abstand von den letzten Tagen Schillers berichtet. Der andere Freund ist Fritz von Stein, an den sie am 1. Juni schreibt:

> Er ahnete nicht die nahe Trennung, wenigstens sagte er mir es nicht. Aber als seine hohe Natur unterlag, als der Krampf sein Gesicht verstellte, da hob ich den gesunkenen Kopf auf, ihn in eine bessere Lage zu bringen, und er lächelte mich freundlich an, und sein Auge hatte den Ausdruck der Verklärung. Ich sank an seinen Kopf und er küßte mich. Das war das letzte Zeichen seiner Besinnung; ich aber schöpfte Hoffnung daraus. Indem ich mit meiner Schwester im Nebenzimmer sitze, und sage, daß ich diesmal doch seiner guten Natur traute so ruft der Bediente, der letzte Augenblick nahte, ach vergebens wollte ich seine kalte Hand erwärmen, es war umsonst.[2]

Die Beschreibung, die in einer Abschrift ihrer Tochter Emilie erhalten ist, ist fast aufs Wort genau identisch mit der drei Tage darauf an Fischenich adressierten, nur dass der Passus über den letzten von Schiller empfangenen Kuss dort am Ende steht.[3]

Aus dem Abstand eines Vierteljahrhunderts gestaltet dagegen Schillers geliebte Schwägerin Caroline in ihrer Biographie 1830 die Ereignisse. Sie vermerkt die letzten Worte, die der Sterbende am 8. Mai noch an sie gerichtet habe: „Immer besser, immer heitrer“, beschreibt, wie man ihm die Vorhänge öffnet, damit er die Sonne sehe; wie ungern er ein ihm verordnetes Bad zu nehmen scheint; wie er noch ein Glas Champagner zu sich nimmt; und wie er sich von seiner Frau verabschiedet: „Gegen drei Uhr trat vollkommene Schwäche ein; der Athem fing an zu stocken. Meine Schwester kniete an seinem Bette, sie sagte: ‚daß er ihr noch die Hand gedrückt.‘“ Sie, Caroline selbst, steht am Fußende des Bettes, fühlt mit, als es „wie ein elektrischer Schlag über seine Züge“ fährt, das Haupt hinsinkt, „die vollkommenste Ruhe [...] sein Antlitz [verklärt]“.[4] Die letzten an Caroline gerichteten Worte erwähnt auch Charlotte in ihren Brief an

Fritz: „Den vorlezten Tag, nachdem er viel phantasirt hatte, kam Caroline an sein Bett und fragte, wie es gienge. Da sagte er: ‚heitrer, immer heitrer!' Diese letzte Stimmung kann uns tröstlich seyn, wie der Gedanke, daß ich bis ans Ende treu bei ihm aushielt."[5]

Wie Schillers Abschied von seiner Frau aussieht, bleibt freilich zu spekulieren: ob ein letzter Kuss, wie sie selbst es in Briefen an die Freunde schildert? Oder ob sie an seinem Bett kniet und noch einen Händedruck zu empfinden meint, wie Caroline es in distanzierend indirekter Rede angibt? Es erstaunt immerhin, dass diese den Händedruck nicht ausdrücklich bezeugt, wo sie doch am Fußende des Bettes steht, das Auge unausgesetzt auf den Sterbenden gerichtet. So schiebt auf indirekte Weise Caroline einmal mehr ihre eigene vertraute, zeitweilig vermutlich intime, Beziehung zu Schiller in den Vordergrund, die sie eigentlich doch in ihrer Biographie gerade verhehlen will.[6]

Sonderbar ist nicht allein, dass sie die Beschreibung *Ueber Schiller* (*Schillers Leben bis 1787*),[7] die Charlotte verfasst hat – nach deren Tod – umschreibt, sondern auch deren Gedicht auf ihre Eheschließung mit Schiller ihrem eigenen Werk über ihn korrigierend ‚einverleibt'. Von der korrigierten Version Caroline von Wolzogens, nicht dem Original ihrer Mutter, wird später Emilie von Gleichen-Rußwurm eine Umschrift anfertigen, die als Vorlage für den Druck in Urlichs' *Charlotte von Schiller und ihre Freunde* dient. Charlottes Version, die, bereits mit Korrekturen von Carolines Hand versehen, zwischen anderen Tagebuchaufzeichnungen und Reflexionen aufbewahrt ist,[8] lässt sich, wie folgt, rekonstruieren:

Die wechselnden Gefährten
den 22ten Feb: 1809 zum
Gedächtniß des 22ten Feb: 1790
Sonett.

Als das Geschick einst zu dem süßen Lohne
Die Lieb und Treu, begleitend mir gegeben.
Da dünkt mirs nach dem Himmel aufzuschweben
Das Leben reichte seine Blüthen krone.

Doch ach nun such ich jene hellen Sterne![9]
Die Noth der Zeiten führt herbey die Schmerzen
Und glaub und Wahrheit, rufen in der Ferne
Und Angst voll bluten die zerrißnen Herzen!

Die Sorge naht mit grauen Nebel Schleyer
Und will für die Geliebten die mir blieben
Von dem Geschick kein freudig Bild enthüllen.

Nicht eilen wir zu Tagen froher Feyer,
Das Schicksal will des Herzens Kräfte üben
Und nicht auf Erden wird der Schmerz sich stillen!

Carolines Version, wie sie in *Schillers Leben* erscheint, lautet dagegen:

Die wechselnden Gefährten.
Den 20 Februar, 1809,
zum Gedächtniß des 20 Februar, 1790.

Als das Geschick dereinst zu süßem Lohne
Mir zu Begleitern Lieb' und Treu' gegeben,
Da dünkt' ich mir zum Himmel aufzuschweben;
Das Leben reichte seine Blüthenkrone.

Nun faßt nur Sehnsucht jene hellen Sterne
Im Himmelsraum; die Zeit gebiert nur Schmerzen.
Und Glaub' und Wahrheit fliehen in die Ferne.
Nichts stillt die Wehmuth der zerriss'nen Herzen.

Die Sorge naht in grauem Nebelschleier,
Und will für die Geliebten, die mir blieben,
Kein freundlich Bild der Zukunft mehr enthüllen.

Nicht eilen wir zu Tagen froher Feier.
Das Schicksal will des Herzens Kräfte üben;
Und nicht auf Erden wird der Schmerz sich stillen.[10]

In ihrer Schilderung zeigt sich Caroline tief gerührt über das Sonnett, das sie „unter den Papieren [ihrer] Schwester fand".[11] Dass sie es zugleich bearbeitet, verschweigt sie. Dass sie sich im Datum irrt – sie gibt statt des 22. den 20. Februar an – wundert. Stilistische Glättungen sind es in den meisten Fällen, ob es sich deshalb in jedem Fall um Verbesserungen handelt, ist zweifelhaft. Besonders in der zweiten Strophe stiehlt sich Carolines andere Perspektive ebenso wie die wesentlich größere zeitliche Distanz ein. Charlottes Gedicht ist an ihrem Hochzeitstag, fast vier Jahre nach Schillers Tod, verfasst. Sie sucht „helle Sterne", empfindet nicht bloße „Sehnsucht", und die Herzen der Hinterbliebenen sind „Angst voll", nicht von „Wehmuth", zerrissen. Schiller hat auf unterschiedliche Weise beide Frauen geliebt, und beide imaginieren sich auf ebenso unterschiedliche Weise im Status seiner Witwe. Caroline etwa berichtet später von Träumen, in denen Schiller sie Patroklus nannte, identifiziert sich also mit dem treuen Gefährten des Achill.[12]

Bald nach Schillers Tod und der Bestattung im Kassengewölbe zwei Tage darauf ergehen zahlreiche Kondolenzschreiben an Charlotte, von Großfürstin Maria Pawlowna, Madame de Staël, Wieland,[13] von engen Freunden wie Fritz von Stein. Dieser schreibt von seinem schlesischen Gut in Strachwitz am 19. Mai: „Ich kann nicht schweigen, so sehr ich sollte, um Ihre Ruhe, theure Freundin, nicht zu stören. Meine treue herzliche Theilnahme kann ich nicht zurückhalten. Wie der herrliche Schiller, so war mir keiner auf dieser Erde, und wir werden nicht wieder finden, was wir an ihm verloren."[14]

Goethe wagt man kaum, den Tod des Freundes mitzuteilen. Seine Lebensgefährtin Christiane Vulpius übernimmt die schwere Aufgabe. Im Haus, so berichtet Sekretär Riemer, darf nicht von Schillers Tod gesprochen werden.[15] Ein erhaltenes Schreiben an Schillers Schwägerin datiert vier Wochen später, in dem Goethe sich entschuldigt, sie nicht besucht zu haben, und auch Lotte grüßen lässt: „Ich habe noch nicht den Mut fassen können Sie zu besuchen. Wie man sich nicht unmittelbar nach einer großen Krankheit im Spiegel besehen soll; so vermeidet man billig den Anblick derer die mit uns gleich großen Verlust erlitten haben. Nehmen Sie für sich und Ihre Schwester die herzlichsten Grüße aus diesem Blatt und lassen mich ein Wort von Ihrer Hand sehen!"[16] Mit dem Tod geliebter Menschen kann Goethe schlecht umgehen, wird später sogar dem Sterbebett und der Beisetzung seiner Frau Christiane fernbleiben.[17] „Er begegnet dem Tod", so schreibt Sigrid Damm, „indem er ihm den Rücken kehrt", indem er ‚flieht', sei es in Arbeit oder Krankheit.[18] So dokumentiert auch sein im Juni 1805 an Caroline gerichtetes Kondolenzschreiben weniger, dass er sie als die ‚eigentliche' Frau Schillers betrachtet – selbes suggerieren etwa Jüngling und Roßbeck[19] – als den Umstand, dass er einen Besuch bei Charlotte als noch unbilliger empfunden hätte, da sie den noch größeren Verlust erlitten hat, sein Leiden sich in dem ihren um ein Mehrfaches spiegeln würde.

Schillers Tod kommt unerwartet, vielleicht gerade weil er im Grunde seit vierzehn Jahren schwerkrank ist, sich aber dennoch immer wieder ‚aufgerappelt' hat. Seine Frau schreibt, sie habe „ihn oft kränker gesehen", zum Beispiel damals, Anfang der 90er Jahre in Jena, als Freunde wie Fischenich ihn pflegten. Sie habe daher gehofft, dass auch diesmal „seine herrliche Natur siegen würde".[20] Aufgrund des Obduktionsberichts wissen wir, dass er im Frühjahr 1805 viel kränker ist, als er selbst ahnt. Wie Leibmedikus Huschke detailiert an den Herzog berichtet, war wohl schon lange keines seiner inneren Organe mehr heil oder in heilbarem Zustand: Leber, Milz, Nieren, Herz – alles „faul", „brandig", „verknorpelt" oder „verwachsen". „Bey diesen Umständen", schließt der Arzt, „muß man sich wundern, wie der arme Mann so lange hat leben können".[21] Mehr noch muss man sich wundern, dass er in dieser langjährigen Leidenszeit, während er körperlich kaum lebensfähig ist, geistig in so hohem Maße produktiv bleiben kann. „Idealismus ist, wenn man mit der Kraft der Begeisterung länger lebt, als es der Körper erlaubt", schreibt Rüdiger Safranski.[22] Sicher ist, dass Schiller ein Corpus ‚unsterblicher' Dramen hervorbringt, die bis in die Gegenwart neu inszeniert werden. *Die Wahrheit hält Gericht. Schillers Helden heute* lautet der Titel eines Sammelbandes, der die Aktualität seiner Jugenddramen – *Die Räuber, Die Verschwörung des Fiesko zu Genua, Don Carlos* – wie seiner Weimarer Werke – *Wallenstein, Maria Stuart, Die Jungfrau von Orleans* und *Wilhelm Tell* – eindrucksvoll behandelt.[23]

Mit dem Eintritt in den Witwenstand fällt Charlotte, ob sie will oder nicht, die Verwaltung – modern ausgedrückt: das Kulturmanagement – von Schillers ‚Erbe' zu. Finanziell steht sie mit den vier Kindern gut versorgt da, weil ihre kluge Mutter bald nach der Eheschließung mit dem unbegüterten und obendrein gesundheitlich nicht eben stabilen Schiller auf dem Abschluss einer Versicherung bestanden hat, die am 3. April 1793, mit Eintrag im „Hauptbuch der Königlich preußischen allgemeinen Witwen-Verpflegungsanstalt", rechtskräftig geworden ist.[24] Am 11. Mai 1805 meldet Luise von Lengefeld der Kasse den Eintritt des Versicherungsfalls: „Den 9 May Abends zwischen 5 und 6 Uhr ist mein Schwiegersohn, Hofrath von *Schiller*, Mitglied der Wittwen-Societät mit Tod abgegangen. Die nothwendigen Attestate und was sonst zur Form gehört, wird nachfolgen, da die Bestürzung der ersten Tage verhindert sie sogleich in Ordnung zu bringen. Indessen habe nicht unterlassen wollen, dieses vorläufig anzuzeigen."[25] Hinzu kommen Einnahmen aus dem mit Cotta vereinbarten Honorar für die fünfbändige Ausgabe von Schillers Dramen.[26] Klagt Charlotte in den folgenden Jahren über Geldnot, so hat es mit den kriegerischen Zeitereignissen, den napoleonischen Kriegen 1806 bis zum Wiener Kongress 1815 zu tun, die Charlotte immerhin weniger hart als manch andere zu treffen scheinen.[27] Selbst Jahre später, so findet zumindest Knebel, mit dem sie nach Schillers Tod wieder ein intensives briefliches Literaturgespräch pflegt, hat sie wirklich keinen Grund zu jammern. An seine Schwester Henriette, die als Hofdame mit Prinzessin Karoline nach Mecklenburg-Schwerin übersiedelt ist, schreibt er am 30. Juni 1811:

> Die Schillern schreibt mir, daß sie an deinem Geburtstag herzlich deiner gedächte. Sonst ist der Brief auch recht artig, nur findet sie Alles trüb und düster wie eine Nebelwelt vor sich liegen, worüber ich sie denn schon gewaltig geplagt habe, weil ich es nicht leiden kann, da kein Mensch mehr Ursache hat, heiter und zufrieden zu sein, als sie. Ihre Kinder, ihr Vermögen, Alles ist in gutem Stand, wie sie sich's nur wünschen kann.[28]

Unmittelbar nach Schillers Tod ist es aber vor allem der Briefwechsel mit dem Tübinger Verleger Cotta, der Rückschlüsse auf Charlottes erste Zeit im Witwenstand erlaubt. Bemerkenswert ist dabei der Überlieferungsstand dieser Briefe: Archiviert im Stuttgarter Verlagshaus, wurden die Originalbriefe während eines Luftangriffes im Oktober 1943 zerstört. Es existiert lediglich eine Umschrift von 722 durchpaginierten Seiten, die indessen nicht alle 146 Briefe enthält.[29] Die Korrespondenz Charlotte Schillers mit Cotta und seiner Frau umfasst Briefe vom Herbst 1797 bis zum Spätjahr 1824. Ausgewählte Briefe Charlottes aus dem Stuttgarter Verlagsarchiv sind in die Edition

Briefwechsel zwischen Schiller und Cotta von Vollmer (1876) und *Briefe an Cotta* von Fehling (1925) eingegangen. Eine Merkwürdigkeit stellt dar, dass in dem Briefkonvolut, das im Deutschen Literaturarchiv Marbach a. N. aufbewahrt wird, ganze Passagen einfach überklebt sind, als habe man für ein früheres editorisches Vorhaben Stellen tilgen wollen, in denen Charlotte Unwesentliches, sprich ‚nur' ihre eigenen Eindrücke und Gedanken, mitteilt. Angesichts dessen muss man Ludwig Urlichs und Emilie von Gleichen-Rußwurm geradezu dankbar sein, dass sie bei der Edition von Briefen und Aufzeichnungen Charlottes, die heute im Goethe- und Schiller-Archiv Weimar liegen, nur mit Rötel vorgegangen sind, so dass man die durchgestrichenen Abschnitte wenigstens noch lesen kann.[30]

Brückenau bei Fulda ist der Badeort, an den Charlotte mit den beiden Söhnen Karl und Ernst im Juni/Juli 1805 für drei Wochen reist, während ihre Schwester sich ins hessische Wiesbaden zur Kur begibt. Die kleine Reise tut Charlotte wohl, Heilbad und Landschaft helfen ihre Trauer lindern:

> Ich bin seit 13 Tagen hier, u. finde daß das Baad wohlthätig auf meine Nerven wirkt. Ich fühle keine Mattigkeit mehr u. meine Brust ist ohne Schmerz. – Es ist eine eigne Gegend, ein enges Thal, mit hohen Bergen umgeben, die mit uralten Eichbäumen besezt sind. Im Thale sind Wiesen, durch die ein kleiner Bach sich schlängelt, die Jahreszeit ist jezt günstig, das Heu duftet auf den Wiesen. – Die Menschen sind thätig, u. alles arbeitet für den zukünftigen Tag.[31]

Sie verschafft sich Bewegung, geht „auch viel herum in der Gegend".[32] Unter Anleitung des Fuldaer Arztes Joseph Harbaur, der bereits Schiller gepflegt hat, nimmt Charlotte „28 Bääder […] zulezt zwey an einem Tag".[33] Nach Weimar kehrt sie gestärkt am 21. Juli zurück, „kann Fatiguen aushalten, weit gehen, Berge steigen, ohne alle Beschwerlichkeit".[34] Häufig unternimmt sie nun Spaziergänge im Ilmpark oder wandert zu Fuß zum Schloss Belvedere.

Wichtigste und edelste Aufgabe der Witwe ist es freilich, die Kinder im Geist des großen Vaters zu erziehen, wie sie am 6. Juli betont:

> Aber glauben Sie mir meine Freunde, daß ich meine Kräfte aufbiete, nicht unter zu liegen, daß ich den Willen habe für Schillers Kinder, für sein Andenken zu leben. […] Er soll nicht umsonst seine besten […] Jahre in meine Hände gelegt haben; ich werde treu über seine Kinder wachen, u. für sie leben. Aber diese ewige Sehnsucht, dieses Vermißen seines Geistes, der mir die Welt mit ganz anderen Farben beleuchtete ehmahls, in deßen Liebe und Bewundrung ich mein Dasein fand, über Welt und Schicksal mich erhaben fühlte in seiner Nähe. Nun in diese Nacht verstoßen zu sein, das drückt mich oft sehr nieder – und dieser Schmerz wird mich bis ans Grab begleiten.[35]

In Brückenau hat sie nur die Jungen, den mittlerweile elfjährigen Karl und den neunjährigen Ernst bei sich, die beiden Mädchen betreut währenddessen Madame Griesbach in Jena, Frau des dortigen Kirchenrats, unter deren mütterlicher Pflege sie glücklich „die Kuhpocken" überstehen.[36] Caroline, die ältere Tochter, zählt noch keine sechs Jahre, Emilie, die jüngste, vollendet eben ihr erstes Lebensjahr. Als Erzieherin ist Charlotte Schiller geschlechterkonservativ, insofern sie den konventionellen Vorgaben folgt und die gerade in der Zeit um 1800 besonders stark ausgeprägte Vorstellung von angeblich naturgegebenen ‚Geschlechtscharakteren' im Umgang mit ihren Kindern fortsetzt: Die Mädchen lernen Musizieren und Tanzen, die Jungen alte Sprachen, Naturwissenschaft, Mathematik. Dass die Töchter ihr lästig sind, sie „mit ihrem Mann auch alle Lust am Großziehen der Mädchen" verliere, ist allerdings eine kühne Behauptung.[37] In den ersten Jahren nach Schillers Tod sind beide Töchter noch sehr jung, fordern der Mutter gewissermaßen naturgemäß mehr Unterhaltung ab, als sie zurückgeben. Als die Söhne zum Studium aufbrechen, äußert sie einmal bedauernd, die Töchter seien „nur zum Bilden da und geben noch nichts wieder".[38] Dennoch widmet sie sich intensiv auch der Erziehung ihrer Töchter und insbesondere ihrer Einführung am Weimarer Hof.

Problematisch für eine angemessene Einschätzung von Charlottes Verhalten als Erzieherin ihrer vier Kinder ist, dass sich bisherige Darstellungen nur auf dasjenige Kind konzentriert haben, das mit dem Erbe des Vaters offenbar am meisten zu kämpfen hatte, den zweitgeborenen Sohn Ernst: sei es, weil er sich musisch begabt fühlte, sei es, weil er ebenso kränklich war wie der Vater, sei es, weil er ihm am ähnlichsten sah. Die kommentierte Briefauswahl von Hilde Lermann, *Schillers Sohn Ernst*, die keinen expliziten Bezug auf die rund hundert Jahre zuvor erschienene Publikation gleichen Titels von Karl Schmidt[39] aufweist und ohne Quellenangaben der angeführten Briefe auskommt, entwirft zumindest ein recht verzerrtes Bild: Charlotte, besessen von dem Wahn, im jüngeren Sohn Ernst schlummere ein zweiter Schiller, habe das arme Kind mit untergejubelten eigenen Dichtungen traktiert.[40]

Richtig ist freilich, dass bereits 1805 Professor Franz Joseph Gall, Begründer der Schädellere, dessen Vorlesungen bei der Großfürstin Maria Pawlowna Charlotte beiwohnt, in der Schädelform Ernsts eine Ähnlichkeit mit dem Vater zu entdecken meint. Charlotte schreibt darüber an Cotta: „Meine Kinder sind wohl, u. lernen. Gall hat sich über Ernsts Kopf erstaunt u. gesagt er habe den Kopf seines Vaters. – Möchte es einst so seyn! Möchte er einer künftigen Generation durch sich, ein Bild seines Einzigen unvergeßlichen Vaters geben! Uns wird diese Erscheinung alsdann nichts mehr seyn können. Aber wir müßen uns für die kommende Welt freuen, daß das Schöne sich wieder erzeugt."[41] Zutreffend ist aber auch, dass sie Fischenich 1807 im Rahmen einer geplanten Reise an den Rhein (die sie dann aus verschiedenen Gründen verschiebt) die Ähnlichkeit *aller* ihrer Kinder mit dem Vater ankündigt: „Sie würden sich freuen, meine Kinder, das Bild Ihres Freundes, wiederzusehen".[42] Erst 1814, als Karl im Kriegsdienst nach Holland unterwegs ist, lernt Fischenich den älteren Sohn kennen. Charlotte sendet dem Bonner Freund ein Dankschreiben dafür, dass er ihn bei sich aufgenommen hat und betont zugleich: „ich weiß an meinem eigenen Gefühl abzunehmen, wie der Anblick Carl's in Ihnen Wehmuth und Freude erweckt hat. Sie werden des geliebten Vaters Züge und Gestalt auch mit Rührung wiedergefunden haben."[43] Fischenich antwortet kurz darauf: „Ich habe ihn auf der Stelle erkannt; die Züge seines Vaters und seiner Mutter sind in seinem Gesicht verschmolzen, die lieben Züge, die mir ewig gegenwärtig sein werden."[44] Erst im Juli 1819 wird der Ideal-Sohn Fischenich auch die Schiller-Töchter kennenlernen, auf seinem Weg zu einer neuen Anstellung im Justizministerium in Berlin.[45] Ernst ist zur selben Zeit unterwegs in umgekehrter Richtung, um eine Stelle als Landgerichtsrat in Köln anzutreten.[46] Bildnissen nach zu urteilen, trägt Ernst tatsächlich deutlicher die Züge des Vaters; wenn überdies das Erbe schwerer auf seiner als auf Karls Schultern wiegt, so muss man das nicht der Mutter allein anlasten – schon gar nicht unter modernen psychologischen Erwägungen, für die gesamte Familienkonstellationen zu berücksichtigen sind. Betrachtet man die Laufbahnen aller vier Schillerkinder im Vergleich: Karl, der Forstmann, Ernst, der Jurist, Caroline, die Gründerin einer Mädchenerziehungsanstalt und später Gattin des Bergrats Franz Karl Immanuel Junot, der sechs Kinder mit in die Ehe bringt, und Emilie, die Adalbert von Gleichen-Rußwurm heiratet und sich daher auch der Schiller-Nachlassverwaltung widmen kann, so ist vermutlich die älteste Tochter Caroline diejenige, die sich für eine Frau ihrer Zeit am ungewöhnlichsten entwickelt hat und daher die interessanteste Biographie zu bieten hätte.

Charlottes Arbeit am Schillerbild für die Nachwelt schließt sicher ein, ihre Kinder stets zu ermahnen, dass sie sich dem großen Vorbild würdig erweisen sollen. Ihre Briefe an Karl, als er zuerst nach Tübingen, dann nach Heidelberg studieren geht, sprechen Bände. Anlässlich eines Todesfalles in Heidelberg darf Schillers Ältester – dessen Ähnlichkeit mit dem Vater sie hervorhebt – sogar stellvertretend für diesen auftreten:

> Man lobt u. liebt ihm in Heidelberg, seine lehrer wie seine freunde. – Sie sollten ihm sehen theurer Engel! er hat eine so grosse Aehnlichkeit jezt mit Schiller, seine Nase wird der des Vaters immer ähnlicher, seine gesichtsfarbe, die blühend ist, aber doch so hell. und zu mahl die Augen, u. Augenbrauen fallen mir jezt auf. – Er bleibt drey wochen bey mir, alsdenn wird er mit voß der herkömmt zurück reisen. [...]
>
> Er war in denselben Hause wie die Hellwich [Amalie von Hellwig], u. hat Lottchen zu Grabe begleitet. Sie wissen daß sie an der bösen Hals Entzündung gestorben ist? Die Mutter dauert mich erstaunlich! Es war ein so sanftes stilles Kind. Mir dünkt es sey zu entwickelt gewesen, u. nicht kindisch genug. – Es war mir so rührend, daß Carl die lezte Pflicht erfüllt hat, da sein Geliebter Vater die erste Pflicht erfüllte u. das Kind ins Leben einführen half. er war Pathe.[47]

Charlottes Arbeit am Schiller-Bild für die Nachwelt bewegt sich auf vielfältigen Ebenen, wie unter anderem in der Fortsetzung seiner geschäftlichen Verbindung mit Verlegern. Cotta gegenüber äußert sie sich zur Gestaltung der Dramenausgabe Schillers, gibt Anregungen zu Abbildungen und Titelkupfern. Am 24. Juli etwa:

> Sie schreiben in einem Brief an Wollzogen, daß Sie für die sechs Bände des Theaters, für jeden ein Kupfer wünschten. Für den ersten ist die Johanna, nun existiert hier bey der verwittweten Herzogin eine Copie eines Bildes von Wallenstein, noch von Dyk, das Original ist in der Lichtensteinsche Gallerie in Wien. Jagemann reist in vier Wochen nach Italien, ich habe mit ihm gesprochen, im Fall Sie mir sogleich antworten u. es wünschen, so macht er eine Zeichnung des Wallensteins, in der Größe der Johanna. Es ist ein prächtiger Kopf.[48]

Und am 14. August:

> Ich eile Ihnen verehrter Freund zu schreiben, weil Sie eine baldige Antwort wünschen. Die Zeichnung des Wallenstein wird Jagemann noch machen. Für den zweyten Band solte ich denken wäre es eine intereßante Aufgabe einen Kopf des Fiesko zu erfinden.
>
> Ich schreibe Ihnen hier die Eintheilung des Theaters nach Schillers Meinung auf, ich hatte sie glücklicher Weise aus Ihrem Brief copiert mein Schwager kann den Brief selbst nicht finden für jezt, er hat ihn wohl unter andern Papieren verlegt.[49]

Oder sie verwendet sich in nachfolgenden Briefen für Knebel und andere und schlägt die Veröffentlichung ihrer Schriften in weiterhin erscheinenden Almanachen und Damen-Kalendern vor. Ihre Loyalität gegenüber dem Cotta'schen Verlagshaus soll sich bezahlt machen. Im September 1811 entschließt sie sich zu einem Vertrag, der Cotta die Exklusivrechte für Schillers Werke einräumt gegen eine Summe von 20 000 Reichstalern. Ihrem Schreiben an den Verleger liegt die Abschrift eines Briefes von Julius Völkel bei, mit dem sie sich in dieser Sache beraten hat:

> Ich stimme mit Ihnen darin überein, daß das Gebot von 20 000 Rthlr., welches Herr Cotta für die sämtlichen Werke Ihres hochseligen Herrn Gemahls Ihnen gethan hat, anzunehmen sey, und ich wäre der Meinung, daß Sie […] ihn ersuchten, daß er die nähern Bedingungen, als die Termine, die Art und den Ort der Zahlung, wie auch seine Ideen über die Zeit der Herausgabe angeben möchte […]. Nach dem was Sie mir von jeher über Hr. Cotta gesagt haben, verdient er gewiß das größte Vertrauen, und es ist billig, daß er selbst die Vorschläge thue, die ihm zu thun möglich sind. Daß es nöthig seyn wird, nachher, sobald wir einig geworden, einen förmlichen Contract abzuschließen, das wird

> Hr. Cotta gewiß einsehen, und um so weniger es für einen Mangel anzutrauen halten können, da er es mit einer Wittwe und unmündigen Kindern zu thun hat.[50]

Auch in persönlicher Hinsicht zahlt sich der Vertragsabschluss für Charlotte aus, wird doch in den folgenden Jahren Cotta immer wieder bereitwillig Zahlungen fürs Studium der Söhne und anfallende Ausstattungs- und Unterbringungskosten vorschießen, wenn die Berliner „Wittwen-Caße“[51] auf Zahlungen warten lässt oder wenn, aufgrund kriegerischer Zeiten, monetäre Transfers erschwert sind.

Neben der Erziehung der gemeinsamen Kinder und der Nachlassverwaltung von Schillers Werken arbeitet Charlotte auch in schriftlicher Form am Schillerbild. Allerdings strebt sie kein biographisches Unternehmen an, wie etwa Therese Huber, die um diese Zeit eine Lebensdarstellung ihres zweiten Mannes Ludwig Ferdinand Huber veröffentlicht.[52] In Briefen an Cotta und Knebel ‚rezensiert' Charlotte Schiller dieses Werk, das Cotta ihr zusammen mit den ersten Bänden von Schillers Dramen sowie einer Homer-Ausgabe geschickt hat. Charlotte lobt die „Uebersicht von Hubers Frau“.[53] Obschon es im individuellen Fall geraten sein mag, dass die Biographin einen Schleier über ihres Mannes frühere Verhältnisse zieht, widerspricht sie der These, dass frühere Verhältnisse einen Menschen in der eigenen Wesensbildung hinderten. Schiller habe, so Charlotte, „alle Freyheit seines Wesens erhalten, u. hatte wohl nicht die zarten Bande die Huber an Körners knüpften, aber er hat sie doch alle geliebt wie man solche Freunde lieben muß, u. ist doch seinen eignen Weg gegangen“.[54] Und vehementer noch widerspricht sie der Behauptung, dass Huber sich ohne Schiller und Körner zum Schriftsteller gebildet hätte. Ansonsten findet sie „das ganze sehr schön geschrieben“.[55] Charlotte regelt sozusagen posthum die Messlatte für Original-Genies im Dresdner Kreis aus Schillers Jugendjahren. Eine ähnliche Stellungnahme zu Therese Hubers Darstellung findet sich übrigens fast wortgetreu schon zwei Tage zuvor in ihrem Brief an Knebel. Huber sei ein „fähiger Kopf, [...] aber das Genialische in seinen Werken vermißt man überall, und es ist eine Schwerfälligkeit in ihm, die sich mit Genie nicht zusammenpaart. Die Frau schreibt sehr gut, und es ist mit natürlicher Einfachheit geschrieben, die ich nicht in ihr suchte. Was ich Ihnen über das Werk sagte, behalten Sie in Ihrem Herzen; denn es soll Jeder in seinem Wahn bleiben, wenn es zu seinem Frieden dient.“[56] Beachtung verdient, dass Lotte Therese Huber mehr Schreibtalent zuspricht als deren verstorbenem Mann, denn tatsächlich waren die von ihr herausgegebenen Erzählungen „L. F. Hubers“ großenteils ihre eigenen.[57]

Während Charlotte in ihrer Kritik an Therese Hubers Darstellung Schiller auch als menschliches Wesen ansieht, dem sie Freiheiten in seiner Wesensentwicklung einräumt, ‚vergeistigt' sie ihn in allen anderen Aufzeichnungen systematisch. Mit respektvoller Distanz verwendet sie schon zur Ehezeit seinen Nachnamen, nennt ihn niemals Friedrich oder gar Fritz. Dabei geht es nicht um Konvenienz, sondern darum, seine „eigne grosse natur“[58] zu markieren, die nicht einer Frau oder Familie allein angehören kann, sondern öffentlich wirken muss. Ihre Darstellung *Ueber Schiller (Schillers Leben bis 1787)* beginnt mit einer entsprechend starken Gegenüberstellung seines geistigen Vermögens mit der ihm auferlegten Disposition zu körperlichem Leiden:

> Im Äußern die Hälfte Einfachheit, Ruhe, würde, und doch die leuchtende Fackel des Genius schwingend, die Glanz oder Schrecken verbreitend, vermochte sich über die Welt zu verbreiten mit Flammenzügen. Immer sich bewusst daß er das grosse erreichen wollte. niemahls einem fremden Zwecke fröhnend, die innre Kraft des Geistes sich frey erhaltend von äußern Erscheinungen, und selten selbst den körperlichen Schmerz unterliegend so erschien er denen die durch seinen Umgang gewohnt waren dem leben eine grössre Seite abzugewinnen.[59]

Oder, in einer weiteren Reflexion, die auf 1824 datiert ist:

> Es ist so schwer, über Schiller zu schreiben ein Bild von Ihm zu entwerfen Weil Er selbst so Einfach, hoch u. klar im leben erschien. So gegenwärtig mit Liebe, und Gefühl und dabey so geistig, und Erhaben über die gewöhnliche Welt, u. ihre Treiben. So ein Vorbild stimmte sein Umgang, und es giebt vielleicht Niemand mehr in der Welt, der die Gabe der Götter so rein zu bewahren weiß. [...]
>
> Es lag eine Heftigkeit dann u. wann in Ihm Er war schnell aufgeregt, aber immer kehrte die Weichheit seines Wesens schnell zurück. Er erschien öfter Trauriger als er die Stimung für hatte. Ein vertraun des Geistes, der Kraft die über die Begebenheiten des lebens zu seyn weiß. Nach den schmerzlichsten Gefühlen der Krankheit, ward Er gefasst, u. suchte der Gegenwart vergessend die Welt seines geistes, seiner Empfindung auf. Man wurde nie muthlos in seiner Nähe durch seinen Mangel an Fassu[n]g, nur das Gefühl Ihm leiden zu sehen, war das schmerzlichste.[60]

Diese Vergeistigung seiner irdischen Erscheinung kommt auch in ihrem 1815 verfassten Gedicht *Klage um Schiller*[61] zum Ausdruck:

> Noch eh des Todes Flügel mich umschwingen
> Eh langer Schlaf das müde Aug verhüllt!
> Soll bebend noch dies Trauer Lied erklingen
> Wenn schon die höhre Ahndung mich erfüllt.
> Was hier der Seele Einzig süßes Streben
> Das ist der Weg zum hohen, Beßren Leben.
>
> Nur durch den Himmel noch mit dir verbunden
> Such ich auf Erden traurend deine Spur!
> Was ich in dir du hohes Bild gefunden;

Das gab nur Eine göttliche Natur.
Nur aus dem quell des Ewig, grossen Guten
Trug dich das Schicksal in des Lebens Fluten.

Du wagtest in des Unermeßnen Tiefen
Mit Kraft und edlen Willen [?] kühn voran;
Und alle Thaten die zum Großen riefen
Sie wandelte dein Geist auf rascher Bahn.
Du wolltest nur das Ewige gestalten,
Und in der Schöpfung wie ein Schöpfer walten.

Für Eine Welt nicht war das große Wesen,
Nur uns gegeben als ein Unterpfand.
Er, sollte uns des Lebens Räthsel lösen,
Er, zeigen uns der Geister Vaterland.
Und wie Er selbst im Leben, Lieben, Leiden
So sollen wir das Beßre auch erstreiten.

Doch eh das Herz, sich diesem Schluß entfaltet,
Vermag es kaum die Welt noch anzuschauen!
Es sieht nur Ewig, traurend, neu gestaltet
Der Täuschung Bild, aufs neu sich stets erbauen.
Und wendet traurend von den Lustgesängen
Des Lebens, hochbetrübt das Wunde Ohr;
Wenn alle sich berauscht zur Freude drängen,
Doch immer herrschend, tritt der Gram hervor!

Dass sie selbst keine Biographie verfasst, mag darin begründet sein, dass ein solches Unternehmen erfordern würde, auch die gemeinsame materielle Existenz der Familie, ihre eigene Beziehung zu Schiller zu verschriftlichen. Diese aber will sie gerade ausklammern, wie etwa eine Auflistung von Schillers Lebensstationen bis 1799 verdeutlicht, in die sie zwischen die Zeilen einschiebt: „1790 verheirathet."[62] Zudem richten sich ihre Aufzeichnungen nicht an ein anonymes Publikum, sondern sind für ihre Kinder gedacht. Nur einmal betont sie, sie müsse an die Öffentlichkeit treten. Es geht um Berichtigungen des Schillerbildes, wie es, unmittelbar nach dem Tod des Dichters eifrige Biographen zu verbreiten beginnen.[63] Interessanterweise geht es dabei um seine äußerliche Erscheinung, die gerade nicht so ‚ideal' gewesen sei, wie man vorgibt: „die Beschreibung seines Kopfes ist ganz falsch. Schiller hatte keine dunkeln Haare, er hatte sehr blonde, hellgelbe haare, u. ein blasses weißes gesicht, und sehr zarte Haut. keine Griechische Nase, keine aufgeworfnen lippen, der untere Theil des Gesichtes ging vor aber der Knochenbau."[64] Von den Abbildungen Schillers favorisiert sie ein Miniaturbildnis, das Emma Körner 1812 aus dem Gedächtnis anfertigt. Alles andere als klassisch erhaben, vielmehr blaß, knochig, unfrisiert zeigt ihn das Porträt.[65] Die Dannecker-Büste, die sie im Kolossalformat erstmals 1810 bei einem Besuch in Stuttgart zu sehen bekommt, repräsentiert dagegen die geistige Seite seines Genius.[66]

Ihre Vermählung mit Schiller behandelt sie nur einmal in dem bereits erwähnten Gedicht *Die wechselnden Gefährten*. Weitere Schriften, die allerdings schon eher verfasst sein mögen, behandeln seine Kindheit und Jugend, was freilich sonderbar ist, da dies ja gerade die Lebensphasen sind, in denen sie ihn noch nicht kannte. Dazu gehören auch die – vermutlich anlässlich der Geburt ihres ersten Sohnes in Schwaben – entwickelten Vorstellungen von Schillers *Geburt* und *Kindheit*.[67]

Einen ‚Erinnerungsort' Schillers würde Charlotte auch gerne in räumlicher Hinsicht schaffen. Fritz von Stein und Wilhelm von Wolzogen unterstützen die Idee. Im April 1806 dankt Charlotte Zacharias Becker in Gotha „für den schönen Willen, das heilige Andenken meines geliebten Schiller auf eine Art für die Nachwelt zu gründen, die seinem Herzen auch die liebste sein würde".[68] Beckers Plan ist es, ein Gut für Schillers Erben zu erstehen, als Monument für den Verstorbenen und spätere Grabstelle für Charlotte. Wie aus dem weiteren Briefwechsel hervorgeht, kann Becker über Aufführungen von Schillers Stücken – durch Iffland in Berlin, durch die Theater in Wien, Würzburg und Bamberg – eine beträchtliche Summe acquirieren. Zur Ausführung gelangt der Plan letztlich aber nicht. Im September 1806 schreibt Charlotte an Fritz: „Die Bemüh[en] des braven Becker in Gotha, haben mich sehr gerührt, u. auch d[er] Antheil der Nation. Wären andre zeiten so würde vielleicht der Plan seiner Entwickelung nicht so ganz fern sein. Indessen sind doch 6000 rt. wohl beysammen."[69] Dabei erhofft sie sich zugleich einen Ort, der für die Nachkommen eine gemeinsame Ruhestätte ihrer selbst und ihres Mannes darstellen würde: „Ich wünsche sehnlich aus einen Grunde zumahl einen Besiz denn ich möchte die heiligen Ueberreste unsres geliebten auf dem Eigenthum seiner Hinterlassnen wißen wenn ich nicht mehr lebe wenn dieser Plan zu Stande käme, so bitte ich Sie uns beyden eine Ruhestätte dort hin zu bereiten."[70]

Ob der Plan durch die kriegerischen Zeitereignisse vereitelt wird, ist freilich nicht nachweisbar. Diese leisten indes ihren Beitrag zur ersten Phase der ‚Musealisierung' von Schillers Wohnhaus. Schon im Vorfeld des Gefechts von Jena und Auerstedt, im Januar 1806, schildert Charlotte die Konfiskation von Getreide und anderen Lebensmitteln in einem neben ihrem Haus errichteten Speicher. Im Haus an der Esplanade muss sie Einquartierungen hinnehmen, z.B. einer Compagnie Kosaken im Januar 1806, unter denen sich aber immerhin ein freundlicher schlesischer Offizier findet, der beim Vorbeiziehen am Haus „Wallensteins Marsch" spielen lässt.[71] 1812 hat sie es mit französischer Besatzung zu tun, darunter auch zumindest ein gebildeter Offizier, der – so berichtet Charlotte an Knebel – geäußert habe, „wollte der Himmel der Stadt Rath fühlte wie der *Divisions* general *D'Erval* bey dessen frau ich war, u. der sich wundert, daß man mein Haus nicht erspare. *La maison, dun Pindar devroit etee epargné*, sagte er."[72] Im Sommer 1813 ist sie noch recht heiter gestimmt, angesichts eines „reitenden

Jäger[s]" aus Lübeck, der sich „so gefreut, als er hörte, er sei in Schiller's Hause, und hat alle seine Stücke gelesen".[73] Trüber gestimmt ist sie dann im Herbst des Jahres: „Zu dem allem kommen die Sorgen des Lebens; denn mein Haus ist immer besetzt, und man muß jetzt recht raffiniren, wo nur die Lebensmittel zu finden sind."[74] In einem Brief an ihren Sohn Karl klagt sie gar: „ich hatte 18 Tage Acht Russen wovon immer einer nach dem andern die Krätze bekam; und die Stuben wurden so garstig daß wir alle hätten aus dem Haus laufen müssen, wenn sie geblieben. Da schickte mir der Commandant den Plazcommandant und befreyte mich von diesen gästen. indeßen sind immer inzwischen andre da gewesen, doch nicht so lange."[75]

Freudig bewohnt Charlotte Schiller das Haus an der Esplanade im Grunde nicht, immer wieder stellt sie sich vor, nach Jena, an die Saale umzuziehen, besucht ihre Mutter in Rudolstadt, oder unternimmt Reisen ins südwestliche Deutschland, zu ihren Söhnen, vor allem auch in Reminiszenz an ihre jugendliche Schweizer Reise und die gemeinsame Schwabenreise 1793/94. In Weimar und im Haus bleibt sie, um Schillers Andenken zu repräsentieren. „Mein Haus hier verkaufen könnte ich nicht," schreibt sie an Knebel 1812, „Nur unter einer Bedingung wäre dies thunlich, daß ich mir ein kleines Guth kaufte, wo ich als denn im eigentlichen Sinn das Wortes alles um mich versammeln könnte, auch die Geliebten Reste, müssten dort ruhen können, unter freundlichen Umgebungen."[76] Nach einem Aufenthalt in Rudolstadt, 1813, berichtet sie Prinzessin Karoline von der Schiller-Verehrung, die sich mittlerweile mit ihrem Wohnhaus verbindet:

> Ich hatte eine heimliche Angst wieder herzukommen, Sie wissen daß ich mein haus als Schillers heiliges Andenken liebe. Ich habe es doch für Gewalthätigkeiten bewahrt, und unter Schillers Bild wie an einem Altar mich geflüchtet. Alle nationen sind zu mir gekommen, um das haus zu sehen; Aus dem innern Rußland kamen Oficiere, u. wollten Bücher haben, die er geliebt u. gebraucht hätte, ich konnte sie nicht sprechen, weil sie nur Latein sprachen, aber es hat mich innig gerürt. – Preußen, Liefländer, Oesterreicher kamen zu mir, und weinten mit mir, und die Erzählung von Schillers lezten Tagen beweinten sie mit mir.[77]

Wie sie sich das Andenken Schillers und ihrer selbst für ihre Kinder vorstellt, reflektiert sie auch in Tagebuchaufzeichnungen. Ein längerer Eintrag, datiert auf den April 1807, beschreibt ihre *wünsche*:

> So sehr ich wünsche daß meine Kinder einst an jedem Ort der Welt sich durch das gefühl einheimisch finden mögen, ihre Pflicht zu thun u. ihr treu zu leben wo sie auch das Schicksal hinstellt, So wünsche ich, daß sie einst ihren herzen u. vertrauen am nächsten sein werden, wenn ich nicht mehr bin; ihnen eine heilige Ehrfurcht u. Liebe für ihr Vaterland, gern erhalten mögen, u. sie an

diese Wünsche meines herzens mahnen mögen. – Auch der Ort der die heiligen Ueberreste ihres Geliebten vaters verwahrt, sey ihren herzen immer am Heiligsten […].

Wenn sie ihre Eltern lieben, wie jene sie liebten, so wird ihnen der Umkreis von den wenigen meilen, wo diese sich fanden u. liebten, immer ein geheiligter Plaz sein. – Es haften jezt schreckenvolle Erinnerungen an den teuersten Gegenständen, und der Todt hat auf fürchterliche weise, denkmahle aufgerichtet, in dem glücklichen Thal wo wir liebten u. lebten. – Aber es sey dieser Plaz den herzen meiner geliebten Kinder immer heilig. Und gern mögen sie sich einst wenn das Schicksal sie auch nicht ungekränkt entläßt, zu den Ruheplaz ihrer Eltern flüchten. –

wenn einst die welt, Euch herzlos kalt verstößt,
so flüchtet lieber zu den stillen Grab,
dort rufet Euer Eltern Gotheit an,
denn Götter sind wir dann, u. schüzen Euch.[78]

Inmitten kriegerischer Zeiten, Weimar ist seit dem Herbst 1806 unter napoleonischer Besatzung, imaginiert sie die Gegend um Weimar und Rudolstadt, in der Schiller und sie sich begegneten, als Gedenkstätte und Zufluchtsort für die eigenen Kinder. Auch in späterer Zeit meldet sich dieser Wunsch wieder zu Wort.[79] Dass es ganz anders kommen wird, kann sie nicht wissen: Charlotte selbst wird erst 1826 in Bonn sterben, Sohn Ernst sie nicht, wie sie ausdrücklich gewünscht hat, in Weimar zusammen mit Schiller, sondern bei seinem eigenen Wohnort bestattet lassen.

Um dieselbe Zeit, im März 1826, öffnet man die Grabstelle im Kassengewölbe, versucht vergeblich Schillers Sarg und Gebeine zu identifizieren. Selbst die Authentizität des Schädels, den man feierlich in die Dannecker-Büste einlässt und ‚musealisiert', wird bald angezweifelt.[80] Dass die sterblichen Überreste, die später neben denen Goethes in die Fürstengruft umgebettet werden, eindeutig nicht die Schillers sind, sondern sich aus den Gebeinen gleich mehrerer Personen zusammensetzen, ist mittlerweile erwiesen. Im Frühjahr 2008 wurden großangelegte DNA-Untersuchungen angestrengt, die die Familienzusammengehörigkeit von Charlotte, den Kindern und Enkeln belegen, nicht aber Schillers Identität bezeugen. Nach Ansicht von Anthropologen und Anatomen bleibt ein Rätsel, warum der Schädel in der Fürstengruft mit der Totenmaske so deutlich übereinstimmt, und warum sich der vorgebliche Schiller-Schädel und der des Sohnes Ernst mehr gleichen, als es für Vater und Sohn zu erwarten wäre. Die These freilich, dass ein zeitgenössischer Forscher den Originalschädel bereits zwischen 1805 und 1826 vertauscht haben könnte, ist bislang nicht belegt. Ob Professor Franz Joseph Gall, dessen Vorlesungen Charlotte Schiller im August 1805 in Weimar hört und der ihr gegenüber die frappierende Ähnlichkeit der Kopfformen von Ernst und Friedrich Schiller betont (s. o.), die Finger im Spiel hatte, ist ebenso ungewiss.[81]

Das Haus an der Esplanade, in dem Charlotte als seine Witwe noch bis 1826 wohnt, wird Ernst ebenfalls unmittelbar nach dem Tod der Mutter veräußern. Erst 1847 geht es in öffentlichen Besitz über und wird zur Gedenkstätte.[82]

Einstweilen aber, in den folgenden zwei Jahrzehnten nach dem Tod ihres Mannes, repräsentiert Charlotte nicht allein sein Erbe und verwaltet seinen Nachlass auf vielfältige Weise, sie wird nun auch selbst mehr denn je schriftstellerisch tätig – inmitten kriegerischer Zeiten und gesellschaftlicher Umbrüche.

Anmerkungen

1 An Fischenich, 4. Juni 1805. In: Hennes (Hg.): *Fischenich*, S. 73.

2 An Fritz von Stein, 1. Juni 1805 [Abschrift von Emilie von Gleichen-Rußwurm]. In: GSA 122/99a, 3.

3 An Fischenich, 4. Juni 1805. In: Hennes (Hg.): *Fischenich*, S. 73 f. Hennes merkt in einer Fußnote an: „Hernach schrieb sie hier zwischen den Zeilen noch dies hinzu: ‚Es waren nur bekannte Gestalten während seiner Krankheit bei ihm.'"

4 Wolzogen: *Schillers Leben*, Tl. 2, S. 276–279.

5 An Fritz von Stein, 1. Juni 1805. [Abschrift von Emilie von Gleichen-Rußwurm]. In: GSA 122/99a,3.

6 Bereits Bierbaum: *Karoline von Wolzogen*, vergleicht die von ihr zitierten Briefe und Zeugnisse mit den Vorlagen; zur idealisierenden Tendenz der Biographie im Kontext der frühen Schiller-Biographik vgl. auch Kurscheidt: *„… das geistige Leben mehr in Idealen halten."*

7 GSA 83/1657.

8 GSA 83/1944.

9 Ein weiterer Vers der zweiten Strophe, der jedoch nicht ins Strophen- und Reimschema passt, lautet: „Die Sehnsucht in des Himmels Raum will dringen".

10 Wolzogen, *Schillers Leben*, Tl. 2, S. 67.

11 Ebd., S. 66.

12 Vgl. Naumann: *Schiller, Lotte und Line*, S. 174–176; Jüngling/Roßbeck: *Schillers Doppelliebe*, S. 237.

13 Versammelt sind eine Reihe von Briefen, die sich auf Schillers Tod beziehen, in Urlichs (Hg.): *Charlotte*, Bd. 1, S. 302–331, unter der Rubrik „Charlottens Wittwenstand und der Dank der Nation".

14 Von Fritz von Stein, 19. Mai 1805. In: Ebd., Bd. 1, S. 490.

15 Damm: *Christiane und Goethe*, S. 317.

16 Goethe an Caroline von Wolzogen, 12. Juni 1805. In: Goethe: *FA*, II. Abt., Bd. 6, S. 12.

17 Vgl. Damm: *Christiane und Goethe*, S. 507.

18 Ebd., S. 500.

19 Vgl. Jüngling/Roßbeck: *Schillers Doppelliebe*, S. 237: „Goethe – die Vulpius hatte dem gesundheitlich Angeschlagenen Schillers Ableben so schonend wie möglich beibringen müssen – verschob seine Beileidsbekundung um Wochen […]. Erst am 12. Juni kondolierte er. Charlotte? Aber nein. Ihrer Schwester!"

20 An Fischenich, 4. Juni 1805. In: Hennes (Hg.): *Fischenich*, S. 73.

21 *Schreiben des Leibmedikus Wilhelm Ernst Christian Huschke an den Herzog Carl August von Sachsen-Weimar-Eisenach, Weimar, 19. Mai 1805. Sonntag.* In: Schiller: *NA*, Bd. 41. IIA, S. 493 f.

22 Safranski: *Friedrich Schiller*, S. 11.

23 *Die Wahrheit hält Gericht.* Hg. von der Stiftung Weimarer Klassik und Kunstsammlungen; vgl. auch Immer: *Der inszenierte Held.*

24 Vgl. die Dokumente und Anlagen (Taufscheine etc.) zur Versicherung. In: Schiller: *NA*, Bd. 41. IIA, S. 414–418.

25 Ebd., S. 417 f.

26 Vgl. Jüngling/Roßbeck: *Schillers Doppelliebe*, S. 241 f.

27 Ebd., S. 242–245. Vgl. hierzu auch Kapitel VIII.

28 Karl Ludwig an Henriette von Knebel, 30. Juni 1811. In: Düntzer: *Briefe von Schiller's Gattin*, S. 21.

29 DLA Cotta/Verf. Schiller/Schiller, Charlotte von [Umschrift, fremde Hand]. Dem Konvolut von 722 durchnummerierten Seiten im Deutschen Literaturarchiv Marach a. N. geht eine maschinenschriftliche Seite voran, datiert „Marbach, im Sommer 1959", aus der Informationen über den Kriegsverlust und in der Umschrift enthaltene bzw. fehlende Briefe hervorgehen.

30 Das editorische Verfahren, Privatnachrichten wegzulassen, lässt sich dadurch bei Urlichs gut nachvollziehen. In einer Reihe von Briefen Charlotte von Steins an Charlotte Schiller sind z. B. Nachrichten zu Bierbestellungen im Sommer 1795 regelmäßig getilgt worden. Vgl. GSA 83/1856,3.

31 An Cotta, Brückenau, 6. Juli 1805. In: Ebd., S. 13–19. Im Anschluss an diese Stelle (S. 19) ist eine halbe Seite überklebt. Die Stelle ist in der Edition von Fehling im entsprechenden Brief ausgelassen: „…". Vgl. Fehling (Hg.): *Briefe an Cotta*, S. 37.

32 Ebd.

33 An Cotta, Weimar, 24. Juli 1805. In: Ebd., S. 22

34 Ebd., S. 20.

35 An Cotta, Brückenau, 6. Juli 1805. In: Ebd., S. 13 f.

36 An Cotta, Weimar, 24. Juli 1805. In Ebd., S. 25.

37 Jüngling/Roßbeck: *Schillers Doppeliebe*, S. 248.

38 An Karoline Luise von Mecklenburg-Schwerin, 24. März 1812. In: Urlichs (Hg.): *Charlotte*, Bd. 1, S. 626.

39 Lermann (Hg.): *Schillers Sohn Ernst*, erscheint 2002; Schmidt (Hg.): *Schillers Sohn Ernst*, erscheint zuerst 1893 und, in der hier verwendeten Neuausgabe, 1905.

40 Lermann (Hg.): *Schillers Sohn Ernst*, zitiert ein Neujahrsgedicht des achtjährigen Ernst, um den „überzüchtet hochgeschraubten Ehrgeiz" der Mutter anzuprangern, die dem Kind ihr „Machwerk" untergeschoben habe (ebd., S. 21 f.). Vorsichtiger formuliert es Schmidt (Hg.): *Schillers Sohn Ernst*: „Zu Neujahr 1805 begrüßte Ernst seinen Vater mit einem artigen Gedichte […], woran die Mutter geholfen haben mag." Den Text des Gedichtes führt er in einer Fußnote an (ebd., S. 3 f.).

41 An Cotta, 14. August 1805. In: DLA Cotta/Verf. Schiller/Schiller, Charlotte von [Umschrift, fremde Hand], S. 32. Der nachfolgende Passus ist wieder überklebt.

42 An Fischenich, 6. September 1807. In: Hennes (Hg.): *Fischenich*, S. 86.

43 An Fischenich, 6. April 1814. In: Ebd., S. 122.
44 Von Fischenich, [o. D.]. In: Ebd., S. 125.
45 An Fischenich, 4. Juli 1819. In: Ebd., S. 140–144.
46 Vgl. den Briefwechsel zwischen Ernst und Charlotte 1819. In: Lermann (Hg.): *Schillers Sohn Ernst*, S. 101–125.
47 An Karoline Luise von Mecklenburg-Schwerin, 27. März 1811. In: GSA 83/1920,1.
48 An Cotta, 24. Juli 1805. 24. Juli 1805. In: DLA Cotta/Verf. Schiller/Schiller, Charlotte von [Umschrift, fremde Hand], S. 20–26, hier S. 22 f. Diese geschäftlichen Ausführungen Charlottes sind in Fehling (Hg.): *Briefe an Cotta*, ebensowenig enthalten wie die im Folgenden zitierten.
49 An Cotta, 14. August 1805. In: Ebd., S. 27–35, hier S. 27.
50 Julius Völkel an Charlotte Schiller, 1. September 1811. In: Ebd., S. 261 f.
51 Z. B. An Cotta, 28. August 1812, 26. Mai 1815 und 8. Februar 1822. In: Ebd., S. 306, 430 und 658.
52 Sie veröffentlicht 1806 bei Cotta den ersten Band der Erzählungen Ludwig Ferdinand Hubers (bzw. ihrer eigenen) unter dem Titel: *L. F. Huber's sämtliche Werke seit dem Jahre 1802, nebst seiner Biographie.*
53 An Cotta, 19. Dezember 1806. In: Ebd., S. 55–64, hier S. 55 f.
54 Ebd.
55 Ebd.
56 An Knebel, 17. Dezember 1806. In: Düntzer (Hg.): *Briefe von Schiller's Gattin*, S. 70 f.
57 Vgl. Anm. 52.
58 GSA 83/1957.
59 Ebd.
60 GSA 83/1659.
61 GSA 83/1567. Vgl. Abdruck in: Urlichs (Hg.): *Charlotte*, Bd. I, S. 20 f. Der zweite Vers der dritten Strophe ist undeutlich, das Wort „Willen“ ist durchgestrichen. Da ein Reflexivpronomen fehlt, transkribiert Urlichs: „Mit Kraft und edlem Willen dich voran“. Neben der Abschrift Emilies existieren noch zwei Abschriften des Sohnes Karl, der im ersten Vers der zweiten Strophe das Verb „wagtest“ durch „drangest“ ersetzt. Vgl. *Noch eh' des Todes Flügel (Klage um Schiller)*. Abschriften. In: DLA Schiller, Friedrich von/Zugehörige Materialien.
62 In: GSA 83/1658.
63 Vgl. Georg Kurscheidt, „*… das geistige Leben mehr in Idealen halten.*“ Die erste Biographie, die gleich in Schillers Todesjahr erscheint, ist Johann Gottfried Gruber: *Friedrich Schiller. Skizze einer Biographie*, Leipzig 1805; sie enthält, Kurscheidt zufolge, „gröblichen Unsinn“ (ebd. S. 63). Der Autor, auf den sich Charlotte Schiller bezieht, ist Christian Wilhelm Oemler, der gleich zwei Werke veröffentlicht: *Schiller, oder Scenen und Charakterzüge*, Stendal 1805; und *Schiller, Der Jüngling, oder Scenen und Charakterzüge aus seinem frühern Leben*, Stendal 1806 (vgl. ebd. 64). Auch zu der späteren Biographie von Döring: *Schillers Leben* (1822) äußert sie sich kritisch. In: DLA Schiller, Friedrich von/Zugehörige Materialien.
64 Die Eintragung ist datiert „Weimar den 18ten März 1806“. In: GSA 83/1661.
65 DLA Inventar-Nr. 5424.
66 Darüber schwärmt sie z. B. gegenüber Prinzessin Karoline Luise von Mecklenburg-Schwerin, 9. Oktober 1810. In: Urlichs (Hg): *Charlotte*, Bd.1, S. 516.

67 Vgl. Kap. V dieses Bandes.

68 An Becker, 6. April 1806. In: Urlichs (Hg.): *Charlotte*, Bd. 1, S. 311.

69 An Fritz von Stein, 21. September 1806. In: GSA 122/99a,3 [ergänzte Wortteile im Original am Rand überklebt]. Urlichs (Hg.): *Charlotte*, Bd. 1, S. 500, datiert den Brief auf den 21. Dezember. Ein Schriftstück von Wilhelm von Wolzogen zur „Bestätigung über den Empfang von 5389 rthlr für den Kauf eines Guts für Schillers Erben, 28. 6. 1806" ist erhalten in: DLA Schiller, Friedrich von/Zugehörige Materialien. Vgl. auch Wolzogen: *Schillers Leben*, Tl. 2, S. 308.

70 An Fritz von Stein, 21. September 1806. In: GSA 122/99a,3.

71 An Fritz von Stein, 12. Januar 1806. In: Ebd.

72 An Knebel, 21. März 1812. In: GSA 54/256,3.

73 An Knebel, 14. Juni 1813. In: Düntzer (Hg.): *Briefe von Schiller's Gattin*, S. 135 f.

74 An Knebel, 14. Nov. 1813. In: Ebd., S. 155.

75 An Karl von Schiller, 27. November 1813. In: GSA 83/2158,4.

76 An Knebel, 22. Januar 1812. In: GSA 54/256,3.

77 An Karoline Luise von Mecklenburg-Schwerin, 8. November 1813. In: GSA 83/1920,2.

78 In: GSA 83/1944.

79 Z. B. an Karoline Luise von Mecklenburg-Schwerin, 16. Januar 1813. In: GSA 83/1920,2.

80 Vgl. Merseburger: *Mythos Weimar*, S. 170–177. Vgl. auch Wolzogen: *Schillers Leben*, Tl. 2, S. 307–309.

81 Die Geschichte der Untersuchungen und Spekulationen ging im Frühjahr 2008 durch die Presse, vgl. etwa Herwig: *Die vertauschten Köpfe*.

82 Zur Geschichte des Hauses und seiner Verwandlung in ein Museum nach Charlotte Schillers Tod s. Kahl: „*… ein Tempel der Erinnerung an Deutschlands großen Dichter*".

VIII Fremdherrschaft: Leben und Schreiben in napoleonischer Zeit

„Daß ich aber diese Sorge für das Leben, die ungewisse Aussicht für meine Kinder, für Alles was mich umgab, allein trug, daß das Herz meines Freundes diese Gefühle, diese Sorge nicht kannte im Leben, dies war mein einziger Trost. Was hätte seine leicht bewegliche Phantasie nicht gelitten […].“[1] Ende November 1806 erinnert sich Charlotte an die erst sechs Wochen zurückliegenden Ereignisse der Schlacht von Jena und Auerstedt, den Sieg der französischen über die preußische Armee, deren Angehörige sich nach Weimar flüchteten. Nur gut, so meint sie, dass Schiller das alles nicht mehr erleben musste.

Vor der berühmten Schlacht befindet sich Weimar dank eines preußischen Sonderfriedens mit dem revolutionären Frankreich (seit 1795) im Zustand der Neutralität. Mit dem Ende dieser Ära wird das Herzogtum Sachsen-Weimar-Eisenach zum Kriegsschauplatz, erlebt die Stadt die Einquartierung freundlicher und feindlicher Heere. Tage vor der Schlacht logiert der König von Preußen, Friedrich Wilhelm III., im Stadtschloss, kurz darauf ist es Napoleon, der dort Quartier nimmt. Während der Kampfhandlungen selbst, als französische Truppen die an der Ilmtalbrücke stationierte preußische Artillerie überwältigen, setzen Plünderungen, Überfälle und Feuersbrünste die Bevölkerung in Angst und Schrecken, auch wenn der Sachschaden von nur wenigen abgebrannten Häusern sich gegenüber anderen Städtezerstörungen in Grenzen hält.[2] Der Hof selbst ist abwesend, Anna Amalia und Prinzessin Karoline sind nach Kassel und Wilhelmsthal gereist, Erbherzog Carl Friedrich und Maria Pawlowna flüchten sich ins damals dänische Schleswig,[3] der Herzog selbst ist als General im preußischen Dienst in Richtung Stendal unterwegs. Der Standhaftigkeit Herzogin Luises verdankt es sich, dass Napoleon das Herzogtum schont. Nach seiner Rückkehr tritt Carl August dem napoleonischen Rheinbund bei, löst damit die Verankerung des Herzogtums aus dem alten Reich, und firmiert fortan als „Souveräner Herzog zu Sachsen, Landgraf von Thüringen etc.“[4]

Charlotte Schiller erlebt die Nacht der französischen Einnahme Weimars am 14. Oktober 1806 gemeinsam mit anderen Schutzsuchenden im Schloss bei der Herzogin. Ausführlich berichtet sie Bartholomäus Fischenich den Hergang der Ereignisse. Fünf Tage lang findet sie mit ihren Kindern bei der Oberhofmeisterin von Wedel Aufnahme und beobachtet aus dem Fenster den Rückzug der Preußen: „Ein solcher Anblick so vieler Menschen, die Alles von sich werfen, um nur weiter zu kommen, ist schrecklich. Als wir nach der Angst des Tages zu ruhen gedachten, entstand in der Nähe des Schlosses Feuer. Der Durchzug beider Heere hat unser armes Land von allen Lebensmitteln entblößt, und wir hatten nichts zu geben und beinah selbst nichts zu essen die folgenden Tage."[5] Man isst Kartoffeln und Schwarzbrot, eine besonders für ihre Kinder ungewohnte Speise. Weißbrot stiften freundliche französische Generäle. Selbst für die Pracht der Schlossräume, deren Wiederaufbau erst wenige Jahre zuvor teilweise erfolgt ist,[6] verliert sie den Blick angesichts existenzieller Bedrohung und der Sorge um das eigene Haus, in dem sie zwei Bedienstete angesichts der Einquartierungen zurückgelassen hat. Mit tiefer Bewunderung bezeugt sie das beherzte Auftreten von Herzogin Luise:

> Ich wollte, lieber Freund, Sie hätten die Herzogin sehen können; es ist die, die Sie und ich verehren, die blieb; [...] die mit ihrer Klugheit, Güte und Gegenwart des Geistes Alles anordnete, und immer das Rechte that, dabei so wohlwollend für Alle sorgte, daß sie selbst sogar nichts essen wollte, um niemand etwas zu entziehen. Sie hat durch ihr Fürwort viel Gutes bewirkt, und jeder, der ihr nahe kam, mußte sie achten und bewundern.[7]

Tatsächlich hätte die Absenz des Herzogs leicht zur Eliminierung des kleinen Herzogtums führen können. Sein Fortbestand scheint sich Luises Standhaftigkeit und Beherztheit zu danken. Nicht unerheblich ist zudem der Umstand, dass ihre Schwester mit dem Markgrafen von Baden, einem Rheinbundfürsten, vermählt ist,[8] sowie dass wenige Jahre zuvor die russische Prinzessin Maria Pawlowna, Schwester des regierenden, mit Napoleon verbündeten, Zaren Alexander, den Weimarer Thronfolger Carl Friedrich geheiratet hat.[9]

Charlotte Schiller kommt im Vergleich mit anderen Weimarer Persönlichkeiten glimpflich davon. Im Unterschied zu ihr muss Charlotte von Stein, die trotz Einladung der Herzogin im eigenen Haus geblieben ist, Plünderungen und Nahrungsknappheit erdulden.[10] Geheimrat Goethe sieht sich einem Übergriff marodierender Franzosen ausgesetzt, dem offiziell in seinem Haus einqartierte Offiziere ein Ende bereiten. Der überstandene Schrecken löst den Vorsatz aus, seine seit fast zwei Jahrzehnten mit Christiane Vulpius gepflegte eheähnliche Gemeinschaft durch Heirat zu legalisieren und den bereits 19-jährigen Sohn August zu legitimieren. Die Legendenbildung will es, dass Christiane sich diesen Schritt damit verdient habe, dass sie sich angesichts eindringender Soldaten schützend vor den geliebten Mann geworfen hat.[11] Dazu liegen keine brieflichen Zeugnisse vor, es existieren aber, wie Sigrid Damm schreibt, reichlich Zeugnisse der „Lebensbedrohung", der Goethe sich in der Nacht vom 14. auf den 15. Oktober 1806 ausgesetzt sieht.[12] Ihre Einschätzung darüber, was Goethe zu dem Schritt motiviert haben mag, klingt plausibel: „Der Schrecken dieser Nacht muß ihm schlagartig die Labilität seiner gesamten Lebensgrundlage bewußt gemacht haben. Er lebt mit einer Frau in einer juristisch nicht gesicherten Beziehung. Er lebt in einem Haus, das ihm der Herzog geschenkt hat, daß [!] ihm aber im rechtlich-bürgerlichen Sinne nicht gehört."[13] Kurz, seit dreißig Jahren hängt seine Existenz von diesem Herzog ab, dessen künftige Regentschaft angesichts des Kriegszustandes alles andere als sicher ist.[14]

Goethes kurz nach seiner Italienreise eingegangene Verbindung mit der bürgerlichen Christiane Vulpius hat man ihm von jeher angekreidet, für einige Zeit, Anfang der 1790er Jahre, musste das Paar sich aus dem Haus am Frauenplan gar an den Stadtrand ins Jägerhaus zurückziehen, damit die *Mesalliance* nicht den feinen Geschmack verletze. Dass es nun im unmittelbaren Gefolge der Kriegshandlungen zur Trauung mit Christiane kommt, empfinden viele als den Gipfel der Geschmacklosigkeit. Auch Charlotte Schiller ‚graust' bei der Vorstellung der Zeremonie:

> Die Trauung hat mir etwas grausenhaftes gesteh ich, in einer Kirche wo Todte, verwundete Tags vorher lagen, wo man sicher nicht alle Spuren der vorhergehenden Tage sorglich verwischt hatte, eine Ceremonie darzunehmen, die nur jeder mensch in den glücklichsten tagen seines Lebens oder nie feyern sollte. Dieses ist mir ein gefühl was ich nicht ganz verdrängen kann. Ich sehe dem Nuzen nicht für ihm, und das nachtheilige des Eindrucks dem dieser Schritt auf die Gemüther thun muß, ist nicht zu unterdrücken. Auch ist es so ohne nuzen u. zweck. – Ich habe nicht glückwünschen können, wie andre u. schwieg lieber, weil ich so kein Gefühl für Glück finden konnte. – Die traurige vorstellung dieser Kirche zu einer Trauung kann ich mir nicht nehmen, er hätte liebe im hause es thun können – Aber es war etwas unberechnetes in diesem Schritt, u. ich fürchte es ist ein panischer Schrecken zum Grund, der mir des Gemüths wegen weh thut, das sich durch seine eigne grosse Kraft über die welt hätte erheben sollen.[15]

Charlottes immer wieder spöttische Bemerkungen über Goethes Christiane geben freilich nur dem Ausdruck, was in der vornehmen Weimarer und Jenaer Gesellschaft Tagesgespräch ist. So sehr sie Goethe schätzt, so wenig begreiflich ist ihr, was er an der profanen Vergnügungen wie Tanz und Spiel zugeneigten Person nur finden mag.

Charlottes Verbindung zum Weimarer Fürstenhaus intensiviert sich bereits nach der Nobilitierung Schillers 1802. Die Nähe zum Hof sucht sie nicht allein aus Adelsstolz, vielmehr spielen praktische Erwägungen über die Zukunft ihrer Kinder eine wichtige Rolle. Redouten und Bällen würde sie gerne fernbleiben, nimmt aber Teil, um ihre ältere Tochter Caroline in die Hofgesellschaft einzuführen:

> Von der Fastnachts-Redoute, auch eines der Feste, weiß ich aber gar nichts, da dispensieren Sie mich wohl auch? Ich war neulich Karolinchen zu Ehren dort,

> die noch keine Redoute gesehen hier. Aber zu meiner Freude gefällt ihr diese Mummerei nicht sehr. Morgen ist Klubball, den liebt sie mehr und hat neulich mit aller Liebe und Antheil von denen, die ich liebe, ihren ersten Eintritt gemacht, und hat sich vernünftig und bescheiden betragen.[16]

Dass die Einführung der älteren Tochter bei Hofe immer bedeutender wird, betont sie vier Jahre später. So besucht sie im Januar 1816 einen Ball, den sie „Karoline nicht versagen konnte; denn sie macht noch Ansprüche an Freude und Vergnügen",[17] und nutzt im Dezember des Jahres einen offiziellen Anlass, sie am Hof zu präsentieren:

> Sie ist in dem Alter, wo sie doch in der Welt sich zeigen muß, und jetzt ist es einfacher als sonst zu erscheinen, da die Fräuleins nicht alle Sonntage alle gebeten werden und nur alle vierzehn Tage eine die Reihe trifft. Ich bin ganz philosophisch über diesen Punkt und wollte dem Hof als Hof gern entsagen, doch hat jedes Alter seine gesellschaftlichen Pflichten zu erfüllen und man kann sich nicht zurückziehen, wenn man es möchte."[18]

Durch den Hof versucht sie, günstige Positionen im öffentlichen Dienst für die Söhne zu erlangen, indessen nicht immer mit Erfolg. Karl wird im württembergischen Altshausen, Ernst – nach vergeblichen Bemühungen einer Berufung im Weimarer Herzogtum – im Rheinland anstellig werden. Dass die Welt sich durch revolutionäre und napoleonische Ereignisse geändert hat, ist Charlotte Schiller durchaus bewusst. Als Fischenich sie 1809 bittet, eine Gouvernante für den Sohn eines verwitweten Barons in Bonn zu empfehlen, vermittelt sie ihm das adelige Fräulein Auguste von Könneritz, denn: „Die Ereignisse der Zeit haben so viel Veränderungen in Familienverhältnissen hervorgebracht, daß manche Familie sich freuen würde, eine Tochter so anzubringen, und eben der Adel jetzt hat gelernt, falschen Ansprüchen zu entsagen."[19]

Ihre Kreativität im Weimarer Wohnhaus richtet sich darauf, die eigene Fortbildung mit der ihrer Kinder zu verbinden: „Im Plato habe ich zu lesen, die Geschichte von Schwaben, [] den Pausanias, zu zeichnen habe ich, die Kinder zu ziehen, mit Karolinchen allgemeine Geschichte zu lesen mit Ernst zu conversieren, an Karl zu schreiben, und doch bin ich zuweilen, als wenn ich nichts vornähme."[20] Neben ihren eigenen Kindern ist ihre ‚Ideal-Tochter' die am 18. Juli 1786 geborene Weimarer Herzogentochter Karoline Luise. Charlotte Schillers Beziehung zum Hof verläuft nach Schillers Tod vor allem über diese heranwachsende Prinzessin. Aus der Ehe Carl Augusts mit Luise von Hessen-Darmstadt ist sie eines von drei Kindern, die das Erwachsenenalter erreichen: Drei Jahre vor ihr, am 2. Februar 1783 wurde Erbprinz Carl Friedrich geboren. Ihr jüngerer Bruder, Prinz Carl Bernhard, kam am 30. Mai 1792 zur Welt.[21] Prinzessin Karoline wird 1810 mit dem Erbprinzen Friedrich Ludwig von Mecklenburg-Schwerin vermählt. In die fürstliche Residenz Ludwigslust folgen ihr ihre Weimarer Erzieherinnen Henriette von Knebel und Karoline von Bose. Die Prinzessin stirbt an einem Lungenleiden am 20. Januar 1816.

Ihre Verehrung für sie fasst Charlotte Schiller im Februar 1808 in ein Sonett mit der Überschrift *An meinen guten Genius Caroline.*[22] In ihrem Gedicht an die 21-Jährige thematisiert Charlotte, wie sie ihre Trauer um Schiller und ihre eigene Todessehnsucht durch die Liebe zu der Weimarer Herzogentochter überwinden konnte, wie sie nun aber gleichzeitig deren Schicksal – einer adligen Ehe als Zweckbündnis – mit Bangen entgegensieht:

Eh mich der dunkeln Nächte Schatten rufen
Vernimm noch aus des Herzens innren Grunde,
Wie auf des trüben Daseins lezten Stufen
Es dir gelang zu heilen meine Wunde.

Durch deiner schönen Liebe treues Streben,
Erspäht ich neu belebt auch schönre Welten.
Ich leb in deinem Glück ein Einzig leben
Wenn auch für mich, nicht selbst mehr Freuden gelten.

Kann ich auch nicht dies schöne Herz beschirmen
Muß ich es einst sein Schicksal dulden sehen!
So kann ich sicher deinem Geist vertrauen!

Es wird die treu in allen lebens Stürmen
Die Wahrheit, Schönheit, dir zur Seite stehen,
Und diese Hofnung will ich glaubend schauen.

Zwei Jahre später bildet die Vermählung und Abreise der jungen Prinzessin einen entsprechend tiefen Einschnitt. Ihrem Sohn Karl, der im selben Jahr, 1810, nach Tübingen zu forstwirtschaftlichen Vorlesungen aufbricht, berichtet sie am 2. Juni: „Gestern ist der feyerliche Tag gewesen der das Schicksal unsrer geliebten Prinzeß entschieden hat. – Es war mir ein wichtiger Tag, denn ihr Schicksal liegt mir am Herzen".[23] Und zwei Wochen später:

> Unsre geliebte Prinzeß Caroline ist den 13ten abgereisst. Du glaubst nicht wie alles betrübt war, und welche leere die fühlen, die sie lieben. Es ist mir als möchte ich niemand sehen, und nur die nähern Freunde sind mir eine Erholung. Fräulein Knebel ist hier, sie reisst erst im August nach. sie ist aber auch so betrübt, und sehnt sich nach ihrer Geliebten Prinzeß. – Ich thue was ich kann um sie zu trösten, oder mit ihr zu klagen.[24]

Der intensive Briefwechsel mit Prinzessin Karoline, der sich bis zu deren Tod entspannt, zeigt Charlotte in der Rolle der „Schlüsseldame“[25], die über das Weimarer Hof- und Gesellschaftsleben Mitteilungen macht. Ein Freundeskreis entwickelt sich um die Liebe zu dieser als ‚engelhaft‘ verehrten Prinzessin, zu dem neben Henriettes Bruder Karl Ludwig von Knebel und Charlotte von Stein vor allem auch die Töchter des seit 1791 in Weimar lebenden Engländers Charles Gore, Elisa und Emilie, zählen.[26] Aufschluss über diesen Kreis geben eine Reihe von Briefen Charlottes an Knebel aus dem Jahr 1811, die in einem maschinenschriftlichen Konvolut im Deutschen Literaturarchiv Marbach a. N. einliegen. Insbesondere scheint sich nach der Abreise der Prinzessin die Verbindung zu Emilie Gore zu intensivieren, die zunächst in Henriette Knebels Räumen, dann im Jägerhaus untergebracht ist und 1812 für längere Zeit nach Florenz reist.[27]

Überglücklich ist Charlotte, als die kurz zuvor erkrankte Prinzessin im August 1811 für acht Tage zu Besuch kommt: „Lieber Carl! Heut erwarten wir unsre liebe Erbprinzeßinn von Mecklenburg aus Töpliz zurück. Gott gebe daß sie beßer ist. Ich höre sie bleibt nur Acht Tage hier, und wird noch nach Dobberan gehen“.[28] Als im Oktober des Jahres ein Abgesandter aus Weimar nach Ludwigslust reist, malt Charlotte sich aus, in männlicher Kleidung selbst dorthin zu reisen: „Fast sehne ich mich doppelt da ich denke daß jemand zu Ihnen geht, wenn ich nur mich als Kammerherr anziehen dürfte!! Sie würden mich nicht verathen u. die andern könnten mich immer für den Fritsch halten. Ich wollte auch recht artig sein, wie es einen Kämmerling ziemt.“[29] Sie entwirft sich gewissermaßen als Komödienfigur, ganz ähnlich der Zofe Susette in Charlotte von Steins Lustspiel *Neues Freiheits-System*, die sich in der Offizierskleidung des jungen Monrose aufs Schloss des schrulligen Adligen Daval begibt, der ihre Herrin entführt hat.[30]

Prinzessin Karoline ist auch eine der wenigen Personen, denen Charlotte Schiller Informationen über ihre eigene Erscheinung anvertraut. Im Frühjahr des Jahres veranstaltet sie in ihrem Haus ein „gelehrtes Diner“ für drei Professoren – die Weimarer Lehrer Schulz und Hand sowie den Heidelberger Voß – während dessen sie eine Krankheit aufziehen fühlt, die der Arzt Hufeland als Gelbsucht diagnostiziert.[31] Die Krankheit setzt ihr schwer zu, doch sieht sie nach ihrer Genesung auch die Vorteile der Leidenszeit, die ihr immerhin die Rückkehr ihrer schlanken Taille eingebracht hat: „Gelb bin ich gar nicht mehr, aber blaß, sagt man. Auch denke ich, ich würde magrer, das ist mir recht lieb. Wenn ich eine ganze schlanke Taille wieder haben könnte, so würde ich eigens suchen zu Ihnen zu kommen, damit Sie die ehmalige *Lolo* in der Alten *Loloa* sehen könnten. Sie haben kein Bild von meiner frühern Erscheinung in der Seele.“[32] Auch was Kleidung betrifft, wird sie modebewusster, was den Beifall ihrer Tochter findet: „Ich werde auch recht modisch jetzt, habe ein Corset aus Glacé, einen modischen Schnitt der Kleider, der Kragen, daß sogar Emilie, die viel verlangt, mit mir zufrieden ist. So müssen Sie sich also die Loloa ganz glänzend denken, dabei aber das Herz immer größer und die Sehnsucht ewig.“[33]

Charlotte gibt sich selbst in ihren Briefen den poetischen Namen „Loloa“. Im Zentrum vieler ihrer Mitteilungen steht Goethe, genannt der „Meister". Das Entstehen seiner Werke verfolgt sie mit Aufmerksamkeit, hört ihn daraus lesen oder liest selbst, z. B. in *Dichtung und Wahrheit* oder *Wilhelm Meisters Wanderjahre.* Mit Emilie Gore liest sie Goethes Biographie des Malers Jacob Friedrich Hackert, *Hackerts Leben* (1811).[34] Das Interesse gilt aber auch immer wieder seinen – wie Charlotte meint, störenden – häuslichen Verhältnissen. In ihren Äußerungen über seine Verbindung mit Christiane Vulpius ‚vergeistigt' sie ihn analog zu der ganz vergeistigten Auffassung ihres verstorbenen Mannes[35] und verdrängt in einem psychischen Kraftakt die körperlich-materielle Seite seiner Existenz, die sich in seiner ‚anderen Hälfte' manifestiert. Ihre Äußerungen über Christiane sind in gewisser Weise repräsentativ für eine kollektive Anstrengung der vornehmen (Damen-)Welt, den selbst mit zunehmendem Alter recht korpulenten Geheimrat ganz als Geisteswesen zu bestimmen, indem seine Frau zum reinen Körperwesen erkärt wird. Charlottes Urteile seien unter diesem Aspekt kurz vorgestellt und analysiert.

Noch bevor Goethe seine bereits mehrjährige Lebensgefährtin 1806 heiratet, vermerkt Lotte in einem Brief an Fritz von Stein: „Goethe hat trauer im Haus die Schwester der V. ist gestorben, der arme Mann hat so geweint! dies schmerzt mich, daß seine Thränen um solche Gegenstände fliessen müssen."[36] Nach seiner Heirat, insbesondere in den Briefen an Prinzessin Karoline 1811, betont sie immer häufiger die Diskepranz zwischen seiner geistigen und materiellen Existenz. Christiane wird nicht allein ihrer bürgerlichen Herkunft, sondern vor allem ihrer leiblichen Präsenz wegen verspottet, die die leibliche Seite des Dichters zu deutlich hervorkehrt: „Ich darf es manchmahl gar nicht sagen, wie mich doch des Meisters Lage einengt, u. im innern schmerzt. – denn mir deucht ich fühle zuweilen in seiner Seele, daß er irre in sich ist. welcher Dämon hat ihm diese hälfte angeschmiedet?"[37] Im Sommer des Jahres ist Goethe in Karlsbad und plant von dort nach Töplitz zu reisen, wo seine Frau ihn bereits erwartet. Charlotte malt sich aus, wie die ganz ‚materielle' Christiane das ‚ideale' Bild des Dichters kontaminiert: „Die dicke Ehehälfte hausst schon dort, u. ich bin ordentlich besorgt, daß die hohe Idee der verehrung der dortigen nachbarlichen welt, nicht leidet für den Meister, wenn sie dieses Bild des lebens erblicken. – Daß so ganz materiell ist, u. an das sich alles gleichartige auch hängt."[38] Bei Goethes Rückkehr im Juli freut sich Charlotte darauf, „ihn zu sehen, und einen begriff seiner Existenz zu haben. Seiner poetischen nehmlich, denn die reele ist gar zu realistisch, und die kugel form, der Frau Geh: erinnert zu sehr an das runde Nichts, wie Oken die kugel nennt, und ist doch ein Nichts an leerheit und plattheit."[39]

Furore macht dann im August 1811 der Besuch Archim von Arnims mit seiner Frau Bettine, die schon seit langem zum engsten Kreis von Goethes Verehrerinnen zählt. Durch die Freundschaft mit Goethes Mutter in Frankfurt hat sie sich bereits poetisch-romantisch an ihn attachiert. Häufig sind Arnims zum Mittagstisch im Haus am Frauenplan, zuweilen weilt auch Bettine allein beim Meister. Ausfälle Bettines vor allem gegen Goethes Frau – eine „Blutwurst" soll sie sie genannt haben, die „toll geworden“ sei und sie „gebissen“ habe – führen dazu, dass Christiane sich die Besuche der arroganten Dame verbittet und dazu Goethes Einwilligung erwirkt.[40] Den Vorfall diskutieren auch Charlotte Schiller und Prinzessin Karoline in ihren Briefen. Dabei fällt auf, wie Charlotte Partei für die allem Anschein nach recht exaltierte Bettine ergreift und ihre geistig-poetischen Talente betont, die ihr vereinnahmendes Werben um Goethe rechtfertigen sollen:

> Seit vierzehn Tagen, sind Arnims hier, Er ist grazios liebenswürdig wie sonst. – Schreibt aber unter uns gesagt, auch wie sonst; und schreitet nicht vor. doch muß man ihn lieb haben, u. die Einzelnen *appercues* seiner geistigen Geburten auch. – mit seiner frau ist er so grazios, u. mild, daß es mich freut. – Die Frau ist recht geistreich, u. lebendig u. erzählt vortreflich. Sie ist viel stiller geworden, als sie sonst war, u. da kann ich auch mit ihr fortkommen. Sie liebt den meister auf eine rührende weise, aber denken Sie nur, daß ihr die dicke Hälfte das Haus verboten.[41]

Während Charlotte Schiller sich darüber empört, dass Goethe *partout* nicht einlenken will, obschon Bettine sich schriftlich entschuldigt habe, vermeldet ihre Korrespondentin Karoline die etwas abweichende Meinung ihrer Hofdame Henriette von Knebel:

> die Geschichte von unsres Meisters Hälfte u. der Bettina Arnim, hat hier in der Colonie Zwistigkeiten angerichtet. Ich bin nicht mit des Meisters Verfahren zufrieden, wundre mich aber nicht darüber u. verkenne ihn deswegen nicht u. liebe ihn deswegen nicht weniger. denn ich sage: wer Dreck anfaßt besudelt sich (wie Sie wißen ein lieblings sprüchwort von mir) u. daß er den angefaßt hat, weis ich schon lange u. habe ihn trotz dem doch immer frisch zu geliebt; u. finde deswegen auch ihre darauf angewendeten Verse ganz vortrefflich, wie auch an sich selber; Fr. Knebel aber will mir dessen Thun in sich selbst entschuldigen, will gar finden daß Goethe recht habe u. daß sie es sehr natürlich fände sich eine in Liebe zudringliche Dame wie Bettina, vom Halse zu halten.[42]

Den unverhohlenen Spott über Goethes „dicke Hälfte“ Christiane und die Solidarität mit Bettine – geäußert vor allem in Briefen an Prinzessin Karoline, die ihrerseits offensichtlich mit noch deftigeren Metaphern aufwartet (s. o.) – muss Charlotte Schiller um eben dieselbe Zeit mit der Expellation aus der sonntag-morgendlichen Theaterloge bezahlen. Am 3. Oktober klagt sie:

> von unsren Meister kann ich einmal nicht viel sagen, denn ich sehe ihm nicht. – Ich war anfangs betreten, u. fürchtete man hätte mich auch mit in das Ungewitter gezogen, ohne Schuld, aber ich denke es doch im Ernst nicht, u. halte es nur für Ungeschicklichkeit von seiner Seite, und für physische Maßnahme, die

ihm unter andern bewogen haben, mir einen Plaz in meiner ehmahligen Loge anzubieten. Diesem hab ich nicht angenommen, und ihm die gründe geschrieben, (denn ich kann mich an diesem Plaz im leben nicht mehr erfreuen, warum sollte ich das Schauspiel da aufsuchen?) Ich gehe jezt auf dem *Balcon*. – die menschen, die sich alles gleich deuten werden wohl auch sagen, die dicke Hälfte habe mich aus der Loge des Mannes vertrieben.[43]

Einen weiteren Affront muss sie 1813 hinnehmen, als Wieland stirbt, sie aber nicht zur Trauerfeier eingeladen wird. Diesmal hat zwar nicht Christiane von Goethe Schuld – geladen sind die Mitglieder der Loge „Anna Amalia zu den drei Rosen“ –, gleichwohl neidet Charlotte ihr, dass sie an Goethes Seite zugegen sein darf. Erbittert vermerkt sie, dass sie Wieland wohl näher gestanden habe als viele der anwesenden Damen und insbesondere Goethes Frau die Einladung zur Trauerfeier gerne „für eine Schaale Punsch“ abgekauft hätte, „wie Esau um ein linsengericht seine Erstgeburt, so glaube ich, wären wir beyde an unsren Plaz gewesen“.[44]

Bereits ein Jahr zuvor, im Februar, ist es indessen zur Wiederannäherung zwischen Goethe und Charlotte Schiller gekommen, bei der sie für sich selbst vor allem die geistige Verbindung zum Geheimrat seit Jugendtagen bestätigt finden konnte. Ausgedehnt schildert sie Prinzessin Karoline ein Erlebnis, wie Charlotte von Stein ihr gerade Briefe Goethes aus Italien zu lesen gegeben hat, als sie in eine Gesellschaft kommt, auf der auch Goethe von diesen früheren Zeiten spricht und nun die alte Rudolstädter Freundin neu zu würdigen weiß:

vor vierzehn Tagen ungefähr lebte ich noch ganz fremd u. entfremdet mit dem Meister, u. liebte ihm wie man die Natur liebt, ohne zu begreifen daß sie einen ansieht, wenn wir sie seegnen. Unsre Freundin St.[ein] gerieth auf die gedanken, alte Papiere die Sie auch sehen möchten oder sehen zu zeigen. Ich durchblickte dieses wunderbare menschliche Wesen, und klagte über das Schiksal unsrer Freundin [...].

Ich komme von dem lesen in eine gesellschaft [...] u. er fing an, so von der vergangenheit zu sprechen, erzählte plözlich von Sachen die ich eben gelesen von denen er historisch in den Briefen sprach, weil er eine Reise beschrieb von der familie der frau grosmutter zum beispiel – daß es mich wunderte unausprechlich. – Ich hatte ihm die hübsche Art erzählt wie Henriette über sein leben geschrieben. – Ich gehe um meinen Mantel umzunehmen, da kömmt er, fasst mich bey der Hand, dankt noch einmal für die mittheilung, sagt was es ihm wohl sey, mit jemanden zu seyn, der seine Sprache verstehe wie ich, dem er so lange kenne, daß wir uns nie Fremd, noch fern seyn könnten.[45]

Charlottes Schimpftiraden über Goethes Frau, die sie am deutlichsten gegenüber Prinzessin Karoline ablässt – sicher auch, um deren negative Einschätzung von Goethes häuslichen Verhältnissen zu bestätigen – lassen in den folgenden Jahren nach. Gleichwohl zeigt sie Mitgefühl auch im Zustand schwerster Krankheit Christianes weniger für die Leidende selbst, als für den Mann. Materiell-reale Begebenheiten, wie die Erkrankung seiner Frau auf den Tod, gehen nach Charlottes Ansicht entschieden über *seine* Kraft: „Der arme Geheimerath Goethe hat jetzt viel Noth. In der Nacht von Sonnabend (den 4.) auf den Sonntag war die Frau einige Stunden (fast) todt, und Huschke hat dem Sohn im Vertrauen eröffnet, sie könnte nicht leben; doch hat es sich gebessert, aber der Anfall von Krampf kann immer bei jeden Veranlassungen wiederkommen. Ich fürchte für ihn."[46] Anderthalb Jahre später, als Christiane erneut auf den Tod erkrankt, kommentiert sie: „Das physische Leiden kann seine freie, reiche Natur nicht ertragen",[47] und kann sich erst, nachdem Goethes Frau offenbar qualvoll gestorben ist, zu Mitgefühl auch für *sie* durchringen: „Die Frau dauert mich, denn sie hat unendlich gelitten."[48]

Wie Sigrid Damms *Recherche* überzeugend nachweist, hat Goethes Christiane an der Seite ihres Mannes einen, ihrer einfachen Herkunft nach zu urteilen, erstaunlichen Selbstbildungsprozess durchlebt und verdient dafür aus heutiger Sicht Bewunderung. Die abwertende Sicht von Zeitgenossen und Zeitgenossinnen, und dafür sind Charlotte Schillers Äußerungen repräsentativ, spiegelt dagegen eine Art kollektive Anstrengung, körperliche Aspekte im Wesen eines Genies radikal zu negieren. Da die Neigung des Dichters zu dieser Frau als unstandesgemäß gilt, wird ihr das – nach cartesianischer Vorstellung – als kulturell niedrig eingestufte Körperliche in exponentieller Steigerung angelastet. Die Abgrenzungswut des eigenen weiblichen Geschlechts ist umso größer, als aufgrund der traditionellen Genderstereotype die Frau – auch wenn sie gehobenen Standes ist – der körperlichen Natur näherzustehen scheint.

Denkmodelle dieser Art bilden den Hintergrund für Charlotte Schillers Invektiven gegen Goethes Liebesleben und erklären möglicherweise auch, warum sie so sorglich darum bemüht ist, über die eigene körperliche Beziehung zu ihrem Mann gar nichts verlauten zu lassen. Auch bei dessen Freund Goethe, den sie seit ihrer Jugend kennt, bemüht sie sich, die geistige Natur ganz von der körperlichen abzuspalten. Zwei Gedichte verfasst sie *An Goethe*, eines im Jahr 1808, ein zweites 1817 anlässlich dessen Bühnenbearbeitung von August von Kotzebues *Schutzgeist*. Das erste, ein Sonett, an dessen Rand sie vermerkt, „Nach Lesung von G's Sonetten",[49] demonstriert eben jene Überhöhung ins Geistige:

Auch mir ergriffen von des Zaubers Tönen
Fühl ich das Herz, mein lied es möchte zeigen,
Nur Dir allein, wie ich dem hohen Schönen
Zu huldigen vor Dir mich möchte neigen.

Doch Dich vor Allen hochgeliebt! zu krönen
Bedürft es mehr als stumme todte Zeichen.

Es mag der Wille sich nach Bildern sehnen,
Doch keins vermag dich würdig zu erreichen.

Der Geist, der schaffend alles kann vollenden,
Dem tausend Welten sich im Busen regen,
Der könnt allein von sich ein Bild uns geben.

Soll auch Apollo keine Stimme senden
Die's Ihm verkünde, was uns mag bewegen,
Er wird in Allem Schönen, ewig leben.

Das Sonett wird mehrfach posthum abgedruckt, u. a. in der *Süddeutsche[n] Presse* vom 7. November 1869. Am 31. Oktober des Jahres wird in München eine Goethestatue feierlich enthüllt, zu welchem Anlass der Vorsitzende der Münchner Schillerstiftung einen Kranz niederlegt und Emilie von Gleichen-Rußwurm das Gedicht ihrer Mutter übersandt hat, das Zeugnis gibt von der „auch nach Schillers Tode bei den Seinen lebendig erhaltenen hohen Verehrung für den überlebenden Freund".[50]

Das zweite Gedicht, das nicht veröffentlicht wurde und neben der Konzeptfassung Charlottes nur noch in einer Reinschrift Emilies erhalten ist, setzt sich mit der Frage auseinander, warum ein hoher Geist wie Goethe sich dazu herablässt, Kotzebues minderwertigen Stücken Größe einhauchen zu wollen. Zitiert sei die erste von insgesamt fünf Strophen:

Was willst du mit des eignen Geistes Fülle?
Beleben ein unseeliges Gebild?
die zartgewobne reine Geistes Hülle,
des lebens quell soll rauschen ungestillt,
Und nicht im Drang verworrener gestalten
Soll sich das Grosse suchen zu entfalten.[51]

Mit Kotzebue hatte sich Charlotte Schiller bereits im März 1802 auseinandergesetzt anlässlich dessen Versuch, mit einer Feier am 5. März Goethe zu entthronen und statt dessen Schiller, bzw. notfalls sich selbst, als Weimarer Genius zu küren.[52] August von Kotzebue und seine Theaterproduktion sind für sie während seines gesamten, rundum erfolgreichen Wirkens der Inbegriff des Kunstlosen, des billigen Effektstrebens und dergleichen. Erleichtert atmet Charlotte auf, als Kotzebue 1818 Weimar verlässt und nach Mannheim aufbricht, wo er – was sie freilich nicht wissen kann – kurze Zeit später Opfer eines Attentats wird: „Ich hoffe wir werden den Unfug los, wenn Kotzebue sich enfernt so wie ich höre den Ersten September nach Mannheim abgeht. Es ist wie bey dem *tour malin*, der die Asche an sich zieht, und wenn diese böse Anziehungskraft vergeht, so wird hoffe ich ein andrer Geist walten. – und die Künste wieder die Oberhand behalten."[53] Ihr eigenes Gedicht an Goethe mit dem Appell, sich gegen solch parasitäre Kunstproduktion zu verwahren, orientiert sich dabei an einem Gedicht Schillers, *An Goethe*, das dieser anlässlich einer Bühnenbarbeitung von Voltaires *Mahomet* im Januar 1800 verfasst hat. Inhaltlich geht es Friedrich Schiller um die Abgrenzung „[e]inheimischer Kunst" von „fremden Götzen" – insbesondere französischen – die Goethe zu leisten vermag, ohne dass „uns der Franke", wie es in der Zeit der Frühaufklärung üblich war, zum „Muster" werden darf.[54] Das Versmaß, ein fünfhebiger Jambus, sowie das Reimschema der Stanze mit drei Kreuzreimen und einem Paarreim stimmen tendenziell überein, auch wenn Charlottes Strophen nur sechs statt acht Verse aufweisen.

Das Weimarer Theater besucht Charlotte in den Jahren nach Schillers Tod regelmäßig, sie schaut sich aber grundsätzlich keine Inszenierungen seiner Stücke an, sondern liest diese allenfalls für sich zu Hause. Cotta erzählt sie brieflich von einer Geburtstagsredoute für die Herzogin, für die sich ihre Söhne und ihr Neffe als Dramengestalten Schillers verkleidet haben, und schließt damit, dass sie selbst an solchen Vergnügungen ebenso wenig Freude finden könne wie am Besuch von Inszenierungen seiner Stücke:

> Ich wollte, Sie hätten die beyden Söhne ihres Freundes gesehen, wie sie sich an der lezten Redoute, dem Geburtstag unserer geliebten Herzogin zu Ehren in die geistigen Gestalten ihres geliebten Vaters versezten. Carl und Adolf hatten sich wie die feindlichen Brüder gekleidet u. Ernst wie der Tell. Vielen unsrer Freunde war diese Erscheinung so rührend, und zumahl Ernst nahm sich so einfach und rührend aus. – Ich selbst war nicht dort, denn an solchen Freuden ist es mir nicht gemüthlich Theil zu nehmen. Es ist mir als könnte ich keinem Spiel des Lebens mehr nahe komen, wo ich mich freuen soll. In Tragödien gehe ich jezt wieder, und habe gestern mich am Tasso ergözt, die Vorstellung war sehr gelungen, und der Schauspieler, der den Tasso vorstellte, hat mit aller Kunst die bewegliche Natur des Dichters aufgefaßt. Auch Egmont sah ich neulich. – Hier wo ich alle theatralischen Gestalten so gut kenne, u. die Erinnerung mir so lebendig wird von allem, was Schiller bey der Aufführung seiner Stücke leistete, kann ich kein Stück von ihm sehen. Da ist es mir zu ergreifend. – Nur ganz einsam kann ich seine Stücke lesen, aber da ist es mir auch der höchste Genuß, und ich fühle die heilige mir nie entweichende Nähe dieses Geliebten Geistes mit Trost.[55]

Tatsächlich versagt sie sich bis 1819 den Besuch von Schiller-Inszenierungen. Zum ersten Mal besucht sie eine Aufführung der *Braut von Messina* in Stuttgart, da sie die Einladung nicht ablehnen möchte.[56]

Ist Kotzebue auf dem Weimarer Theater stets ein ‚rotes Tuch' für sie, so goutiert sie andererseits den spanischen Nationaldichter Calderon über alle Maßen, insbesondere

Der standhafte Prinz fasziniert sie. Gegenüber Knebel reflektiert sie bei Gelegenheit ihrer Beschäftigung mit Calderon über den Zusammenhang von Genialität und Nationalität. Dabei nimmt sie Bezug auf eine Überlegung Goethes, ob er selbst und Schiller sich anders entwickelt hätten unter dem Einfluss Calderons statt dem Shakespeares:

> Ob ich wohl weiß, daß ein Genie keiner Nation angehört, sondern ein freyes Geschenk der Götter ist, so ist es doch auch durch äußere Bedingungen gebildet und beschränkt. Den Unterschied, den Clima, Religion und Begebenheiten auf die Ausbildung haben, muß man immer erkennen und unterscheiden!
>
> „Shakespeare ist mir noch recht gut neben Calderon zu stellen." So Schiller u. s. w. Die Natur sagt nicht wo, sondern wie die Erscheinungen hervorgebracht werden und alles was möglich ist, ist auch da. Und also unter den verschiedenen Bedingungen ändern sich die Gestalten anders, es ist ein Reichthum der Kraft, und nicht ein Mangel, wenn sie sich so oder anders äußern. Dies sind Einwendungen, die ich gern gemacht hätte, wenn sie mir früher so klar geworden wären.[57]

Neben Goethes Theaterarbeit und seinen biographischen und autobiographischen Schriften interessiert sie sich besonders für seine naturwissenschaftliche Forschung. Aus den Entwürfen seiner Farbenlehre hört sie ihn bereits 1806 während seiner Mittwochsgesellschaften lesen und macht sich Notizen.[58] 1811 liest sie während eines Besuches am Rudolstädter Hof aus Goethes Werk vor.[59]

Ihr Interesse gilt auch bei zeitgenössischen Schriftstellerinnen weniger deren Belletristik als deren Sachliteratur: 1812 liest sie z. B. „Fernow's Leben",[60] eine Biographie des Weimarer Hofbibliothekars von Johanna Schopenhauer, nicht aber deren 1819/20 erscheinenden dreiteiligen Roman *Gabriele* den – wie sie unterstellt – Goethe nur deshalb lobt, weil er persönlich mit dem Familienkreis der Autorin verkehrt: „Ich hätte es nicht sagen sollen, aber ich gestehe, daß ich diese Urtheile von Goethe mehr einer demüthigen Vorstellung seiner weiblichen Umgebung zuschreibe, und glaube, er hat sich erbitten lassen, als daß er seinem Geschmack selbst folgte. [...] Das eigne Schaffen der Phantasie, sie mag arm oder reich sein, hat mir auch einen Werth, doch bin ich froh, daß diese Werke da sind, ohne daß ich sie zu lesen brauche."[61] Neben Therese Huber, deren Biographie ihres Mannes sie kurz nach Schillers Tod zur Kenntnis nimmt,[62] erwähnt sie vor allem die österreichische Schriftstellerin Karoline Pichler: „Wir haben ‚Heinrich von Hohenstaufen' und ‚Rudolf von Habsburg' von einer wiener Dichterin gesehen, an denen man sich gar nicht erfreut. Karoline Pichler kann nur angenehm und leicht erzählen. Selbst in größern Werken, als in Romanen, bleibt sie unter den Erzählungen. So ist ihr ‚Agathokles' ein wundersames Gemisch von Altem und Neuem."[63]

1810 ist sie vor allem damit beschäftigt, für Karls Studien Arrangements zu treffen. Nimmt er diese im Juni zunächst in Tübingen auf, wo vor allem die Nähe der

Cotta'schen Familie vorteilhaft ist, so zieht er im Oktober nach Heidelberg um. Die besorgte Mutter trifft in ihren Briefen detaillierte Anordnungen, wie und wo er sich verköstigen, wer ihm die Wäsche besorgen soll und dergleichen.[64] Im August unternimmt sie mit dem jüngeren Sohn Ernst eine Reise nach Heidelberg, die sie auch nutzt, um eine passende Unterkunft für Karl zu finden: „Ich habe eine recht hübsche Wohnung gefunden bey dem Hofrath Erb. In den andern zimmern wohnt die Frau von hellwich auf einige monathe. – Du hast zwey zimmer, die ein ofen heizt, hübsch tapeziert, ein Sopha, Commode, kleider Schrank, Bette, kleine Garerobe wo du etwas wegstelln kannst".[65] Im Oktober kehrt sie von der Reise zurück, wie sie dem noch in Tübingen weilenden Sohn meldet: „Lieber Carl! den 2ten bin ich wieder hier angekommen, u. alles wohl gefunden, auch den Spiz, er hatte eine rührende Freude u. Ernst u. ich wünschten nur daß du es hättest sehen können. Das Schloß ist noch wie es in Merian abgebildet ist, die Stadt liegt auf einem Bergrücken, und es giebt recht wunderbare Häuser am Berg, und Weinberge."[66]

Schreibt sie unmittelbar aus Heidelberg Briefe an verschiedene Bekannte, Prinzessin Karoline, Fritz von Stein oder Karl Ludwig von Knebel, so wird sie überdies aus der zeitlichen Distanz 1815 eine Reisebeschreibung anfertigen, *Erinnerungen an Heidelberg.*[67] Von unaussprechlichem Zauber memoriert sie die Stadt, der ganze Landstrich hat für sie „einen Charackter des Südens".[68] Ihr Blick richtet sich aus der Ferne, ankommend aus Darmstadt über Mannheim auf Heidelberg im Abendsonnenlicht, das ihr die weniger erfreulichen „menschlichen Gestalten" schwach erhellt: „Schwerpepackte Weiber" und Männer mit gleichfalls „schwer beladnen Rücken" beobachtet sie.[69] „Die Sonne verbarg sich und die Sterne leuchteten uns an die Ufer des Neckars. Brausend kündigte er sich an, als wir bey Neuenheim an seinen Ufern unsern Weg suchten, und über die wunderbar schöne Brücke durch das rasselne Thor in die Strassen einfuhren."[70]

Der größte Teil ihrer Beschreibung gilt dem Schloss, von dem sie freilich weiß, dass es so oft „gemahlt, beschrieben" worden ist – in ihrem Brief an Karl hat sie bereits *Merian* als Referenz erwähnt – „daß nur immer die Ansicht des Individuums etwas Neues geben kann".[71] So wagt sie denn auch nicht nur eine Beschreibung der eigenen Eindrücke, sondern fertigt auch Tuschzeichnungen des Schlosses als Ganzes oder einzelner Türme und Fragmente.[72] Den traurigen Eindruck, den ihr die Schlossruinen vermitteln, verbindet sie mit Gedanken über die ehemaligen Bewohner: „An dem Thurm nach der Schloßseite hin, stehen noch Statuen der Alten Pfalz Grafen frisch und wie heute erst aus der Hand des Künstlers gehauen, wenn nicht einzelne Parthien verstümmelt duch das Alter erschienen."[73] Belebt werden sie durch das sie umrankende Efeu. Von der Bergstadt gelangt sie in den inneren Schlossbezirk, der mit weiteren Statuen alter „Churfürsten" geziert ist.[74] Unterbrochen wird ihre Kontemplation durch den „fremde[n] Geist der lauten Heidelberger Jugend".[75] Endlich steigt sie eine romantische Bergschlucht hinunter und gelangt in einem „von der Welt abgesonderten Thal" zum „Wolfsbrunnen":

> Drey gemauerte Teiche, beleben mit ihren Wasserspiegel die Gegend, ein Haus von Steinen mit rothen farbigen gehauenen Verzierungen steht als ein denkmahl vergangner bessrer Zeiten, ein Brunnen der in eine Steinmuschel sich ergiesst, und auch vielerley Zierath an seiner Röhre noch sichtbar werden lässt, ist auch in der Zeit des Hauses erbaut. – Nicht anmuthig sondern Grausen erregend ist diese Wohnung mit ihren Spuren einer bessren Zeit. Zerbrochne Fenster, zertrümmerte Treppen, unbekleidete Kinder, die im Hause spielen.[76]

An vielerlei Sagen fühlt sie sich in der düstren Waldgegend erinnert, so dass man „lieber die Fischerkähne am Neckar besteigen [mag], um in die wirkliche Welt wieder den Weg zu finden, und das schön gebaute Carlsthor, ist ein friedliches Ziel das man erreicht."[77] Indem sie einen um die Mauern ziehenden Storch bewundert, vergegenwärtigt sie sich schließlich, wie einst „die rauhe Hand des Krieges" die Kurpfälzer Residenz zerstört hat, und schließt: „Uns zumahl in neuern Zeiten, die wir alle Schrecken des Krieges erfuhren, kann die Phantasie stets von solchen Bildern noch mehr und schreckhafter aufgeregt werden."[78]

Interessant ist, dass Charlotte Schiller diesen Erinnerungstext im Friedensjahr 1815 verfasst, so dass in der Rückschau der kriegsgeschädigte Zustand Heidelbergs zugleich zur Allegorie für die Verheerungen der napoleonischen Zeit werden kann. Eine deutliche Parallele bildet, dass in beiden Zerstörungsvorgängen deutscher Kulturdenkmäler die Franzosen die Aggressoren sind.[79] Dass Charlotte ihre vermutlich 1810 vor Ort angefertigten Tuschzeichnungen als Erinnerungshilfe benutzt, ist anzunehmen; unter anderem etwa der Anblick des Neckars mit einem Nachen, in den man gerne aus der düstren Waldgegend kommend, einsteigt.[80]

Kriegerische Zeiten hat man gerade in Weimar mehr oder weniger durchgängig seit der napoleonischen Besatzung 1806 durchlebt. Durch seinen Beitritt zum Rheinbund kann Carl August sein Herrschaftsgebiet vor dem Schicksal des Braunschweiger Herzogtums bewahren, das gewissermaßen von der Landkarte getilgt wird. Friedlich lebt man freilich nicht, denn zum einen sind Einquartierungen und Lebensmittelrationierungen aller Art für die Bevölkerung an der Tagesordnung, zum anderen äußert man sich auch im Schriftverkehr moderat über den Franzosenkaiser, da man nicht weiß, wer mitliest. Charlottes Schwester Caroline von Wolzogen etwa, die sich für einige Zeit in Paris aufhält, schreibt wohlwollend über die französische Kultur und Bonaparte, den sie paradieren sieht, solange sie in der Metropole zu Besuch ist.[81] Kaum zurück auf deutschem Gebiet, aus Stuttgart, äußert sie dagegen ihre wahren Gedanken: „Das Gouvernement ist schändlich, jetzt kann ich's schreiben. Frankreich ist gar kein Staat, sondern ein erobertes Land, wo der Eroberer despotisiert. Keine öffentliche, legale Verwaltung, keine Spur von Rechtlichkeit; Alles stiehlt."[82] Was man von der einen oder anderen wohlwollenden Einschätzung Napoleons aus Charlottes Feder halten soll, wird offensichtlich, liest man ihre nachträglichen Beschreibungen des

Nachbarstaates, unter dessen Fremdherrschaft man zu stehen hatte. Im März 1813 schreibt sie an Knebel: „Er ist so mild und angenehm und geistreich hier gewesen, daß er drei Stunden hier verweilt hat. Man sieht recht, daß er die Herzogin schätzt, aus seiner Aufmerksamkeit, und daß er sich in seinem Wohlwollen gleich bleibt."[83] Im Mai 1815 dagegen nennt sie den just von Elba entwichenen Napoleon „das böse Princip"; die „Nation" sei „der tausendfache Napoleon".[84] Nach seiner neuerlichen und endgültigen Überwindung urteilt sie dann im Juli des Jahres:

> Die Nation wird einem immer verächtlicher; wenn man ihre Verhandlungen hört, ihre Reden, so sieht man recht, wie elend sie jetzt sind. Wie haben die Redner in der Revolution, Mirabeau u. s. w. anders gesprochen! Damals waren die Gesinnungen der Einzelnen gut, sie wollten einen bessern Zweck verfolgen, die Nation war aber für höhere Begriffe nicht reif; jetzt ist nur der Begriff der bösen Gewalt und des Verderbens sichtbar. Man weiß nicht, ob Napoleon die Nation verdorben oder durch sie verdorben worden.[85]

Die kriegerischen Zeiten bis dahin machen sich in Weimar in unterschiedlicher Gestalt bemerkbar. Im Februar 1811 trägt sich eine Duellgeschichte in der feinen Weimarer Gesellschfaft zu, ausgelöst durch Graf Crockow, der sich von der Tochter des Arztes, Eugenie Stark, zurückgesetzt fühlt. Charlotte kommentiert: „Daß aber die militärische Gewalt, die leider schon so viel Unheil bringt, auch in die zartesten Umgebungen und Verhältnisse zerstörend wirken will, hat mich sehr empört."[86] Kriegsverluste, die man 1811 angesichts eines Feldzuges in Katalonien hinnehmen muss, bedenkt sie mit Homerischen Vergleichen:

> Gestern war ein trauriger Tag! Denn die Rückkehr der wenigen Menschen zerreißt einem das Herz! Manche Mutter, mancher Vater und Gattin gingen voll Hoffnung entgegen, und fanden ihre Angehörigen nicht wieder, manche mußten sehen, daß sie nichts erwarten konnten! und die Gewißheit wurde nur ausgesprochen. Eine arme Mutter ging mit den uebrigen entgegen. Sie hatte zwey Söhne bey den Soldaten und beyde nickten ihr aus der Menge entgegen; aber wenig Penelopen[] giebt es leider! Und als Homer Agamemmnons[] trauriges Ende sang, war dieser Fall vielleicht in ganz Griechenland der Einzige. Jetzt erlebt man, daß vielleicht in einem Umkreis von zehn bis zwölf Meilen mehrere Aegiste[] auftreten, doch sind die Gattinnen nicht so blutdürstig, und der rückkehrende Gemahl wird vielleicht nur aus seiner Wohnung vertrieben. Aber der grenzenlose Leichtsinn ist eben nicht erfreulich zu sehen.[87]

Als man zu den sogenannten Befreiungskriegen gegen den französischen Unterdrücker rüstet, ist ihr die Beteiligung ihrer Söhne nicht willkommen. Ernst verzichtet freiwillig, an den kriegswilligeren Karl richtet Charlotte die Bitte, nichts Unüberlegtes zu tun; empfindet dann aber doch ihre deutsche Pflicht, dem Vaterland wenigstens einen Sohn bereitzustellen:

> Ueber deine Wünsche lieber Carl muß ich dir sagen, daß ich jezt dem Beruf eines Deutschen gewiß tief fühle, und Alles thun werde Eure Ehre nicht einst angetastet zu sehen, Auch wenn es mit Aufopferung meiner eignen Ruhe geschieht. Nur bitte ich Dich, nichts voreiliges zu beschließen bis dir Ernst schreibt, welches morgen geschehen wird. Er ist seit dem Montag hier, und war heut bey Geheimrath von Voigt, und hat sich lang u. offen mit ihm auch über Dich besprochen. Erfährst du des Herzogs zurückkunft von frankfurt, womit auch diese unsrer geliebten Großfürstin erfolgen wird, und bey dem auch Präsident von Gersdorf ist, so gehe nach Eisenach und trage deine Angelegenheiten vor. Denn das foder ich, daß du nichts voreilig beschließest ohne des Herzogs Bestimmung, und den Willen der Großfürstin, die Euch wie ihre Kinder ansieht [...]. Fremde verhältnisse ohne ihre Beystimmung und Empfehlung anzuknüpfen wäre sehr undelikat.[88]

Besonders wichtig ist ihr, dass er das Militär nicht auf Dauer zu seinem Beruf macht. Für die vorübergehende Rekrutierung versucht sie über „Onkel Louis" – Ludwig von Wolzogen – einen vorteilhaften Posten bei den sächsischen Ulanen für ihn zu arrangieren[89] und schreibt Briefe an Fischenich nach Bonn, der sich um den jungen Soldaten bei der Durchreise kümmern möge.[90] Charlottes vaterländische Gedichte, die bei Urlichs abgedruckt sind – zum Beispiel *Trinklied für Deutsche* oder *Auf Brüder auf*[91] –, zeugen weniger von ihrer Kriegsbegeisterung als sie im Kontext anderer solcher Dichtungen der Befreiungskriege zu sehen sind.[92] Unter ihren dramatischen Texten findet sich auch die komische Bearbeitung des Themas Krieg, und zwar in der Übertragung eines französischen Lustspiels. In diesem Stück, *Die beyden wittwen oder Der Brief ohne Aufschrift*, werden zwei Schwestern, die beide jung verwitwet sind, einer Tugendprobe unterzogen, ob sie einen um sie werbenden Kriegshelden auch dann lieben können, wenn er gänzlich verunstaltet und entstellt zu ihnen zurückkehrt.[93]

Ein negatives Frankreichbild bzw. eine deutlich nationale Stereotypisierung mischt sich in das Romankonzept Charlottes um eine Familie Berwick,[94] von dem anzunehmen ist, dass es erst nach Schillers Tod entstanden ist. Erzählt wird zunächst in der dritten Person von einem jungen Mann namens Julius, der in einer deutschen Stadt „D." auf eine Frau mit zwei Kindern trifft, deren Gespräch er zufällig mithört: Antonie Berwick ist eine aus der französischen Kolonie „Domingo" heimgekehrte Witwe, die – da sie gebürtige Französin ist – zunächst nach noch lebenden Verwandten in Paris gesucht hat und nun zu einem in Deutschland lebenden Grafen, einem Onkel ihres verstorbenen Mannes Georg, gereist ist. Ihr Bedienter Morton, den sie zu dem Oheim vorausgeschickt hat, kehrt eben zurück und meldet, dass der Verwandte ein solcher Frauenhasser sei, dass er nur männliche Freunde und Bediente in seinem Haus leide und die Hinterbliebenen seines Neffen um keinen Preis empfangen wolle. Julius gelingt es, sich mit dem sonderbaren Grafen anzufreunden und zur gleichen Zeit auch die Bekanntschaft der Familie Berwick zu machen. Er verliebt sich in die Tochter Laurette. Als diese eines Tages, als man im Freien spazierengeht, ihren kleinen Bruder James vor dem Ertrinken bewahrt, kann man sich gemeinsam in einen Pavillon retten, der, wie sich herausstellt, zu einem Landhaus des misogynen Oheims gehört. Dieser willigt nun ein, die Familie im Haus aufzunehmen, er selbst werde sich aber in dessen hinterem Teil aufhalten. Nach wenigen Tagen verreist er und hinterlässt Julius, zu dem er eine nahe Verbundenheit empfindet, ein Kästchen mit Briefen aus seiner Jugend.

Der zweite Teil des Romans besteht aus 24 Briefen, die der Graf einst an einen Freund geschrieben hat: In Deutschland aufgewachsen, wird er eines Tages zu seiner Familie nach Paris zurückgerufen. Auf dem Weg lernt er eine Familie kennen, in deren Tochter Marie er sich verliebt. Die Zeichen stehen jedoch nicht günstig für die junge Liebe. Marie muss den Direktiven ihrer Familie, der junge Graf denen der seinen folgen. In Paris wird er insbesondere mit den Kreisen der schönen und begehrten Julie Celange bekannt und lernt bei einem ländlichen Messebesuch die engelgleiche Celeste kennen, die sich fürs Klosterleben entschieden hat. Beide lieben ihn auf ihre Weise, es kommt zu Skandalen und Enttäuschungen, während der Graf sich Sorgen um den Verbleib seiner geliebten Marie macht. Die letzten Briefe sind von seinem Diener Basile, der von einer schweren Erkrankung des Grafen berichtet, und von Marie, die die Hoffnung auf ein Widersehen aufgegeben hat. Das Romankonzept endet mit verschiedenen Brieffragmenten, eine Rückkehr zur Rahmenhandlung ist in den Entwürfen nicht zu erkennen.

Charlotte Schillers unabgeschlossener Roman, der hier nur dem Inhalt nach kurz skizziert werden konnte, verknüpft eine ganze Reihe von Motiven, die bereits in ihren früheren literarischen Werken bedeutend sind: Das Kloster- und Nonnenmotiv kehrt wieder, ebenso wie die aufrichtige Liebe junger Männer zu schönen Frauen, die durch äußere Umstände vereitelt wird. Bemerkenswert ist die Rolle der Mütter in diesem Roman: Antonie Berwick, die schöne Witwe, ebenso wie Julius' Mutter, die ohne väterlichen Einfluss dem Sohn eine umfassende Bildung zu ermöglichen weiß. Diese Mutter, die nur aus der Perspektive von Julius geschildert wird, als Figur nicht in Erscheinung tritt, ist möglicherweise die phantasmatisch geliebte Marie aus den brieflichen Schilderungen des Oheims. Mehrere Textsignale sprechen dafür: Julius verschweigt seiner Mutter, der er täglich Briefe schreibt, die Bekanntschaft mit dem Grafen konsequent, und der Graf deutet im Abschiedsbrief an Julius an, dass dieser sein Sohn sein könne. Ob er das im leiblichen oder geistigen Sinn meint, bleibt freilich offen. Orte werden nicht präzise bezeichnet, allenfalls größere Städte wie Genf, Lyon oder Paris. Auch die zeitliche Rekonstruktion ist nicht ganz einfach. Geht man davon aus, dass Julius etwa 20 Jahre alt ist und sein Vater am Amerikanischen Unabhängigkeitskrieg beteiligt war, wäre er wohl um 1775 geboren. Wenn Marie seine Mutter ist, hat sie den Oheim vor dieser Zeit getroffen; er wäre also in den frühen 70er Jahren in Paris gewesen. Im Detail muss man das nicht ausrechnen. Es genügt zu wissen, dass die französischen Handlungsteile *vor* der großen Revolution angesiedelt sind, was auch zeitlich ganz den anderen Erzählungen Charlotte Schillers entspricht. Dass sie den Text aber wohl erst später geschrieben hat, darauf verweist die negative Darstellung der Pariser fassadenhaften Gesellschaftsformen und Architektur in der Perspektive des Grafen:

> Der Anblick von Paris hatte nichts was mich wundern konnte, die vorstädte sind groß, aber schlecht gebaut. Wenn nicht hin und wieder ein hochgepuderter u. frisirter Kopf aus den kleinen rauchreichen Fenstern heraus blickte, und eine Hand mit einer langen Manschette geziert zeigte, so dächtest du nicht daß du in dem Siz des Geschmacks dich befändest. Die franzosen entbehren lieber des Brots dünkt mich, als einen ungepuderten Kopf.[95]

Überhaupt tendiert der Roman dazu, gebürtige Franzosen – wie etwa Madame Berwick selbst – Deutschland den Vorzug gegenüber Frankreich geben zu lassen. Bestimmte Nationalstereotype, auch schon zum vorrevolutionären Paris, mögen freilich der Reiseliteratur entlehnt sein, wie etwa der Frankreichschilderung Sopie von La Roches von 1787.[96] Eine Rolle spielen zudem sicher auch die Eindrücke, die Wilhelm und Caroline von Wolzogen von ihren diversen Paris-Aufenthalten vermitteln. Aufgrund der bisherigen Editionslage ist es freilich mehr als schwierig, überhaupt Interpretationen der Werke Charlotte Schillers vorzunehmen. Weitere Erzähltexte, von denen unbekannt ist, ob es sich um Übersetzungen, Adaptionen oder Originale handelt, sind die gleichfalls in Paris angesiedelte Erzählung *Nancy*[97] um eine vergeblich von einem adligen jungen Mann angebetete Frau, sowie die historische Erzählung *Johanna*,[98] in der die Witwenmotivik wiederkehrt.

Überblickt man Charlottes Lebens- und Schreibsituation in der napoleonischen Zeit von 1806 bis 1815, so fällt zum einen die Verlagerung des Geniediskurses von Schiller auf Goethe auf, wobei dessen ‚materielle' Ehehälfte Christiane das ‚ideale' Bild nachhaltig stört. Im schriftlichen Dialog mit ihrer ‚Ideal-Tochter', Prinzessin Karoline Luise, entwirft Charlotte sich in ihrem Schreiben, in ihrer Erziehungsfunktion für die Kinder, aber auch ihrer äußerlichen Erscheinung nach, während sie sich mit dem alten Freund Knebel vor allem über die politischen Entwicklungen und insbesondere die Rolle der fanzösischen Nation austauscht. Eigene literarische Texte, die sie – möglicherweise – in diesem Zeitraum übersetzt oder verfasst, bearbeiten vor allem das Motiv der Witwe. Nach 1815 wird zum zentralen Thema der Prinzessinnenstand, mit dem sie auf dem Schauplatz europäischer Politik auf vielfache Weise konfrontiert wird.

Anmerkungen

1 An Fischenich, 30. November 1806. In: Hennes (Hg.): *Fischenich*, S. 81.
2 Vgl. Merseburger: *Mythos Weimar*, S. 123 f.

3 Vgl. Günzel: *Das Weimarer Fürstenhaus*, S. 117.

4 Merseburger: *Mythos Weimar*, S. 126. Vgl. für die Darstellung der historischen Ereignisse das Kapitel „Napoleon als Göttersohn", ebd. S. 112–150.

5 An Fischenich, 30. November 1806. In: Hennes (Hg.): *Fischenich*, S. 80.

6 Am 5/6. Mai 1774 brennt das Stadtschloss, die sogenannte Wilhelmsburg, bis auf die Grundmauern nieder. Erst 1789 gründet Carl August eine Schlossbaukommission, an der Goethe maßgeblich beteiligt ist. Am 1. August 1803 kann die herzogliche Familie vom Fürstenhaus (der heutigen Musikschule Franz Liszt) in die Ost- und Nordflügel einziehen. Erst 1830 wird der Wiederaufbau vollendet. Vgl. Angaben in Schuster/Gille (Hg.): *Wiederholte Spiegelungen*, Bd. 2, S. 945 und 965; Günzel: *Das Weimarer Fürstenhaus*, S. 85.

7 An Fischenich, 30. November 1806. In: Hennes (Hg.): *Fischenich*, S. 80 f.

8 Vgl. Merseburger: *Mythos Weimar*, S. 124 f.

9 Günzel: *Das Weimarer Fürstenhaus*, S. 72 f.

10 An Fritz von Stein, 24. November 1806. In: GSA 122/99a, 3.

11 Vgl. Günzel: *Das Weimarer Fürstenhaus*, S. 88: „Auch Goethe wurde in seinem Haus am Frauenplan nur durch das beherzte Eingreifen Christianes vor dem Schlimmsten bewahrt." Oder Merseburger: *Mythos Weimar*, S. 127: Betrunkene Marodeurs erklimmen die Stufen zum oberen Stockwerk, „bis sich Christiane Vulpius mit einem zu Goethe geflüchteten Weimaraner dazwischenwirft. Resolut drängt sie die Wütenden zurück und verriegelt die Tür."

12 Damm: *Christiane und Goethe*, S. 333.

13 Ebd., S. 336.

14 Ebd., S. 337.

15 An Fritz von Stein, 24. November 1806. In: GSA 122/99a, 3.

16 An Karoline Luise von Mecklenburg-Schwerin, 12. Februar 1812. In: Urlichs (Hg.): *Charlotte*, Bd. 1, S. 624.

17 An Knebel, 20. Januar 1816. In: Düntzer (Hg.): *Briefe von Schiller's Gattin*, S. 246 f.

18 An Knebel, 28. Dezember 1816. In: Ebd., S. 332 f.

19 An Fischenich, 23. Februar 1809. In: Hennes (Hg.): *Fischenich*, S. 94.

20 An Karoline Luise von Mecklenburg-Schwerin, 5. Januar 1812. In: Urlichs (Hg.): *Charlotte*, Bd. 1, S. 615.

21 Vgl. Günzel: *Das Weimarer Fürstenhaus*, S. 72 f.

22 GSA 83/1563. Urlichs (Hg.): *Charlotte*, Bd. 1, S. 11, druckt eine auf einer Abschrift Emilies basierende, leicht veränderte Version.

23 An Karl von Schiller, 2. Juni 1810. In: GSA 83/2158,1.

24 An Karl von Schiller, 18. Juni 1810. In: Ebd.

25 Eine wiederkehrene Formulierung im Briefwechsel zwischen Charlotte Schiller und Karoline Luise von Mecklenburg-Schwerin, z. B. letztere an Charlotte, Ludwigslust, 11. Mai 1814. In: Urlichs (Hg.): *Charlotte*, Bd. 1, S. 687.

26 Zur Familie Gore s. auch Günther u. a. (Hg.): *Weimar. Lexikon zur Stadtgeschichte*, S. 179. Die Namen der Töchter werden teilweise auch englisch, Eliza und Emily, geschrieben.

27 DLA Schiller, Friedrich von/Zug. Mat. Charl. v. Schiller/Briefe von ihr an Knebel. Das Konvolut trägt den Titel „25 Briefe Charlotte von Schillers an Karl Ludwig Knebel. aus dem Jahre 1811 in Abschrift. bearbeitet von Friedrich Stier. 1962."

28 An Knebel, 24. August 1811. In: Ebd.
29 An Karoline Luise von Mecklenburg-Schwerin, 23. November 1811. In: GSA 83/1920,1.
30 Stein: *Neues Freiheits-System*. Hg. von Dietrick/Pailer, bzw. GSA 122/5. Ausführlicher behandelt dieses Stück Kapitel V, bzw. auch Pailer: *Erstürmungen der ‚Redoute'*.
31 An Karoline Luise von Mecklenburg-Schwerin, 1. und 4. Mai 1811. In: Ebd.
32 An Karoline Luise von Mecklenburg-Schwerin, 28. Mai 1811. In: Ebd.
33 An Karoline Luise von Mecklenburg-Schwerin, 5. Februar 1812. In: Urlichs (Hg.): *Charlotte*, Bd. 1, S. 622. Hs. GSA 83/1920,2.
34 An Knebel, im Mai 1811. In: Düntzer (Hg.): *Briefe von Schiller's Gattin*, S. 75.
35 Wie in Kapitel VII beschrieben.
36 An Fritz von Stein, 12. Januar 1806. In: GSA 122/99a,3.
37 An Karoline Luise von Mecklenburg-Schwerin, 8. Januar 1811. In: GSA 83/1920,1.
38 An Karoline Luise von Mecklenburg-Schwerin [vermutlich im Juni 1811, Einzelbl. o. D.]. In: Ebd.
39 An Karoline Luise von Mecklenburg-Schwerin, 7. Juli 1811. In: Ebd.
40 Vgl. zur Bettine-Affäre: Damm: *Christiane und Goethe*, S. 394–399.
41 An Karoline Luise von Mecklenburg-Schwerin, 18. September 1811. In: GSA 83/1920,1.
42 Von Karoline Luise von Mecklenburg-Schwerin, 10. Oktober 1811. In: GSA 83/1789,1.
43 An Karoline Luise von Mecklenburg-Schwerin, 3. Oktober 1811. In: GSA 83/1920,1.
44 An Karoline Luise von Mecklenburg-Schwerin, 25. Februar 1813. In: GSA 83/1920, 2.
45 An Karoline Luise von Mecklenburg-Schwerin, 5. Februar 1812. In: Ebd.
46 An Knebel, 8. Februar 1815. In: Düntzer (Hg.): *Briefe von Schiller's Gattin*, S. 177.
47 An Knebel, 1. Juni 1816. In: Ebd., S. 281.
48 An Knebel, 8. Juni 1816. In: Ebd., S. 284.
49 GSA 83/1560.
50 *Sonett an Goethe von Charlotte von Schiller/An Goethe 1808*. In: *Süddeutsche Presse*, Nr. 261 vom 7. November 1869, S. 1. Kopie in: GSA 83/1560.
51 GSA 83/1561. Das Konzept, das für einzelne Strophen links und rechts am Rand durchgestrichene Varianten aufweist, lässt zudem darauf schließen, dass zwei Schlussverse geplant waren, beginnend „Doch nicht auf ewig …".
52 Vgl. dazu ausführlicher Kapitel VI.
53 An Knebel, 19. August 1818. In: GSA Stargardt NZ 6108,15 [Neuzugang 2008]. Vgl. auch Düntzer (Hg.): *Briefe von Schiller's Gattin*, S. 408 f.
54 *An Goethe*. In: Schiller: *SW*, Bd. 1, S. 211–213, hier S. 211 und 213.
55 An Cotta, 9. Februar 1809. In: DLA Cotta/Verf. Schiller/Schiller, Charlotte von [Umschrift, fremde Hand], o. S.
56 An Knebel, 13. November 1819. In: Düntzer (Hg.): *Briefe von Schiller's Gattin*, S. 164.
57 An Knebel, 20. April 1811. In: DLA Schiller, Friedrich von/Zug. Mat. Charl. v. Schiller.
58 Vgl. an Fritz von Stein, 12. Januar 1806. In: GSA 122/99a,3; Charlotte Schiller: *Über Goethes Vorträge in der Mittwochs-Gesellschaft*, GSA 83/1663.
59 An Knebel, 16. März 1811. In: DLA Schiller, Friedrich von/Zug. Mat. Charl. v. Schiller.
60 An Knebel, im Jahr 1812. In: Düntzer (Hg.): *Briefe von Schiller's Gattin*, S. 84 f.
61 An Knebel, 26. Juni 1823. In: Ebd., S. 548. Zu Johanna Schopenhauers schriftstellerischer Tätigkeit im Umfeld der Weimarer Klassik s. insbesondere Gilleir: *Johanna Schopenhauer*.

62 Vgl. Kapitel VII.
63 An Knebel, 25. November 1815. In: Düntzer (Hg.): *Briefe von Schiller's Gattin*, S. 237.
64 An Karl von Schiller, Weimar, 4. Juni 1810. In: GSA 83/2858,1.
65 An Karl von Schiller, Heidelberg, 25. [August] 1810. In: Ebd. Die Monatsangabe fehlt auf dem Brief. Da Charlotte Schiller erst im August in Heidelberg ist, kommt nur dieser Monat in Frage.
66 An Karl von Schiller, Weimar, 8. Oktober 1810. In: Ebd.
67 GSA 83/1656.
68 Ebd., Bl. 1–r.
69 Ebd., Bl. 2–r.
70 Ebd., Bl. 2–r.
71 Ebd., Bl. 2–v.
72 Heidelberger Schloss, DLA Inventar-Nr. 5114; Nachen auf dem Neckar, DLA Inventar-Nr. 5115; vier Detailstudien zum Schloss, DLA Inventar-Nr. 5149.
73 GSA 83/1656, Bl. 3–r.
74 Ebd., Bl. 3–v.
75 Ebd., Bl. 3–v.
76 Ebd., Bl. 5–r/v.
77 Ebd., Bl. 6–r.
78 Ebd., Bl. 7–r.
79 Unter Ludwig XIV. wurde Heidelberg in den Jahren 1689 und 1693 zerstört.
80 DLA Inventar-Nr. 5115.
81 Vgl. Briefe von Caroline von Wolzogen aus Paris, beginnend im Juni 1802. In: Urlichs (Hg.): *Charlotte*, Bd. 2, S. 70–86.
82 Von Caroline von Wolzogen, Stuttgart, 1. Oktober [o. J.]. In: Ebd., S. 86.
83 An Knebel, 1. März 1813. In: Düntzer (Hg.): *Briefe von Schiller's Gattin*, S. 122.
84 An Knebel, 29. März 1815. In: Ebd., S. 186.
85 An Knebel, 8. Juli 1815. In: Ebd., S. 212.
86 An Knebel, 11. Februar 1811. In: DLA Schiller, Friedrich von/Zug. Mat. Charl. v. Schiller.
87 An Knebel, 29. Juni 1811. In Ebd.
88 An Karl von Schiller, 27. November 1813. In: GSA 83/2158, 4.
89 An Karl von Schiller, 14. Dezember 1813. In: Ebd.
90 An Fischenich, 6. April 1814. In Hennes (Hg.): *Fischenich*, S. 122–124.
91 Vgl. Urlichs (Hg.): *Charlotte*, Bd. 1, S. 17–19. Hss. GSA 83/1588 (*Auf Brüder auf*) und GSA 83/1591 (*Trinklied für Deutsche*).
92 Vgl. Jüngling/Roßbeck: *Schillers Dopelliebe*, S. 254.
93 GSA 83/1623. Vorlage: Ségur: *Les deux veuves*.
94 GSA 83/1644.
95 Ebd., Mappe 4, Bg. 9, Bl. 7–r.
96 Vgl. hierzu Pailer: *Paris – London*.
97 GSA 83/1643.
98 GSA 83/1642.

IX Spätwerk: Produktivität im nachklassischen Weimar

> Der poetischen Ansichten und Naturen gibt es leider gar zu wenig! Und der Augenblick der Weltbegebenheiten schreckt und beängstigt so viele Gemüther [...].
>
> Sie würden wol finden, lieber Freund, wenn ich Ihnen alle Veranlassungen klar machen könnte und wollte, die mir gegeben sind, daß ich keinen ganz leichten Stand habe, und daß ich mein Tagewerk nicht ohne Philosophie so bestehen könnte, als ich es doch thue. In einer so rauhen Zeit wird es einer Frau nicht leicht, gegen die Gewaltthätigkeiten und Ungerechtigkeiten der ausübenden Mächte sich mit Gleichmuth zu bewaffnen, und ungerechte Foderungen zu erfüllen schmerzt doch das Gemüth, wenn es auch die Philosophie und Poesie zur liebsten Stütze gewählt hat.[1]

Im Januar 1815 – das Auge auf die „Weltbegebenheiten" in Wien gerichtet – liest Charlotte Schiller vor allem Schriften Senecas auf Französisch, übersetzt für sich selbst zum besseren Verständnis das eine oder andere ins Deutsche und malt sich aus, Knebel in Jena zu besuchen, um ihm bei einer Übersetzung des römischen Philosophen zu assistieren: „wäre ich in Jena, so würde ich mich mit Tinte und Feder neben Sie setzen".[2] Am allerwichtigsten ist ihr der Wunsch: „Nur kein Krieg mehr, solange ich lebe!"[3] Napoleon scheint zwar fürs Erste gebannt, der Kaiser befindet sich nach Absetzung durch den Senat und eigener Abdankung seit April 1814 auf der Insel Elba, doch wird der seit Herbst sich formierende Wiener Kongress, der die Neuordnung Europas verhandeln soll, durch seine Rückkehr am 1. März 1815 aufgewirbelt. Erneut rüstet man gegen den *Empereur*, der schließlich in der Schlacht bei Waterloo am 18. Juni endgültig niedergeworfen und nach St. Helena exiliert wird.

Bestürzten Anteil am Entkommen Napoleons nimmt Charlottes Lieblingskorrespondentin, Prinzessin Karoline, die ihr aus Ludwigslust schreibt: „Nach Tisch. Da war ich, als die Nachricht von Napoleons Entweichung eintraf. Was soll denn das geben?"[4] Ihren Kindern bringt sie bei, dass gemäß der „Naturgeschichte" die Franzosen „eine den Menschen untergeordnete Klasse von Geschöpfen sind".[5] Dass eines dieser Kinder, die im Jahr zuvor geborene Helene Luise Elisabeth, in späteren Jahren Herzogin von Orléans werden wird, kann sie freilich nicht ahnen.[6] Ihr Mann, Erbprinz Friedrich Ludwig von Mecklenburg-Schwerin, nimmt selbst Teil am Wiener Geschehen, wo er mit Unterstützung von Zar Alexander I., mit dessen Schwester Helena Pawlowna er in erster Ehe verheiratet war, für sein Land den Status des Großherzogtums aushandeln kann. Als Generalleutnant kämpft er gegen Napoleons Truppen. Die Mecklenburgische Thronfolge wird der Erbgroßherzog jedoch nie antreten.[7]

Die Beziehung zum russischen Hof ist auch dem Weimarer Fürstenhaus selbst günstig bei den diplomatischen Verhandlungen in Wien. Im Sommer 1804 war mit großem Pomp Großfürstin Maria Pawlowna zur Vermählung mit Carl Friedrich in Weimar eingezogen, Wilhelm von Wolzogen war als Gesandter und Brautwerber nach Petersburg gereist, Friedrich Schiller hatte sie mit dem Festspiel *Die Huldigung der Künste* feierlich begrüßt. Sie ist eine der Töchter des 1801 gestürzten Zaren Paul, eine der Schwestern des amtierenden Zaren Alexander I. und präsentiert sich entsprechend auf dem großen Wiener „Schauspiel der Weltgeschichte"[8] der Jahre 1814/15, das „keineswegs nur in den Kabinetten der Potentaten und Diplomaten, sondern mehr noch in Ballsälen und an Festtafeln" statthat.[9] Dabei unterstützt sie stärker die russischen Interessen ihres Bruders als die ihres Schwiegervaters, dessen Wunsch unerfüllt bleibt, auch das Königreich Sachsen unter sein Zepter zu bringen. Immerhin aber wird Sachsen-Weimar-Eisenach zum Großherzogtum erhoben.[10]

Charlotte Schiller steht dem Weimarer Hof in vielfältiger Hinsicht nahe, über ihre „geliebte Prinzeß" in Ludwigslust, über ihren Schwager Wilhelm, der mit der Werbung um die Großfürstin betraut war, über Schiller selbst, dessen Dichtungen im höfischen Auftrag aus seinen letzten Lebensjahren alles andere als vergessen sind.[11] Die politischen Zeitläufte und insbesondere das Wiener Großereignis kann sie freilich nur am Rande mitverfolgen. Im Juli 1812 erhält sie Besuch von Karolines Gemahl, Erbprinz Friedrich Ludwig, der sich in militärischer Mission kurzfristig in Weimar aufhält: „Ich bin seit sechs Uhr aufgestanden, sitze wohl geputzt am Schreibtisch und erwarte um acht Uhr den Durchlauchtigen Gemahl, dessen Artigkeit ich hoch preise, daß er zu mir kommt",[12] und verfolgt alsdann seine „Spuren".[13] Im Frühjahr ist Zar Alexander mit Gemahlin und Gefolge in Weimar, bevor er nach Paris weiterreist.[14] Als patriotische weibliche Beteiligung stricken Charlotte und die kleine Emilie fleißig Socken für die Soldaten im „Frauen-Institut" Maria Pawlownas. Mit deren Tochter Marie, die „mit ihren kleinen Händchen schon manche Leibbinde genäht" hat, freundet sich Charlottes Jüngste über der handarbeitlichen Beschäftigung an.[15]

In kultureller Hinsicht ist die Metamorphose Weimars vom „Musenhof zum Museum"[16] nicht aufzuhalten. In ihren Briefen, insbesondere an Knebel,[17] erweist sich Charlotte als eifrige Kritikerin des nachklassischen Weimar, kommentiert etwa Neuerscheinungen der Romantiker, lobt Novalis, tadelt Tieck und die Brüder Schlegel, bespricht Werke von Heinrich von Kleist, E. T. A Hoffmann, Jean Paul und Friedrich de la Motte-Fouqué. An englischen Autoren interessieren sie Walter Scott und vor allem Lord Byron, dessen Werke sie mit Begeisterung übersetzt. Auch Schriftstellerinnen nimmt sie zur Kenntnis. So verfolgt sie weiterhin die Veröffentlichungen der aus dem revolutionären Frankreich exilierten Germaine de Staël – insbesondere Memoirenliteratur von dieser selbst und ihrem Vater –, äußert sich über Therese Huber, Bettina von Arnim, Johanna Schopenhauer oder Karoline Pichler, liest mehrbändige französische und englische Romane, wie etwa den Kreuzzugsroman *Mathilde* von Sophie Cottin (1805) oder den *Glenarvon* von Caroline Lamb (1816). Zu letzterem, den ja auch Goethe geschätzt haben soll, äußert sie eine Einschätzung, die zugleich ihr Eintreten für eine differenziertere Gestaltung weiblicher Figuren erkennen lässt: „Die andern Frauengestalten, die dem Helden folgen, sind mir zu unwahr, wie auch die Lady Margarethe; so consequent böse sind die Frauen nicht".[18]

Sie freut sich, dass ihre Töchter – insbesondere Emilie – die Nähe zum Hof suchen, daß ihre Familie, wie sie Prinzessin Karoline schreibt, „auch wieder nicht den Blick, sondern das Herz nur nach den Palästen richtet".[19] In ihrer eigenen Schreibtätigkeit richtet sich die Wahrnehmung auf höfische Zweckbündnisse und die Rolle von Prinzessinnen aller Art. Zeitlebens hat sie das Beispiel von Herzogin Luise vor Augen. Den Einzug Maria Pawlownas hat sie hautnah miterlebt, die Vermählung der Herzogentochter Karoline Luise nach Mecklenburg-Schwerin betrauert. In ihren Briefen finden sich zahlreiche, stark idealisierende, Beschreibungen fürstlicher Frauen, die in gewisser Weise Modell stehen für Charlottes literarische Entwürfe zum Prinzessinnenstand. Vier Beispiele seien angeführt:

Im Sommer 1812 wird am Weimarer Hof über das Auftreten der Kaiserin gemunkelt – es handelt sich um die österreichische Kaisertochter Marie Louise, die seit 1810 zweite Frau Napoleon Bonapartes ist. In Karlsbad und Töpliz ist sie mit Goethe zusammengetroffen und hat, veranlasst durch ein Gespräch mit dem Dichter, selbst ein Lustspiel verfasst, in dem er auftreten sollte.[20] Charlotte erteilt ihrer „Prinzeß" am 30. August 1812 die gewünschte Auskunft. Ein Gespräch habe die Veranlassung gegeben, und zwar

> über die Materie, welches der beiden Geschlechter das Recht hätte, zuerst die Liebe zu gestehen. Man ist so weit gekommen es auszumalen, und der Meister hat eine Geschichte darüber erzählt. Die K. hat gemeint, man könnte sie dramatisch behandeln und hat sich eine ganze Nacht hingesetzt und das Stück verfertigt, worin der Meister die Rolle eines alten Onkels machen sollte. Er hatte schon eine große Allongen-Peruque bestellt, als er krank wurde, und es unterblieb.[21]

Auch habe der Meister Huldigungsgedichte auf die Kaiserin geschrieben. Bei Carl August hat Charlotte ein Bild von ihr gesehen, das sie „erstaunlich interessant" findet, die Kaiserin habe „so kluge, feine, schöne Augen", dass der Herzog ganz in ihr Bild verliebt sei.[22] In der Zwischenzeit sind Prinzessin Karoline indessen ganz andere Eindrücke zugetragen worden, „unter anderm, daß sie entsetzlich laut lacht, auch über

Kindereien, von unendlicher Lebendigkeit ist, mit Begierde Alles verschlingt, was ihrem lebendigen, geistreichen Wesen vorkommt. Das Stück soll gar nicht spielbar gewesen sein und der Meister sich krank gestellt haben."[23] Dass Prinzessin Karoline ihrer Loloa für die „eingesammelten Nachrichten von der *österreichischen* Kaiserin"[24] dankt, lässt zugleich erkennen, dass diese – obwohl durch Ehe mit Frankreich verbündet – weiterhin als ‚deutsch' wahrgenommen wird. Ihr Aufenthalt in den böhmischen Bädern bzw. auf deutschem Staatsgebiet ist in diplomatischer Hinsicht nicht unprekär, zumal sie einerseits den Russlandfeldzug ihres Gatten unterstützen soll, ihre Präsenz andererseits die antinapoleonische Stimmung befördert. Die Eindrücke Charlottes und Karolines von der Kaiserin – keine der beiden trifft sie persönlich – spiegeln die je unterschiedlichen Einschätzungen, in welchem Maße der Sproß des 1806 unter napoleonischem Druck abgedankten ‚römischen' Kaisers Franz[25] deutschem Geist treu geblieben ist, oder aber sich französische Unsitten zu eigen gemacht hat.

Persönlich lernt Charlotte Schiller immerhin die russische Zarin Elisabeth Alexejewna kennen, als diese im Frühjahr 1814 im Vorfeld des Wiener Kongresses mit ihrem Mann, Zar Alexander I., den Weimarer Hof besucht. Elisabeth ist die in Karlsruhe gebürtige Prinzessin Lousie von Baden, die noch zur Zeit Kaiserin Katherinas II. mit dem Zarewitsch Alexander vermählt worden ist und am Petersburger Hof zunächst als Großfürstin, ab 1801 dann als Zarin lebt. Charlotte Schiller schildert ihren Eindruck im Februar 1814 dem Verleger Johann Friedrich Cotta:

> Ich hoffe Sie sehen in Baaden, die Kaiserin Elisabeth dieses Frühjahr, denn ich hoffe sie genießt den Sommer wieder in ihrem schönen Vaterlande. So eine liebliche u. hohe Frau ist eine seltne Erscheinung. Dieser Ausdruck von Güte, Geisteskraft und Liebenswürdigkeit vereinigt ist einem sehr erfreulich. Sie war zwey volle Tage hier, zu kurz für uns, aber doch hat man diese Edle Einfache Natur schon ins Herz geschloßen als eine längst bekannte, wenn man sie nur sieht. Sie hat mir mit Wohlwollen u. Antheil von Schiller gesprochen, und ich weiß wie sehr sie seine Stücke liebt, in Berlin hat sie sich die Jungfrau von Orleans ausgebeten; Sie würde Schillers Herz recht bewegt haben, hätte er sie gesehen! Denn sie vereinigt recht dies hohe ruhige, mit dem Ausdruck des tiefsten Gefühls und Verstandes, was er so liebte! – Ich möchte Danneker würde berufen ihre Büste zu machen. Die Form ihrer Züge ist so edel und so weiblich, und fein, der Kopf ruht so schön auf den zierlichen Hals. Es würde ihm freuen und gelingen.[26]

Und ebenso wie Charlotte die nach Russland verheiratete badische Prinzessin bewundert, ist sie von der Größe und Herzensgüte der in umgekehrte Richtung, vom Petersburger an den Württemberger Hof vermählten Schwester des Zaren, Katharina Pawlowna, überzeugt. Die Ehe des Thronfolgers Wilhelm I., der 1816 zweiter König des vormaligen Herzogtums Württemberg wird, mit Katharina Pawlowna ist auf dem

Wiener Kongress 1815 ausgehandelt worden. Charlotte Schiller setzt Hoffnungen in die neu gekrönte Königin aus der Dynastie der Romanows, insbesondere für ihren Sohn Karl. Dieser hat zunächst im Vaterland Schillers, das Charlotte gerne als ihr „zweytes Vaterland" bezeichnet, studiert, und die stets besorgte Mutter ersucht nun um eine Anstellung für ihn. Am 15. November 1816 beteuert sie gegenüber Cotta, welchen Anteil sie an allem nimmt, was Württemberg betrifft, wie verehrungswürdig der jetzige König Wilhelm, wie großherzig wohl die Königin sei. Insbesondere hofft sie, durch die Vermittlung derselben eine Stellung für Karl in Württemberg zu erwirken.[27] Am 28. März 1817 meldet sie, dass Karl die Anstellung erhalten hat.[28] Am 7. August erwähnt sie das württembergische Königspaar gegenüber Cotta ein weiteres Mal – nur für den Fall, dass man in Stuttgart (wo Cottas seit 1810/11 wohnen) eine Bestätigung für Karls Adelsstand benötigt: „Carl besizt den Adelsbrief der Familie, und der Kaiser hat sie auch für Stiftsfähig erklärt, dies nur nebenbey, denn ich weiß daß der König, wie die großherzige Königinn, den Nahmen und Ruf des geliebten Vaters dieser Kinder würdigen, und allen edlen Antheil zeigen würden, auch ohne die Bestätigung des Kaisers selbst."[29]

Das vierte Beispiel eines adeligen Zweckbündnisses, zu dem Charlotte Schiller eine persönliche Beziehung demonstriert, ist die Wiedervermählung Friedrich Ludwigs von Mecklenburg-Schwerin, dessen zweite Frau, Charlottes geliebte Prinzessin Karoline, 1816 verstorben ist. Am 3. April 1818 wird er mit Prinzessin Auguste Friederike von Hessen-Homburg vermählt. Hofdame Karoline von Bose berichtet ihr von der Ankunft der neuen „Mutter". Charlotte empfindet Trauer um ihre verstorbene Prinzessin, gleichzeitig aber auch Mitgefühl für deren Nachfolgerin: „Eine Idee von ihr hat mich recht gerührt; sie hat sich in ihrer Eheberedung ausbedungen, daß man sie nach Homburg bringe, wenn sie auch stürbe. (Doch bleibt es unter uns, bitte ich.) Doch hoffe ich, lebt sie länger, den Kindern zum Trost und Stütze, als sie es erwartet."[30] Auf jeden Fall wünscht sie ihr, dass sie „aus ihrem schönen, reichen Vaterlande nur Kräfte mitbringen [mag], die ihr die böse mecklenburger Luft ertragen helfen".[31] Eigentlich hätte der regierende englische König Georg III., so weiß Charlotte weiter zu berichten, dem Mecklenburger gerne seine Tochter Elisabeth gegeben. Deren Hand erhält indessen am 7. April 1818 Landgraf Friedrich VI. von Hessen-Homburg,[32] der sich in der Leipziger Völkerschlacht sowie als Befehlshaber gegen Napoleon verdient gemacht hat.

Dynastische Ehepolitik, Verbindungen von Prinzessinnen über die europäische Landkarte, sind Vorgänge, die Charlotte Schiller aus unterschiedlichen Quellen zugetragen werden. Mit ihrem Spätwerk richtet sie den Blick vor allem auf dieses Thema, erschreibt sich sozusagen im übertragenen Sinn eine Rolle als ‚Hofdame'. Zwei ihrer Projekte seien etwas eingehender vorgestellt, zum einen die novellistische Adaption des französischen Romans *Die Königinn von Navarra*, zum anderen der Entwurf eines historischen Trauerspiels aus der dänisch-schwedischen Geschichte.

Die Erzählung *Die Königinn von Navarra*,[33] die 58 Blatt folio umfasst, größtenteils doppelseitig beschrieben, behandelt das Leben der Margarete von Valois, verheirateten

Gräfin von Alençon und späteren Königin von Navarra (1492–1549).[34] Im Zentrum steht ihre unglückliche Liebe zum Herzog von Bourbon, Konnetabel von Frankreich, unter der Regentschaft ihres Bruders Franz I.; eine stark idealisierte Liebe, die durch die unvernünftige Leidenschaft von Margeretes Mutter Louise von Savoyen für denselben Herzog hintertrieben wird und den Liebenden immer wieder neue Entsagung abverlangt. Die Episode selbst ist nicht historisch: zwar hegte die jung verwitwete Mutter eine heftige unerwiderte Neigung zum Herzog, eine Liebesbeziehung zwischen der Tochter und ihm wurde beiden dagegen angedichtet.[35] Zu Charlotte Schillers Lebzeiten war dies allerdings noch nicht bekannt, als historischer Stand galt die Darstellung des Franzosen Varrillas, *Histoire de François Premier*, von 1685.[36]

Da von Charlottes Hand noch eine zweite Erzählung vorliegt, die im Titel Navarra zitiert – *Der Bastard von Navarra* – und in der, zumindest auf den ersten Seiten, Schiller Redaktionsspuren hinterlassen hat, lag zunächst der Verdacht nahe, dass beide Texte noch zu dessen Lebzeiten entstanden sein könnten. Inhaltlich besteht indessen kein Zusammenhang, *Der Bastard* spielt anders als *Die Königinn* im spanischen Mittelalter und ist die Übersetzung einer historischen Novelle aus dem 17. Jahrhundert.[37] Die Vorlage der Erzählung *Die Königin von Navarra* ist dagegen ein umfangreicher historischer Roman der französischen Autorin Charlotte-Rose Caumont de la Force (1650–1724), *Histoire de Marguerite de Valois, reine de Navarre*, der 1720 in erster, 1783 in vierter Auflage erschien.[38]

1816 erwähnt Charlotte in einem Brief an Knebel den Titel: „Ich sende Ihnen hier die ‚Reine de Navarre'[] mit herzlichem Dank wieder. Sie hat meine Mutter und Schwester wie mich erfreut. Es ist so ein Leben darin, daß man glaubt die Gestalten zu erblicken und die Begebenheiten zu theilen."[39] Charakteristisch ist, dass sie die Lektüre des Werks erwähnt, jedoch ihre eigene schriftliche Bearbeitung verschweigt. Die weitschweifige, mehrbändige Darstellung des Originals (von über 2000 Seiten) verdichtet sie in ihrer Version sozusagen novellistisch auf das Motiv der unglücklichen Dreiecksbeziehung, indem Informationen gerafft wiedergegeben, andere Passagen dagegen relativ ausführlich übersetzt werden. Mit der historischen Autorin Marguerite de Navarre, die besonders durch ihren Novellenkranz *Héptameron* bekannt ist, kommt Charlotte bereits in den 1790er Jahren in Berührung, wie aus einem Brief Charlotte von Steins hervorgeht.[40] Es ist zudem möglich, dass sie in dieser Zeit auch eine Darstellung über *Anne de Bretagne* aus einem Band der *Bibliotheque de Campagne* kennt.[41] Erwähnt ist die Liebe Louise von Savoyens zum Herzog von Bourbon schließlich auch in Sophie von La Roches *Journal einer Reise durch Frankreich*,[42] das Charlotte in den 80er Jahren gelesen haben mag. Den biographisch-historischen Roman von Caumont de la Force, der die Hauptquelle bildet, liest sie aber offenbar erst 1816.

Die Erzählung beginnt mit einer Zusammenkunft adliger Damen am Hof Franz I., dessen Schwester Margarete, gebürtige Prinzessin von Valois, nunmehr verheiratete Königin von Navarra, ihr trauriges Schicksal durch ihre Freundin, die Gräfin von Sancerre, berichten lässt. Schon bei seinem ersten Auftritt im Rahmen einer Festveranstaltung, so erzählt diese, fliegen dem Grafen von Montpensier (der erst später Herzog von Bourbon wird) alle Frauenherzen zu. Die Berichtende selbst kann sich der spontanen Zuneigung nicht enthalten:

> In diesem Augenblick trat der Herzog von *Bourbon* auf, damahls noch Graf von *Montpensier*, Mutter und Tochter bemerkten ihn zugleich. Und als er bey einem Turnier als ein Unbekannter in pracht voller Rüstung erschien, und die Preise erhielt in jeglicher Uebung die Kraft und Gewandheit nur erringen können, ward sein Bild noch tiefer ins Gemüth der beyden schönen Frauen geprägt. Die augen, wie die herzen wusste der fremdling zu feßeln. Wir drey, denn auch ich muß mich freymüthig unter die besiegten rechnen wünschten ihm beständig Sieghaft zu erscheinen. keiner kam ihm gleich, niemand übertraf ihm. Als der tag des festes mit einem Ball beschloßen wurde trat der Unbesiegte in die gesellschaft, eben so prächtig als geschmackvoll gekleidet. Frohes Erstaunen erregte seine Erscheinung, auf jeder lippe tönte sein Nahme. Die Prinzeßinn von *Valois* blieb ohne sichtbare Bewegung; doch nicht so die Mutter. Mehr als sie hätte sagen dürfen verriethen ihre feurigen Blicke [...].[43]

Besonders bemerkenswert ist an der gesamten Darstellung, dass die leidenschaftlich liebende Mutter durchaus nicht als lächerliche Figur, als ‚heiratslustige Alte', wie sie die Komödientradition kennt, erscheint, sondern ihre Motivation, ihre immer tiefere Verstrickung in allerhand Intrigen gegen ihre eigene Tochter und den Herzog psychologisch nachvollziehbar bleibt. Während sie ihre Tochter in zwei Ehen mit ungeliebten Männern zwingt, sorgt sie für den finanziellen und gesellschaftlichen Ruin des Herzogs, so dass dieser – der zunächst in das höchste militärische Amt des Konnetabel aufsteigt – sich zeitweilig gegen Frankreich kehrt. Immer wieder versucht sich der Konnetabel Margarete zu nähern, immer wieder wird eine glückliche Verbindung der beiden Liebenden in tragischer Ironie vereitelt.

Was Charlotte leistet, ist die produktive Anverwandlung einer historischen Episode an den eigenen Kulturkreis. Ihr thematisches Interesse ist dabei durch mindestens zwei Faktoren ihres persönlichen Umfeldes beeinflusst. Obschon es sich um eine Adaption handelt, kann man in der Figurengestaltung Züge erkennen, die auch auf das eigene Schicksal Charlottes schließen lassen. In der Figur der Mutter kommt möglicherweise auch die Rastlosigkeit und die lebenslang unerfüllte Liebessehnsucht ihrer älteren Schwester Caroline zum Vorschein, von der Charlotte etwa 1811 schreibt: „Sie liebte so oft, und doch nie recht; denn wahre Liebe ist ewig, wie das Wesen, aus dem sie entspringt. Und eben weil sie nicht liebte, suchte immer das Herz noch einmal die Sehnsucht zu stillen."[44] In ihrem Erzählwerk bearbeitet Caroline von Wolzogen selbst intensiv *Dreiecksgeschichten*.[45] Dass die Konstellation zwischen Schiller, Charlotte und Caroline im Rudolstädter Sommer 1788 und während der ersten Ehejahre in Jena nicht einfach war, daran erinnert sich Charlotte zum Beispiel während eines späteren Besuchs in der Heimat: „Auch Schillers Andenken lebt immer so schön in mir in den Gegenden, wo wir uns eigentlich kennen lernten [...]. Hätte nicht in den ersten Jahren unsrer Verbindung die Disharmonie in der Frau ihren [Carolines] Verhältnissen uns geschmerzt, wenn wir hier waren, so hätte ich auch von unserm Zusammenleben noch freundlichere Bilder."[46]

Diese eingeschobenen autobiographischen Momente bilden aber nur einen, und sicher nicht den wichtigsten Aspekt. Im Zentrum der Erzählung steht der Prinzessinnenstand und die daran geknüpften Strategien der Ehe- und Familienpolitik des Hochadels, wie er Charlotte Schiller durch eine Reihe von Beispielen aus der europäischen Politik vor Augen steht. Während Margaretes Bruder Franz von Savoyen in müheloser Selbstverständlichkeit die Erbfolge des französischen Monarchen Ludwig XII. antritt, wird die Schwester zwischen familialen Ansprüchen und dynastischen Interessen regelrecht zerrieben. Will sie sich ihre Liebe zum Herzog von Bourbon zu Beginn nicht eingestehen, da sie weiß, dass Pläne zu ihrer Verheiratung mit dem spanischen Kaiser Karl V. bestehen, so kehrt sich gerade diese Folgsamkeit gegen sie, wenn ihre Mutter sie mit der Verheiratung an den Grafen von Alençon ‚bestraft'. Der Vorgang widerholt sich gewissermaßen bei ihrer zweiten Vermählung mit dem König von Navarra. Der eingeschränkte Handlungsspielraum von Frauen wird exponiert, gerade indem ihr makelloses Streben nach Tugend und Folgsamkeit ihnen nicht zu Lebensglück verhilft.

Drastischer noch bearbeitet Charlotte Schiller diesen Motivkomplex in ihrem Entwurf eines historischen Schauspiels.[47] Erhalten sind 46 Blatt folio mit Konzepten zu drei Aufzügen sowie Bruchstücken. Dem Konvolut liegt ein Auszug Charlottes[48] aus einem zeitgenössischen Geschichtswerk bei, der *Histoire de Dannemarc* von Paul Henri Mallet, die 1758 in französischer Erstausgabe und 1765 in deutscher Übersetzung als *Herrn Professor Mallets Geschichte von Dänemark* erschienen ist. Aufgrund verschiedener Textsignale, wie z. B. der Verwendung bestimmter Namen, ist davon auszugehen, dass Charlotte mit ihrem Exzerpt Textpassagen aus der französischen Erstausgabe überträgt.[49]

Die historische Episode, die ihrem Trauerspiel zugrunde liegt, ist ein ehepolitischer Skandal aus dem 14. Jahrhundert, der in Charlottes (bzw. Mallets) Version freilich heutigem Geschichtswissen nicht standhalten kann: 1362 lassen die Reichsstände den schwedischen König Magnus arretieren und setzten seinen Sohn Hakon (auch: Hacon), der bereits König von Norwegen ist, zugleich auf den schwedischen Thron. Er soll Elisabeth, die Schwester Heinrichs von Holstein, heiraten. Der letzere ist indessen ein erklärter Feind des dänischen Königs Waldemar, dem Magnus bereits eine Verbindung zwischen Hakon und seiner Tochter Margaretha zugesagt hat. Die schwedischen Stände senden Freiherrn von Wizen nach Holstein, um im Namen des Königs Hakon die Vermählung zu vollziehen, was alsbald mit großer Pracht erfolgt. Die neue Königin soll sodann nach Schweden eingeschifft werden, strandet aber in Dänemark, wo Waldemar sie heimlich auf einer entlegenen Burg gefangen halten lässt. Es gelingt ihm,

Hakon nach Kopenhagen zu locken und ihn mit seiner erst elfjährigen Tochter Margaretha zu verehelichen. Elisabeth lässt er anschließend die Wahl, in ihr Vaterland zurückzukehren, sie aber zieht sich in ein schwedisches Kloster zurück.

Charlottes Entwürfe der ersten drei Aufzüge sind in sich jeweils weit ausgearbeitet, lassen sich jedoch nicht zu einer kohärenten Trauerspielhandlung zusammenzufügen. Das Konzept des ersten Aufzugs präsentiert König Waldemar vor versammelter Ritterschaft und danach im Einzelgespräch mit Graf Knuth, der über den Plan, die bereits vermählte Elisabeth gefangen zu halten und sein Töchterlein gefügig zu machen, um ihr drei Kronen aufs Haupt zu setzen und sich selbst zwei weitere Reiche einzuverleiben, hell entsetzt ist. Im Gespräch mit seiner Frau und Tochter stößt er auf neuerlichen Widerstand. Margaretha, die sich selbst als Naturkind empfindet und darüber hinaus für viel zu jung hält, um vermählt zu werden, fragt den Vater zudem nach dem Schicksal Elisabeths, deren Glück mit diesem Schritt verraten werde. Zur Antwort erhält sie, dass solche Gedanken ihr nicht ziemten und dass es den Frauen ohnehin wesenseigen sei, sich mit solchem Glückswandel abzufinden:

> *König Waldemar.* Daran zu denken
> ziemt nicht Dir. Sie wird im stillen, nach ihrer
> Heymath wieder ziehen, und dort beweinen
> was sie nie besessen. Sie kann die krone
> als ein traumbild schauen, das ihr des morgens
> kühler Hauch entführte. Die Frauen frühe
> gewöhnet an die Kunst, sich selbst zu trösten wenn
> Das Schicksal zürnt, sie haben auch die Mittel,
> in ihrer Brust, dem Wandel zu ertragen, nicht
> frag ich auch, wie sie den Schmerz empfinden –
> Wenn wir uns glücklich fühlen, unsre Wünsche
> sich freudiger Erfüllung nahn, das ists was
> mein Gemüth im drang des lebens hebt oder
> sinken lässt; die andern Sorgen sind im Wahn.[50]

Auch das eindringliche Plädoyer der Mutter, die Tochter nicht dem Staat zu opfern, weist König Waldemar harsch zurück und verpflichtet die Königin stattdessen darauf, Margaretha auf die Begegnung mit Hakon vorzubereiten, damit sie sich ihm bei seinem Besuch freundlich zeige.

Das Konzept des zweiten Aufzuges präsentiert die gestrandete Elisabeth, die mit Freiherrn von Wizen und ihrem Gefolge zunächst in einer Fischerhütte Aufnahme findet, bis Graf Knuth erscheint, der sie in ihr Gefängnis bringen lässt. Kontrastiert wird in diesen Szenen die edle Größe Elisabeths mit der schlichten Güte der Fischersfrau Anna, aber auch mit der Geziertheit ihrer Hofdamen. Im Konzept zum dritten Akt trifft Elisabeth am Felsgestade bei ihrer entlegenen Burg auf einen geheimnisvollen Unbekannten, dem sie verschweigt, wer sie ist. Schließlich drängt die Oberhofmeisterin mit weiterem Hofstaat zu ihr, der ihr Gesellschaft leisten soll, während sich Wizen heimlich entfernen konnte und Elisabeth auf Rettung hofft.

Die Einrichtung des Textes als Blankversdrama ebenso wie das Motiv der gefangenen Königin lassen an Friedrich Schillers *Maria Stuart* denken. Allerdings ist die dominierende weibliche Figurenbesetzung in Charlotte Schillers Entwurf bemerkenswert ebenso wie der Umstand, dass sie überhaupt ein historisches Trauerspiel in Angriff nimmt. Freilich bedarf es auch für diesen literarischen Text erst einer zuverlässigen Neuedition, bevor eine eingehende Interpretation und Kontextualisierung gerade auch innerhalb des Genres „Geschichtsdrama" möglich sein wird.[51]

Die literarische Reflexion der Prinzessinnenrolle, wie sie Charlotte Schiller in diesen (und anderen) Texten unternimmt, eröffnet zugleich eine neue Sicht auf ihr Verhältnis zum Hofleben. Höfische Zeremonielle sind ihre Sache schon als Jugendliche nicht, auch wenn sie die persönliche Verbindung zu Angehörigen des Hofes stets anstrebt. In den Jahren nach dem Wiener Kongress steht im Vordergrund der Beziehung zum Weimarer Hof die ‚Initation' ihrer Töchter. In zahlreichen Briefen berichtet sie, wie Caroline und Emilie – genannt „Mimi" – größer werden, wie sie sich mit ihnen gemeinsam auf Ereignisse am Hof vorbereitet. Was den beruflichen Werdegang der Söhne betrifft, so entwickelt sich nicht alles, wie von der Mutter gewünscht. Karl wird, wie bereits erwähnt, in Württemberg anstellig, und Ernst, der Jura studiert und vergeblich nach einem Amt in Weimar strebt, wird im Rheinland ansässig.[52] Dabei ist er rundum erfolgreicher als sein älterer Bruder, wie Charlotte etwa in ihren Briefen an Cotta betont. Erfolgreicher ist Ernst auch in finanzieller Hinsicht, da er sich 1823 lukrativ verheiraten kann mit der Witwe Magdalena von Mastieaux, die ihre 13-jährige Tochter Therese in die Ehe mitbringt.

Vorherige Heiratsabsichten Ernsts hatten Charlotte mit Sorge erfüllt, handelte es sich doch um eine Jüdin. An Karl schreibt sie am 17. März 1820, sie habe Ernst mitgeteilt, „daß mich die Gestalt einer jüdischen Schwiegertochter wie ein Schreckbild verfolgte […] daß ich mir, mit dem uns so heiligen Namen, den wir führen, keine solche Anhängsel denken könnte. Es ist mir auch widerwärtig, daß er mit so fremdartigen Menschen viel Verkehr hat."[53] Bereits zu Monatsende meldet sie erleichtert: „Ernst schreibt mir, die Jüdin wäre ihm doch bei näherer Erleuchtung nicht wünschenswerth."[54] Im Mai teilt sie mit, er habe die „bewußte Bekanntschaft mit den fremden Glaubensgenossen abgebrochen, weil er als Richter in einer Sache zu entscheiden hat, die den alten Papa angeht. Da verbietet das Gesetz dem Richter, mit den Partheien zusammen zu kommen. (Es ist ein recht kluges Gesetz.)"[55]

Charlottes Besorgnis angesichts einer Verbindung ihres Sohnes mit einer Jüdin[56] ist freilich vor dem Hintergrund der Ehegesetze und -gebräuche zu sehen. Wie Eva Schmidt in *Jüdische Familien im Weimar der Klassik und Nachklassik* untersucht hat, ist die Situation in Weimar zwar vergleichsweise liberal: *De jure* erlaubt die am 20. Juni 1823 veröffentlichte „Judenordnung" im Herzogtum die Eheschließung „zwischen

Christen und Juden unter der Bedingung, daß die Kinder christlich erzogen werden, was vor Gericht zu Protokoll zu geben ist".[57] Doch selbst ein aufgeklärter ‚Weltbürger' wie Goethe, der – wie viele andere Angehörige der vornehmen Gesellschaft – mit dem Weimarer Textilhändler Jacob Elkan geschäftlich verkehrt, gerät in „leidenschaftlichen Zorn" über dieses Gesetz, wie Kanzler Müller berichtet: „Er ahndet die schlimmsten und grellsten Folgen davon", und äußerte: „Wollen wir denn hier überall *im Absurden* vorausgehen, alles Fratzenhafte zuerst probieren?"[58] Noch zwei Jahrzehnte später wird die aus dem assimilierten Judentum stammende Berliner Schriftstellerin Fanny Lewald einen Roman über die schwierigen Bedingungen und gesellschaftlichen Verhinderungsstrategien solcher ‚Mischehen' schreiben – *Jenny* (1846) –, der den Generationen zurückliegenden Aufklärungsdiskurs von Lessings *Nathan der Weise* (1779) ebenso aufnimmt wie das durch Walter Scotts *Ivanhoe* (1820) popularisierte Motiv der schönen Jüdin: eines ebenso fremden wie anziehenden Wesens, von dem ein christlicher Ritter besser die Finger lässt. So spiegelt sich auch in Charlottes vehementen Bedenken – obschon geäußert *vor* der Weimarer Judenordnung von 1823 – eine xenophobe Stimmung, die in deutschen Staaten offenbar eine lange Tradition hat.

Mit den Töchtern reist Charlotte in ihren letzten Lebensjahren zu den Söhnen, 1819 zunächst ins schwäbische Altshausen zu Karl. Sie wünscht sich, die Weinlese im Oktober dort zu erleben, insbesondere den „Rheinfall kann ich mir und meinen Töchtern nicht versagen". Für die Töchter werden zudem „diese Eindrücke bildend würken; und schöne Spuren zurücklaßen".[59] Im September kann sie Cotta entsprechend vom Ausflug zum Schaffhausener Naturspektakel ihrer Jugend melden:

> Ich komme mit Carl u. seinen Schwestern vom Rheinfall, wir haben diese Reise in vier Tagen gemacht. Diesen einzigen Anblick bedurfte mein Herz, und es ist mir als wenn ich neue Kraft, und Stärke für das Leben dort gefunden hätte. Der Geist der alle meine Schritte leitet, war mir auch dort nahe. Und so nahe u. lebendig sind mir noch nie, beynah Schillers Worte in der That erschienen, als dort. Der *Taucher*, das *Berglied*, sind ein lebendigeres Bild dieser großen Erscheinungen der Natur, als alle Beschreibungen.[60]

Ausführliche Berichte ihrer Reise schickt sie auch an Fritz von Stein und Knebel. Der mehrseitige Brief, den sie dem letzteren am 16. August aus Altshausen sendet, beschreibt – in ganz ähnlicher Weise wie ihr Reisetagebuch aus der Schweiz aus Jugendtagen – die Hinreise mit den auf dem Weg liegenden Stationen wie Coburg oder Nürnberg: „Der fruchtbare Kranz an Dörfern, die reichen Erndten, alle Orte die um Nürnberg den Wohlstand zeigen erbauten uns sehr. Die Abend Sonne vergoldete die Wolcken und die Thürme Nürnbergs, und so zogen wir in die alterthümliche Stadt ein […]. Bey meiner ersten Reise in die Schweiz, waren alle dies[e] Gärten eben in der Blüthe, und so deutet mir dieser Anblick den Anfang, und das Ende der laufbahn des lebens."[61] Wieder sieht sie die schon in der Jugend besuchten Monumente und Bildnisse und trifft Schillers Jugendfreund von Hoven, der mittlerweile dort Medizinalrat ist. Auch gedenkt sie der Nürnberg-Schilderungen Henriette von Knebels sowie Goethes. Sie kommt schließlich durch „Biberach das uns Wielands wegen werth hat“,[62] wo sie aus romantischen Träumen in die Wirklichkeit geholt wird:

> Aus allen romantischen träumen weckte uns in Biberach die Flucht von vier Räubern, die dem Gefängniß entwischt waren, und gesucht wurden, das läuten der Glocken, die Bewegung der Stadt, beunruhigte uns ermüdete Reisende. Aber wir sollten Erfahrungen jeder Art machen, denn die Justiz versammelte sich sogar neben unsrer Schlaf stube im Posthause, und das Verhör wurde uns vernehmlich gehalten, daß Emilie und Lottchen, die weniger ermüdet waren, auch nun von einem heimlichen verhör zu sagen wißen, daß sie hören mussten.[63]

Von Biberach ist es fünf Stunden bis nach Altshausen, Karl reitet ihnen schon entgegen: „Die Freude des wiedersehns kann ich nicht schildern. Er hat uns seine Wohnung gegeben wo wir behäglich wohnen, an seinen Fenster sehn wir die Eisberge, wenn die Luft klar ist. Alles ist hier behäglich, das land sehr fruchtbar, die Gegend reich an Frucht, und Holz. Wir liegen sehr hoch, und die luft ist so rein, und angenehm wie auf den Alpen. Der Boden See ist zehn Stunden von hir, und man hat Seewein, aber auch Seewind.“[64] Der Rest des Briefes, der vom auf der Höhe liegenden Schloss und den verstreuten Bauernhöfen berichtet und Vergleiche zwischen den landschaftlichen Unterschieden von Thrüringen und Württemberg anstellt, ist nur in einer Abschrift erhalten.[65]

Zudem existiert noch ein Skizzenbuch, in das Charlotte während des Besuchs bei Karl Zeichnungen und Eintragungen macht.[66] Auf dem Vorsatzpapier steht in Emilies Handschrift „Meiner Geliebten Mutter Zeichnungen“, in Charlottes Handschrift „Von der Reise nach Schwaben im Jahr 1819“. Eine Reihe von Bleistiftzeichnungen erfassen eine Uferlandschaft „bey Ulm 1819 August“, einen Weg mit Häusern, Weinreben und Bäumen im Hintergrund, auf der Rückseite beschriftet als „Aussicht aus den Fenster in Altshausen“. Blättert man weiter, gelangt man zu einer Schlossansicht mit Gartenpavillons, im Hintergrund Hausdächer, auf der Rückseite beschriftet: „Aussicht des Haupt Eingangs des Schlosses in Altshausen, von der Wiese“; sodann zu einer Felsenhöhe mit Burganlage: „Von den Franzosen zerstört/Hohentwiel Sept. 8te 1819“; schließlich zu einem Schuppen mit barocker Dachverzierung: „Aus der Anlage Altshausen/den 13ten September“, und einem Haus mit zwei Bäumen und einem Kruzifix, datiert: „Alshausen [!] den 21ten Sept 1819“.[67] Originale Sammelobjekte finden sich am Ende des Büchleins: Efeublätter „Vom Rheinfall/7te 7ber 1819.“; eine Rispe mit Blättern und Blüten von der „Insel Mainau/1819“ sowie verschiedene Pflanzen: „1819/ Epheu von Heiligenberg“; „Schlüsselblume von Heiligenberg“; „*aragallis* von der Insel Mainau/1819“.

Die Sammlung getrockneter Erinnerungen enthält auch ein Zweiglein „Vom Brautkranz/den 19ten Marz/1825“, das vermutlich von Karls Vermählung mit Luise Locher (am 22. Februar 1825) stammt.[68] Zu Ernsts Vermählung mit Magdalena von Mastieaux, am 27. September 1823, reist sie zwar nicht an den Rhein, sie besucht den jüngeren Sohn allerdings schon zwei Jahre eher, 1821, mit beiden Töchtern und der Bediensteten Lotte Speck. An Fritz von Stein schreibt sie am 1. Juli 1821, sie sei im Begriff abzureisen.[69] Vom 14. Juli bis 30. Oktober bleibt sie dort, gewinnt einen Eindruck von Ernsts beruflicher Arbeit. Gemeinsam unternimmt man Ausflüge in die Umgegend. Mit großem Interesse besichtigt Charlotte verschiedene Kirchenbauten sowie den Dom,[70] über den sie ein Gedicht verfasst, *Cölln Im Jahr 1821.*[71] In unregelmäßig gefüllen Hexametern beschreibt dieses zunächst die aufstrebende Säulenkonsruktion:

Sage wie stehen die Pfeiler wie freye Bäume des Waldes
In das hohe gezweig strebet der steinerne Bau.
Licht und zierliche Säulen, sie bilden die festen gewölbe,
jegliche scheinet aus hand des Künstlers gefüget
Für sich zu bestehen, und viele, bilden zusammen
wie die Blume im Kranz, den Bau der himmlichen Pfeiler
hochgewölbete Bogen entschwingen sich, aus den Friesen.
In das unendliche blau, des hohen Himmels hinauf.
Kaum errähst du die hand, die menschliche die sie gefüget.
wie das Werk der Natur strebet das ganze empor.

Sodann wird das Bauwerk als Sinnbild der Verbindung des Menschen zu höheren Sphären, zum Göttlichen, gedeutet. Dieses späte Gedicht Charlotte Schillers spiegelt ein weiteres Mal ihre religiöse Einstellung. Es ist eine Vorstellung von ‚Christentum‘, die – ähnlich der Goethes – einem aufklärerisch-deistischen Ideal folgt, welches das höchste Wesen hinter den Erscheinungen der Natur weder leugnen noch definieren will, obwohl man grundsätzlich davon ausgeht, dass dieses höchste Wesen es mit den Menschen gut meint.[72]

Ihre letzten Lebensjahre verbringt Lotte in Weimar, immer noch in enger Freundschaft mit der mittlerweile recht betagten Charlotte von Stein: „Unsre liebe Frau von Stein, ist abwechselnd wohl und nicht wohl, vorgestern sehnte ich mich so nach ihr, und als ich kam lag sie zu Bette, gestern wollte ich sie wieder besuchen, da saß sie unter den Orangen, so wechselt es!“[73] Häufig fährt sie nach Rudolstadt, um ihre Mutter zu pflegen, die 1823 stirbt. Im Haus an der Esplanade werden über die Jahre Besucher untergebracht, von 1823 bis 1826 etwa Bertha von Brawe, die Tochter des Reichstagsgesandten Johann Friedrich August von Brawe. Diese avanciert zur Hausgenossin, die auch an geselligen Tees und Lesungen aus Schillers Werken beteiligt wird. Wie sie in ihren Erinnerungen berichtet, hat Charlotte ihr sogar ein Tischchen aus Schillers Arbeitszimmer vermacht.[74]

Um 1823 beginnt Charlotte mit einem Augenleiden zu kämpfen, das sich zunehmend verschlimmert. Als sie 1825 zuerst zu Karls Hochzeit nach Württemberg und von dort zu Ernst nach Köln weiterreist, lässt sie sich von dem Bonner Professor Walther untersuchen, der eine Operation nahelegt. Im Juni 1826 zieht sie in eine Bonner Mietwohnung, in der die Behandlung durchgeführt werden soll. Deren Verlauf am 4. Juli schildert Emilie in einem detaillierten Brief an ihre Schwester Caroline vom 16. Juli 1826: Die Operation scheint zunächst glücklich zu verlaufen, Charlotte kann unmittelbar darauf ihre Tochter ebenso wie Lotte erkennen. Dann aber bekommt sie Kopfschmerzen. Der Arzt Walther sagt, dies sei normal, verordnet Bettruhe. Nach zwei Tagen erleidet sie jedoch mitten in der Nacht einen Schwindelanfall; der Arzt kommt und erklärt Emilie, er könne sich den Schwächeanfall nicht erklären, doch müsse man sich auf einen Nervenschlag gefasst machen. Fünf Tage nach der Operation stirbt Charlotte. Wie Emilie es erlebt und ihrer Schwester schildert, ist der Tod ihrer Mutter kein langer Kampf, sondern ein sanftes Entschlafen und ein Übergang in jene Welt, „wo sie nicht allein sein wird; dort ist ja das Theuerste für sie ihr schon vorausgegangen".[75]

Bestattet wird sie in Bonn. An dem Haus, in dem sie zuletzt wohnte, wird später eine Gedächtnistafel angebracht: „Hier wohnte im Jahr 1826 bis zu ihrem am 9. Juli erfolgten Tod Charlotte von Schiller, geb. von Lengefeld, Friedrich von Schillers Gattin."[76] Den materiellen Nachlass, wie etwa den Verkauf des Weimarer Wohnhauses, werden die Söhne – vor allem Ernst – in die Hand nehmen. Um den schriftlichen Nachlass der Mutter wird sich die jüngste Tochter Emilie verdient machen.

Im Rahmen der Exhumierungen von Familienangehörigen Friedrich Schillers, um die Authentizität seines Schädels zu überprüfen, wurden 2008 auch Charlottes sterbliche Rest wissenschaftlicher Analyse unterzogen, was als Ergebnis zeitigte, dass alle vier Kinder vom selben Vater stammen – auch wenn *dessen* für lange Jahre in der Weimarer Fürstengruft ruhenden Gebeine nach wie vor nicht authentisch sind.[77] Dass Charlotte ihrem Schiller demnach ‚treu' war, überrascht keineswegs. Dass sie ihr Leben an seiner Seite als glücklich empfand, darf man annehmen. Befremden mag, dass auch diese Form wissenschaftlicher Spurensuche allein ihrer Funktion als Gattin und Mutter gilt. Eine ‚Ausgrabung' der schriftlichen Quellen zeugt dagegen von den vielen Facetten von Charlotte Schillers Leben, die über diese Zuschreibungen weit hinausweisen.

Anmerkungen

1 An Knebel, 21. Januar 1815. In: Düntzer (Hg.): *Briefe von Schiller's Gattin*, S. 172 f.
2 Ebd., S. 173.
3 Ebd., S. 173 f.
4 Von Karoline Luise von Mecklenburg-Schwerin, 14. März 1815. In: Urlichs (Hg.): *Charlotte*, Bd. 1, S. 708.

5 Von Karoline Luise von Mecklenburg-Schwerin, 4. April 1815. In: Ebd., S. 709.

6 Prinzessin Karoline bringt drei Kinder zur Welt: Albert (1812–1834), Helene Luise Elisabeth (1814–1858) und Magnus (1815–1816). Helene heiratet 1837 Ferdinand Philipe d'Orléans, duc de Chartres.

7 Keubke/Mumm: *Soldaten aus Mecklenburg*, S. 28–30.

8 Günzel: *Das Weimarer Fürstenhaus*, S. 120.

9 Ebd., S. 119.

10 Vgl. ebd., S. 120 f.

11 Vgl. hierzu die Beiträge in: *Schiller und der Weimarer Hof.*

12 An Prinzessin Karoline von Mecklenburg-Schwerin, 11. Juli 1812. In: Urlichs (Hg.): *Charlotte*, Bd. 1, S. 634. Hs. GSA 83/1920, 2.

13 An Prinzessin Karoline von Mecklenburg-Schwerin, 19. Juli 1812. In: Ebd., S. 636.

14 An Prinzessin Karoline von Mecklenburg-Schwerin, 10. März und 14. April 1814. In: Ebd., S. 647 f. und 683.

15 An Prinzessin Karoline von Mecklenburg-Schwerin, 7. April 1814. In: Ebd., S. 682.

16 Oellers: *Treffpunkt Weimar*, S. 6.

17 Die Hinweise auf Lektüren im Briefwechsel mit Knebel, die eine detaillierte Untersuchung wert wären, sind so umfangreich, dass sie nicht im Detail aufgezählt werden können. Vgl. grundsätzlich die veröffentlichten Briefe in Düntzer (Hg.): *Briefe von Schiller's Gattin.*

18 An Knebel, 7. März 1818. In: Düntzer (Hg.): *Briefe von Schiller's Gattin*, S. 357.

19 An Karoline Lusie von Mecklenburg-Schwerin, 3. Dezember 1814. In: Urlichs (Hg.): *Charlotte*, Bd. 1, S. 706.

20 Vgl. auch Damm: *Christiane und Goethe*, S. 401–403.

21 An Prinzessin Karoline von Mecklenburg-Schwerin, 30. Aug. 1812. In: Urlichs (Hg.): *Charlotte*, Bd. 1, S. 638.

22 Ebd., S. 638.

23 Von Prinzessin Karoline Luise von Mecklenburg-Schwerin, 15. September 1812. In: Ebd., S. 641.

24 Ebd., S. 640 [Hervorbhebung G. P.].

25 Kaiser Franz II./I. gründet 1804 das erbliche Kaisertum Österreich und nennt sich Franz I. von Österreich. Die Kaiserwürde des alten „Römischen Reiches deutscher Nation", die er als Franz II. innehatte, legt er dagegen 1806 ab.

26 An Cotta, 7. Februar 1814. In: DLA Cotta/Verf. Schiller/Schiller, Charlotte von [Umschrift, fremde Hand], S. 398 f.

27 An Cotta, 15. November 1816. In: Ebd., S. 490 f.

28 An Cotta, 28. März 1817: In: Ebd., S. 514–523.

29 An Cotta, 7. August 1818. In: Ebd., S. 547.

30 An Knebel, 14. Januar 1818. In: Düntzer (Hg.): *Briefe von Schiller's Gattin*, S. 342.

31 An Knebel, 18. März 1818. In: Ebd., S. 362.

32 An Knebel, 7. März 1818: In: Ebd., S. 357 f..

33 GSA 83/1641.

34 Zudem war sie die Großmutter Heinrichs IV., König von Frankreich und Navarra, was für die biographisch-historische Erzählung aber nebensächlich ist.

35 Der Roman von Caumont de La Force wird entsprechend auch nicht als Quelle aufgelistet

in der Grundlagenstudie von Jourda: *Marguerite d'Angoûleme Duchess d'Alençon, Reine de Navarre.* Zur Kritik an der Legendenbildung um die Liebesaffaire Margaretes von Navarra mit dem Herzog von Bourbon vgl. Febvre: *Margarete von Navarra*, S. 177.

36 Varrillas: *Histoire de François Premier.*

37 Vgl. zu dieser Erzählung ausführlicher Kapitel VI.

38 Ermittelte Ausgaben: *Histoire de Marguerite de Valois, reine de Navarre.* 4 Bde. Paris 1720; La Haye 1739, Paris 1783. Verwendete Ausgabe: *Histoire de Marguerite de Valois, reine de Navarre.* 6 Bde. Paris: Didot l'ainé 1783.

39 An Knebel, Weimar, 14. August 1816. In: Düntzer (Hg.): *Briefe von Schiller's Gattin*, S. 292.

40 Von Charlotte von Stein, 30. August 1794. In: Urlichs (Hg.): *Charlotte*, Bd. 1, S. 297. Hs. GSA 83/1856, 2.

41 Der 13. Band der *Bibliotheque de Campagne* enthält auch die französische Vorlage bzw. die zweite Auflage der Erzählung *Le Batard de Navarre.*

42 La Roche: *Journal einer Reise durch Frankreich*, S. 258.

43 GSA 83/1641, Bl. 2–r.

44 An Karoline Luise von Mecklenburg-Schwerin, 18. Juli 1811. In: Urlichs (Hg.): *Charlotte*, Bd. 1, S. 589.

45 Vgl. Naumann: *Carolines Dreiecksgeschichten.*

46 An Karoline Luise von Mecklenburg-Schwerin, 25. September 1814. In: Urlichs (Hg.): *Charlotte*, Bd. 1, S. 698 f.

47 GSA 83/1626.

48 Charlotte hat überhaupt zahlreiche Exzerpte hinterlassen. Vgl. dazu Rudnik: *Literarische Exzerpte Charlotte von Schillers.*

49 Der Name „Wizen" erscheint z. B. nur in der französischen Erstausgabe: Mallet: *Histoire de Dannemarc* (1758), S. 326–328; vgl. *Histoire de Dannemarc* (1787), S. 209–213; *Herrn Professor Mallets Geschichte von Dänemark* (1765/66), Bd. 1, S. 501–503.

50 Ebd., Bl. 7–r/v.

51 Geschichtsdramen von Autorinnen untersucht Sabine Sievern in ihrer Dissertation *„Ein Wesen, das nicht Mann nicht Weib"*.

52 Vgl. Lerman (Hg.): *Schillers Sohn Ernst*, S. 81–97.

53 An Karl von Schiller, 17. März 1820. In: Schmidt (Hg.): *Schillers Sohn Ernst*, S. 195.

54 An Karl von Schiller, 31. März 1820. In: Ebd., S. 195.

55 An Karl von Schiller, 8. Mai 1820. In: Ebd., S. 197.

56 Lermann (Hg.): *Schillers Sohn Ernst*, kehrt die antijüdische Tendenz tadelnd hervor (ebd. S. 25), was u. a. durch die Auslassung von Zitaten und Textteilen gegenüber Schmidts Edition gleichen Titels zustande kommt (ebd. S. 126 f.).

57 Schmidt: *Jüdische Familien*, S. 10.

58 In: Goethe: *FA*, II. Abt., Bd. 10, S. 112 f. Vgl. auch Schmidt: *Jüdische Familien*, S. 21 f.

59 An Cotta, 27. August 1819. In: DLA Cotta/Verf. Schiller/Schiller, Charlotte von [Umschrift, fremde Hand], S. 572.

60 An Cotta, Altshausen, 10. September 1819. In: Ebd., S. 582 f.

61 An Knebel, Altshausen, 16. August 1819. In: GSA 54/256, 6.

62 Ebd.

63 Ebd.

64 Ebd.
65 In: GSA 54/256,9.
66 DLA Inventar-Nr. B 94349.
67 Das Skizzenbuch enthält im Mittelteil eine Reihe von Abschriften, Gedichten, Aphorismen etc., die allerdings nicht von Charlotte selbst eingetragen worden sein können, denn sie datieren vom 31. September 1827 bis zum 15. Mai 1845.
68 Vgl. Briefe Charlottes an Ernst, vom 1. Dezember 1824, und von Ernst an Karl, am 22. Februar 1825. In: Schmidt (Hg.): *Schillers Sohn Ernst*, S. 271.
69 An Fritz von Stein, 10. Juli 1821. In: Urlichs (Hg.): *Charlotte*, Bd. 2, S. 525–526.
70 Vgl. Schmidt (Hg.): *Schillers Sohn Ernst*, S. 23 f.
71 GSA 83/1597.
72 Charlotte kritisiert den Katholizismus häufig, jedoch nicht aus protestantischem Eifer; vielmehr sind ihr Formen von religiösem Eifer überhaupt suspekt. Gegenüber Karoline Luise von Mecklenburg-Schwerin erwähnt sie z. B. am 23. November 1811 eine Diskussion um Goethes „Christentum". In: Urlichs (Hg.): *Charlotte*, Bd. 1, S. 610 f. Goethes aufklärerisch-deistische religiöse Haltung kommt u. a. in seiner *Iphigenie* zum Ausdruck. Vgl. dazu: Rasch: *Goethes ‚Iphigenie auf Tauris' als Drama der Autonomie.*
73 An Knebel, 19. August 1818. In: GSA Stargardt NZ 6108,15 [Neuzugang 2008]. Vgl. auch Düntzer (Hg.): *Briefe von Schiller's Gattin*, S. 410.
74 Vgl.: Brawe: *Schiller-Erinnerungen*; sowie weiterführend Kahl: „*... ein Tempel der Erinnerung an Deutschlands großen Dichter*". Dass offenbar Gegenstände und Schriftstücke Friedrich Schillers als Andenken weitergereicht wurden, ist aus archivalischer und museumspädagogischer Sicht freilich zu bedauern.
75 Emilie an Caroline von Schiller, 16. Juli 1826. In: Urlichs (Hg.): *Charlotte*, Bd. 3, S. XXI–XXVI.
76 Schmidt (Hg.): *Schillers Sohn Ernst*, S. 28.
77 Vgl. dazu Herwig: *Die vertauschten Köpfe.*

X Lotte und Weimar: Ausblick

> Ich habe das Original der Lotte gesehen, die jetzt hier ist und Goethe nach zweiundvierzig Jahren zum ersten mal sah! Sie ist Kammerath Riedel's Schwägerin, eine Hofräthin Kestner aus Hannover, eine sehr hübsche Frau, wol weit in Sechzigern. Bedeutende Augen und schöne Gestalt hat sie sich erhalten und ein schönes Profil, aber leider wackelt der Kopf, und man sieht, wie vergänglich die Dinge der Erde sind. Sie hat Goethe auch sehr anders gefunden.[1]

Auf den Herbst 1816 datiert der Besuch Charlotte Kestners, geb. Buff, in Weimar, die Goethe in seinem gefeierten Jugendwerk *Die Leiden des jungen Werthers* literarisch verarbeitet hat. Die vom seinerseits veränderten Goethe nicht eben begeistert aufgenommene Besucherin kann freilich nicht ahnen, dass sie sich dadurch zur Vorlage eines weiteren Romans, Thomas Manns *Lotte in Weimar*, machen würde. Charlotte Schiller gibt die Begegnung mit dieser berühmten anderen ‚Lotte' zugleich Anlass, über die Vergänglichkeit der realen und literarischen Welt nachzudenken. Sie selbst wird – doch auch sie kann das nicht ahnen – als *Schillers Lotte*[2] selbst zur Heldin biographischer Darstellungen avancieren, wobei die Resistenz bestimmter stereotyper Charakterzüge in den Darstellungen von 1830 bis in die unmittelbare Gegenwart auffällig ist.

Über Mythenbildungen, an deren Stelle gründliche Quellenforschung unternommen werden sollte, äußert sie sich im Kontext der zeitgenössischen Rezeption Goethes, die im frühen 19. Jahrhundert merklich abflaut. An Cotta schreibt sie im August 1810 darüber:

> Denn die vorgefaßten Meinungen der Gelehrten sind Ungeheuer u. Drachen, mit denen man ewig kämpfen muß. Ein großer Theil findet es so bequem nach zu sprechen, nach zu sehen was man schon so lange sah. – Ein andrer Theil widerspricht ohne zu untersuchen – Ich weiß nicht warum gerade diese Menschen, die selbst ihren Scharfsinn so ausbilden nicht für dem tiefen Blick andrer die Ehrfurcht haben die sie sollten.[3]

In Beziehung setzen kann man den metaphorischen Kampf gegen „Ungeheuer und Drachen" in gewisser Weise auch zu den Darstellungen ihres eigenen Lebens: *nach*gesprochen wurde den ersten Biographen des 19. Jahrhunderts bis in die Gegenwart; *wider*sprochen dagegen eher selten und sporadisch. Die vorliegende Biographie Charlotte Schillers hat entsprechend gängige Vorstellungen überprüft im Versuch, nicht einfach ihr Leben zu (re-)konstruieren, sondern ihre Beschäftigung mit und Produktion von Literatur in den Vordergrund zu stellen, und das für ihre gesamte Lebenszeit, vor, während und in den 21 Jahren nach der Ehegemeinschaft mit Schiller. Entscheidende Aspekte waren dabei zum einen, welche Umstände für die Genese und Kristallisierung bestimmter biographischer Mythen gesorgt haben; zum anderen, wie Lotte selbst ihre Rolle an Schillers Seite sah, in welcher Form sie seine Produktivität unterstützte und nach seinem Tod an seiner Musealisierung arbeitete; und zum dritten, welche Mitteilungen sie über ihre eigene Autorschaft machte und welche Schreibstrategien ihre Werke erkennen lassen.

Am Ende der Arbeit angekommen, fragt man sich natürlich, was dabei herausgekommen ist – oder will zumindest denjenigen etwas bieten, die Bücher gerne von hinten lesen. Kreative Frauen um Schiller, das sind nach gängiger Einschätzung nicht diejenigen, die zu seinem engsten Familienkreis gehören, wie etwa seine Schwester Christophine (verheiratete Reinwald), die zeichnete,[4] oder eben seine treue – aber gerade deshalb vielleicht unspektakuläre – ‚andere Hälfte'. Sophie Albrecht, Sophie Mereau, Schillers Schwägerin Caroline von Wolzogen, Frauen also, die mit ihrer Kreativität an die Öffentlichkeit strebten, stehen normalerweise im Zentrum der Wiederentdeckung von Schriftstellerinnen. Charlotte Schiller ist dagegen eine Persönlichkeit, die bisher mit ihrem Schreiben kaum je ernsthaft in den Blick genommen wurde. Dass sie selbst nicht nach Berühmtheit gestrebt hat, ist freilich einer der Gründe für diese Vernachlässigung. Auf der anderen Seite ist ihre Kreativität aber gerade deshalb eigentümlich und beachtenswert. Wie ihre Korrespondenzen und Äußerungen über Literatur vielfältig belegen, ist sie nicht grundsätzlich geschlechterkonservativ, insofern sie Frauen Talent rundheraus absprechen würde. Andererseits ist der Geniebegriff bei ihr eindeutig männlich besetzt, erstreckt sich in Lottes Anschauung aber präzise auf zwei Dichter ihres direkten Umfelds: Schiller und Goethe. Man kann recht gut nachzeichnen, wie sie beide geradezu ‚vergeistigt' oder auch ideal überhöht – im Falle Goethes, wie gezeigt wurde, gerade um den Preis einer radikalen ‚Verleiblichung' seiner Ehehälfte Christiane.

Ihre Patin und Freundin Charlotte von Stein zeigt sich, was die geschlechtliche Codierung von Kreativität angeht, wesentlich skeptischer. Sie versucht künstlerische Leistungen nicht an das biologische, sondern an das soziale Geschlecht zu koppeln, indem sie auf die ganz anderen Lebens- und Leidensumstände von Frauen aufmerksam macht. Über das ewige Anhimmeln des männlichen Geschlechts, das ihre Geschlechtsgenossinnen betreiben, mokiert sie sich zuweilen, merkt aber auch, dass sie mit ihrer Ansicht recht allein dasteht. 1790 schreibt sie etwa an Charlotte, frisch verheiratete Schiller, nach Jena:

> Ich schrieb Ihnen die vorige Woche nicht weil ich Ihnen eine lange Abhandlung zugesagt hatte wodurch ich Ihre Partheylichkeit vor die Männer wiederlegen wolte worüber ich die Stelle in eins von Ihren vorigen Briefen unberührt gelaßen; Nun kömt gar meine kleine Schwägerin [Sophie von Schardt] und versichert mir sie mögte nicht einmahl im Himmel wen lauter Frauens drinn wären, also will ich nur stillschweigen, den ich werde doch nicht die Rose zum Baum beweisen die sich in seinen Schatten wohlbefindet.[5]

Andererseits äußert sich Charlotte Schiller gerade auch über männliche Schriftsteller, die sich in dieser ‚schreibenen Zeit' leicht Plagiatsvorwürfe einhandeln, in einem recht modernen Sinn, der auch auf ihr eigenes Schreibverständnis Rückschlüsse erlaubt. Dass der Originalitätsanspruch an literarische Werke ein Phantasma ist, dem im Grunde nur Genies nahekommen können, vermerkt sie in ihrer Verteidigung eines zeitgenössischen Autors:

> Schöne Gedanken und gewandte Sprache hat er, das lasse ich ihm nicht nehmen. Ob er nicht sich fremdes Eigenthum angeeignet hat, (wie man ihm Schuld giebt,) daß lasse ich dahin gestellt sein. Aber kann man jezt in dieser Schreibenden zeit, viel Originalität finden? und daß er mit Absicht sich etwas fremdes zueignet, des bestreite ich doch. Es kann beynah nichts Eigen gedachtes u. gesagtes erscheinen, weil die Muster da sind, u. die Formen der Rede gegeben. Es muß ein Genie kommen, daß neue Formen findet, denke ich. – Sonst wird man jede Reminiscenz für Eingriff in fremde Gedanken halten. Und es ist doch sehr möglich, daß jemand eben daßelbe sagt, u. denkt, ohne daß man es weiß, zu gleicher zeit.[6]

Genialiät hat Charlotte Schiller für ihre eigene Literaturproduktion nie beansprucht. Beachtung verdient ihre Aneignung literarischer Formen und Stoffe anderer Nationalliteraturen ebenso wie ihre genuin literarische Produktivität gleichwohl im Sinne kreativer Kulturleistungen im Umfeld des klassischen Weimar.

In der vorliegenden Darstellung wurde chronologisch vorgegangen, Charlottes Leben gewissermaßen nacherzählt unter besonderer Berücksichtung ihrer literarischen Produktion. Rein quantitativ betrachtet, hat sie vor und nach der Zeit mit Schiller das meiste geschrieben; während der Ehe in der Jenaer Zeit weniges, in der Weimarer Zeit, so manches. Die schöne Literatur ist dabei von Jugend an nicht ihr wichtigstes Betätigungsfeld, am liebsten wäre sie wohl Naturforscherin geworden. Vielleicht verschafft sich dieser Wunsch in ihrer hinterlassenen (leider unvollständigen) Komödie Audruck, in deren Zentrum eine verheiratete Baronin Steinberg steht, die – anstatt ihre Zeit ihrem Ehemann zu widmen – lieber astronomische Forschungen treibt.[7]

Dass Charlotte, da sie nicht an die Öffentlichkeit strebte, eine Schriftstellerin wider Willen gewesen ist, lässt sich gleichwohl nicht behaupten. Dazu hat sie zu viel Schriftliches hinterlassen. Im Rahmen dieser Darstellung war es freilich nicht möglich, alle Werke Charlotte Schillers adäquat zu behandeln, zumal nichts davon in einer neueren Edition zugänglich ist. Fasst man die Arbeiten innerhalb einzelner Genres nochmals im Überblick ins Auge, so fällt im Bereich der Lyrik eine Mischung aus Gelegenheitsgedichten und Formen längerer Erzählgedichte (Balladen, Romanzen) auf. Besonders umfangreich ist der Bereich der Erzähltexte, ob nun eher zeitgenössische Stoffe und Topographien (z. B. das vorrevolutionäre Paris, Nordamerika, die französischen Kolonien) bearbeitet werden oder historische Stoffe aus dem romanischen Mittelalter zugrunde liegen. Unter Charlottes dramatischen Arbeiten ist insbesondere der Entwurf eines Trauerspiels aus der dänisch-schwedischen Geschichte bemerkenswert, aber auch die Adaption oder Konzeption von Komödien. Autobiographische Darstellungen, Reiseschilderungen – soweit Reisen ihr möglich waren – und essayistische Reflexionen bilden eine weitere, bislang unterschätzte Facette ihres Schreibens. Die hier vorgestellten (und zahlreiche andere) Werke verdienen freilich eine systematische Untersuchung, die hier nicht geleistet werden konnte.

Zum Abschluss sei ein Passus angefügt, der normalerweise in Vorworten erscheint und Hinweise gibt auf die materielle oder immaterielle Unterstützung, die das vorliegende Werk erfahren hat. Die Biographie Charlotte Schillers ist zugleich das erste Ergebnis eines 2007 begonnenen Forschungsprojektes an der University of British Columbia Vancouver (Kanada), das durch eine Edition ihrer Werke fortgesetzt werden soll. Für finanzielle Unterstützung danke ich der Klassik Stiftung Weimar sowie dem Hampton Fund der University of British Columbia. Für die Mithilfe bei der bibliographischen Recherche, Informationssuche und bei den Transkriptionen bin ich meinen Mitarbeiterinnen Ursula Bär, Melissa Kerr und Karen Roy verbunden. Hilfreich war die freundliche Kooperation des Fachpersonals zahlreicher Archive und Bibliotheken, für die stellvertretend Silke Henke (Goethe- und Schiller-Archiv Weimar) und Michael Davidis (Deutsches Literaturarchiv Marbach a. N.) dankend erwähnt seien. Als kritische Erstleserin des Manuskripts hat sich Susanne Balmer (Zürich) verdient gemacht. Für wertvolle Anregungen und den stets kreativen Austausch in puncto weibliche Kreativität um 1800 bin ich Linda Dietrick (Winnipeg) verbunden, für Ratschläge zu englischsprachigen Briefstellen (und vieles mehr) Trevor Pailer. Gewidmet ist dieses Buch meinen Eltern Werner (†) und Hilde Pailer auf ihrem – wie Charlotte gesagt hätte – „wüschten Bergle“[8] im Schwabenland.

Anmerkungen

1 An Knebel, 9. Oktober 1816. In: Düntzer (Hg.): *Briefe von Schiller's Gattin*, S. 311 f.

2 So etwa der Titel von Kiene.

3 An Cotta, 10. August 1810. In: DLA Cotta/Verf. Schiller/Schiller, Charlotte von [Umschrift, fremde Hand], S. 211.

4 Zu dieser vgl. Ziegler: *„Theuerste Schwester“*.

5 Von Charlotte von Stein, 16. Juni 1790. In: GSA 83/1756,2.

6 An Karoline Luise von Mecklenburg-Schwerin, 27. März 1811. In: GSA 83/1920,1. Urlichs (Hg.): *Charlotte*, Bd. 1, S. 576, datiert den Brief dagegen auf den 24. März 1811. Bei dem Dichter handelt es sich um Kuno von der Kettenburg, Verfasser der Trauerspiele *Diego* und *Julian*; vgl. auch seine Briefe an Caroline von Wolzogen. In: Wolzogen: *Literarischer Nachlaß*, Bd. 2, S. 310–316.

7 GSA 83/1625.

8 Eine wiederkehrende Formulierung im Briefwechsel zwischen Charlotte Schiller und Prinzessin Karoline Luise von Mecklenburg-Schwerin. In: GSA 83/1920 und GSA 83/1789, bzw. Urlichs (Hg.): *Charlotte*, Bd. 1, S. 535–710.

Literaturverzeichnis

Charlotte Schiller, edierte Werke und Briefe

Borcherdt, Hans Heinrich (Hg.): *Charlotte Schillers Erzählungen. Bearbeitet von Schiller.* In: *Schillers Werke. Nationalausgabe.* Bd. 16. Weimar: Hermann Böhlaus Nachfolger 1954, S. 225–360. [Enthält: *Die Nonne, Die neue Pamela, Autun und Manon, Der Prozeß, Die heimliche Heirat*].

Döring, Heinrich: *Schiller's Familienkreis. Supplementband zu Fr. v. Schillers sämmtlichen Werken.* Grimma, Leipzig: Verlags-Comptoir 1852. [Anhang: Charlotte Schiller zugeschriebene Gedichte, S. 103–117].

Düntzer, Heinrich (Hg.): *Briefe von Schiller's Gattin an einen vertrauten Freund.* Leipzig: Brockhaus 1856.

Fehling, Maria (Hg.): *Briefe an Cotta. Das Zeitalter Goethes und Napoleons 1794–1815.* Stuttgart, Berlin: J. G. Cotta'sche Buchhandlung Nachfolger 1925, S. 35–74.

Fulda, Karl: *Leben Charlottens von Schiller, geborene von Lengefeld.* Berlin: Gebrüder Paetel 1878.
[Anhang: Charlotte Schiller zugeschriebene Gedichte, S. 301–321].

Geiger, Ludwig: *Charlotte Schiller und ihre Freunde. Auswahl aus ihrer Korrespondenz.* Berlin: Hans Bondy [1908].

Gleichen-Rußwurm, Emilie von, und Hennes Heinrich (Hg.): *Schiller und Lotte. 1788. 1789.* Stuttgart: Cotta 1856.

Hennes, J. H. (Hg.): *Fischenich und Charlotte von Schiller. Aus ihren Briefen und anderen Aufzeichnungen.* Frankfurt a. M.: Sauerländer 1875.

Lengefeld, Charlotte von: *Fünf Briefe von Charlotte von Lengefeld, der nachmaligen Gattin Friedrich Schillers, und deren Schwester Caroline an den Schaffhauser Professor Johann Georg Müller, aus den Jahren 1785 bis 1811.* In: *Separatdruck aus dem Schulblatt der Kantone Schaffhausen und Thurgau* 1 (1959), Nr. 8, vom 15. Oktober 1959.

Lermann, Hilde (Hg.): *Schiller Sohn Ernst. Ein Psychogramm in Briefen.* Mit einem Vorwort. Frankfurt/M.: Insel 2002.

[Schiller, Charlotte]: *Die Nonne. Eine Erzählung.* In: *Flora. Teutschlands Töchtern geweiht. Eine Monatsschrift von Freunden und Freundinnen des schönen Geschlechts* 8 (1800) Heft 3, S. 163–222.

– *Die neue Pamela.* In: *Flora. Teutschlands Töchtern geweiht. Eine Monatsschrift von Freunden und Freundinnen des schönen Geschlechts* 8 (1800) Heft 5, S. 81–157.

– *Autun und Manon. Eine Erzählung.* In: *Journal der Romane.* Berlin: Johann Friedrich Unger. 3 (1801), S. 217–338.

– *Der Prozeß. Eine Erzählung.* In: *Journal der Romane.* Berlin: Johann Friedrich Unger, 4 (1801), S. 67–191.

– *Die Brüder. Eine Erzählung.* In: *Flora. Teutschlands Töchtern geweiht. Eine Monatsschrift von Freunden und Freundinnen des schönen Geschlechts* 10 (1802) Heft 3, S. 104–272.

Schiller, Charlotte von: *Der Prozeß.* Hg. von der Bibliophilen-Gesellschaft. Berlin: Preuß 1927.

Schmidt, Karl (Hg.): *Schillers Sohn Ernst. Eine Briefsammlung mit Einleitung.* Neue Ausgabe. Paderborn Ferdinand Schöningh 1905.

Seufert, Bernhard: *Charlotte. Zehn Briefe.* In: *Euphorion* 12 (1905), S. 450–470.

Theml, Christine (Hg.): *Auch meine Liebe ist still … Die schönsten Briefe aus der Brautzeit Friedrich Schillers und Charlotte von Lengefelds.* Jena: Jenzig 1994.

[Urlichs, Ludwig (Hg.)]: *Charlotte von Schiller und ihre Freunde.* 3 Bde. Stuttgart: Cotta 1860–1865.

Volmer, Wilhelm (Hg.): *Briefwechsel zwischen Schiller und Cotta.* Stuttgart: Cotta 1876.

Weber, Richard (Hg.): *Schillers Lottchen. Eine Collage aus Briefen, Tagebüchern, Monologen Charlotte und Friedrich von Schillers.* Köln: Prometh-Verlag 1985.

Wolzogen, Caroline von: *Literarischer Nachlaß.* Bd. 2. Leipzig: Breitkopf und Härtel, 1849. [Briefe Charlotte Schillers an Wilhelm von Wolzogen, S. 169–225].

Weitere zitierte Literatur

Alt, Peter-André: *Schiller. Leben – Werk – Zeit.* 2 Bde. München: Beck 2000.

Anemüller, Ernst: *Schiller und die Schwestern von Lengefeld.* Detmold: Meyersche Hofbuchhandlung 1920.

[Anon.]: *Rosalie ou la ocation forcée, mémoirses de la Comtesse d'Hes***.* Amsterdam: [o. Verl.] 1773.

[Anon.]: *La religieuse malgré elle, histoire galante, morale et tragique. Par Mr. B** DEB***.* Amsterdam: Claude Jordan 1720.

Apuleius: *Fabula de Amore et Psyche. Das Märchen von Amor und Psyche.* Mit der Übersetzung von August Rode. Hg. und erläutert von Curt Loehning. München: Deutscher Taschenbuch Verlag 1980.

Aufenanger, Jörg: *Schiller und die zwei Schwestern.* München: Deutscher Taschenbuch Verlag 2005.

Bär, Adolf: *Charlotte von Lengefeld als Freundin und Braut Schillers.* Weimar: Hermann Böhlaus Nachfolger 1905.

Baur, Eva Gesine: *„Mein Geschöpf musst du sein." Das Leben der Charlotte Schiller.* 2. Aufl. Hamburg: Hoffmann und Campe 2005.

Becker-Cantarino, Barbara: *Meine Liebe zu Büchern. Sophie von La Roche als professionelle Schriftstellerin.* Heidelberg: Winter 2008.

Bierbaum, Heinrich: *Karoline von Wolzogen aus ihren Werken und aus Briefen.* Greifswald: Hans Adler 1909.

Bovenschen, Silvia: *Die imaginierte Weiblichkeit. Exemplarische Untersuchungen zu kulturgeschichtlichen und literarischen Repräsentationsformen des Weiblichen.* Frankfurt/M.: Suhrkamp 1979.

Brawe, Bertha von: *Schiller-Erinnerungen.* In: Gutzkow, Karl (Hg.): *Unterhaltungen am häuslichen Herd.* 3. Folge, Bd. 2, Nr. 45 (1862), S. 861 f.

Comte de Tressan, [Louis-Elisabeth de la Vergne]: *Ouevres choisis du comte de Tressan, avec figures.* 11 Bde. Evreux: J. J. L. Ancelle, und Paris: Rue et Hotel Serpente 1787–1796.

Conradi-Bleibtreu, Ellen: *Die Schillers. Der Dichter und seine Familie. Leben. Lieben, Leiden in einer Epoche der Umwälzungen.* Münster: Aschendorff 1986.

Cottin, [Sophie Ristaud]: *Mathilde, ou mémoires tirés de l'histoire des croisades.* 6 Bde. London: M. Peltier 1805.

D'Arnaud, [François Thomas Marie de Baculard]: *Fanny, histoire Anglaise.* In: Ders.: *Epreuves du sentiment.* Bd. 1. Paris: Le Jay 1773, S. 3–102.

– *Rosalie.* In: Ders.: *Epreuves du sentiment.* Bd. 3. Paris: Delalain 1775, S. 431–522.

Damm, Sigrid: *Christiane und Goethe. Eine Recherche.* Frankfurt/M.: Insel 1998.

– *Das Leben des Friedrich Schiller. Eine Wanderung.* Frankfurt/M. Insel 2004.

De la Force, [Charlotte-Rose Caumont]: *Histoire de Marguerite de Valois, reine de Navarre, soeur de François I.* 6 Bde. Paris: Didot l'ainé 1783.

Die Grafen von Schwarzburg-Rudolstadt. Hg. vom Thüringer Landesmuseum Heidecksburg. Rudolstadt 2000.

Die Wahrheit hält Gericht. Schillers Helden heute. Hg. von der Stiftung Weimarer Klassik und Kunstsammlungen. Weimar 2005.

Diderot: *La Religieuse.* In: Ders.: *Contes et romans.* Édition publiée sous la direction de Michel Delon, avec la collaboration de Jean-Christophe Abramovici, Henri Lafon et Stéphane Pujol. Liège: Gallimard 2004, S. 239–415.

Dobritzhoffer, Martin: *Geschichte der Abiponer, einer berittenen und kriegerischen Nation in Paraguay.* 3 Bde. Wien: von Kurzbeck 1783/84.

Döring, Heinrich: *Schillers Leben.* Weimar: Hoffmann 1822.

– *Schiller's Familienkreis. Supplementband zu Fr. v. Schillers sämmtlichen Werken.* Grimma, Leipzig: Verlags-Comptoir 1852.

Düntzer, Heinrich (Hg.): *Aus Karl Ludwig von Knebels Briefwechsel mit seiner Schwester Henriette (1774–1813). Ein Beitrag zur deutschen Hof- und Literaturgeschichte.* Jena: F. Mauke 1858.

Du Perrier [de Monfraisir]: *A General History of All Voyages and Travels Throughout the Old and New World.* London: Edmund Curll 1708.

Falk, Johann Daniel: *Goethe aus näherm persönlichem Umgang dargestellt.* In: Ders.: *Die Prinzessin mit dem Schweinerüssel. Lustspiele, Gedichte, Publizistik.* Hg. von Paul Saupe. Berlin: Rütten & Loening 1988, S. 523–621.

Febvre, Lucien: *Margarete von Navarra. Eine Königin der Renaissance zwischen Macht, Liebe und Religion.* Hg. und mit einem Nachwort von Peter Schöttler. Aus dem Französischen von Grete Osterwald. Frankfurt/M., New York: Campus 1998.

Fielding, Henry: *The History of Joseph Andrews And of his Friend Mr. Abraham Adams And An Apology for the Life of Mrs. Shamela Andrews.* Ed. by Douglas Brooks-Davies. Revised with a New Introduction by Thomas Keymer. Oxford, New York: Oxford University Press 1999.

Formann, Jürgen: *Das Projekt der deutschen Literaturgeschichte. Entstehung und Scheitern einer nationalen Poesiegeschichtsschreibung zwischen Humanismus und Deutschem Kaiserreich.* Stuttgart: Metzler 1989.

Fulda, Karl: *Leben Charlottens von Schiller, geborene von Lengefeld.* Berlin: Gebrüder Paetel 1878.

Gellhaus, Axel und Norbert Oellers (Hg.): *Schiller. Bilder und Texte zu seinem Leben.* Unter Mitarbeit von Georg Kurscheidt und Ursula Naumann mit einem Beitrag von Rostwitha Klaiber. Köln u. a.: Böhlau 1999.

Gilleir, Anke: *Johanna Schopenhauer und die Weimarer Klassik. Betrachtungen über Selbstpositionierung weiblichen Schreibens.* Hildesheim u.a.: Olms – Weidmann 2000.

Godenne, René: *Les nouvelistes des années 1680–1750 et ‚La Religieuse'*. In: *Diderot Studies* 16 (1973), S. 55–68.

Goethe, Johann Wolfgang von: *Werke. Hamburger Ausgabe.* Textkritisch durchgesehen von Lieselotte Blumenthal. Kommentiert von Erich Trunz. München: Deutscher Taschenbuch Verlag 1982 (zitiert als *HA*).

Goethe, Johann Wolfgang von: *Sämtliche Werke. Briefe, Tagebücher und Gespräche.* 40 Bde. Hg. von Karl Eibl u.a. (Frankfurter Ausgabe). Frankfurt/M.: Deutscher Klassiker Verlag 1985 ff. (zitiert als *FA*).

Goodman, Katherine R. und Edith Waldstein: *In the Shadow of Olympus. German Women Writers around 1800.* New York: State University of New York Press 1992.

Gutjahr, Ortrud: *Charlotte von Steins „Dido" – eine Anti-Iphigenie?* In: *Klassik und Anti-Klassik. Goethe und seine Epoche.* Hg. von Ortrud Gutjahr und Harro Segeberg. Würzburg: Königshausen und Neumann 2000, S. 219–245.

Günther, Gitta, Wolfram Huschke und Walter Steiner (Hg.): *Weimar. Lexikon zur Stadtgeschichte.* Weimar: Hermann Böhlaus Nachfolger 1998.

Günzel, Klaus: *Das Weimarer Fürstenhaus. Eine Dynastie schreibt Kulturgeschichte.* 5. Aufl. München, Zürich: Piper 2008.

Hahn, Barbara: *Unter falschem Namen. Von der schwierigen Autorschaft der Frauen.* Frankfurt/M.: Suhrkamp 1991.

Hartmann, Julius: *Schillers Jugendfreunde.* Stuttgart, Berlin: Cotta 1904.

Hederich, Benjamin: *Gründliches mythologisches Lexikon* (Nachdruck der Ausgabe Leipzig 1770). Darmstadt: Wissenschaftliche Buchgesellschaft 1996.

Henzen, Wilhelm: *Schiller und Lotte. Lustspiel in 4 Aufzügen.* Regie- und Soufflierbuch des Stadttheaters in Leipzig. Leipzig: Reclam [1891].

Herder, Johann Gottfried: *Gedichte.* Hg. von Johann Georg Müller. Stuttgart, Tübingen: Cotta 1836.

– *Werke in zehn Bänden.* Hg. von Martin Bollacher u.a. Frankfurt/M.: Deutscher Klassiker Verlag 1985 ff.

Herwig, Malte: *Die vertauschten Köpfe.* In: *Der Spiegel*, Nr. 19 (2008), S. 164–170.

[Huber, Therese (Hg.)]: *L. F.* Huber's sämtliche Werke seit dem Jahre 1802, nebst seiner Biographie. Bd. 1. Stuttgart und Tübingen: Cotta 1806.

Immer, Nikolas: *Der inszenierte Held. Schillers dramenpoetische Anthropologie.* Heidelberg: Universitätsverlag Winter 2007.

Jannidis, Fotis, Gerhard Lauer, Matias Martinez und Simone Winko (Hg.): *Texte zur Theorie der Autorschaft.* Stuttgart: Reclam 2000.

Journal aller Journale. Geist der vaterländischen Zeit-Schriften, nebst Auszügen aus den Periodischen Schriften und besten Werken der Ausländer. 2 Bde. Hamburg: Chaidron et Compagie 1786.

Jourda, Pierre: *Marguerite d'Angoûleme Duchess d'Alençon, Reine de Navarre (1492–1549). Étude biographique et littéraire.* 2 Bde. Paris: Librairie Ancienne Honoré Champion 1930.

Jüngling, Kirsten und Brigitte Roßbeck: *Schillers Doppelliebe. Die Lengefeld-Schwestern Caroline und Charlotte.* Berlin: Propyläen 2005.

Kahl, Paul: „... *ein Tempel der Erinnerung an Deutschlands großen Dichter“. Das Weimarer Schillerhaus 1847–2007. Gründung und Geschichte des ersten deutschen Literaturmuseums. Mit Dokumentanhang.* Folge I. In: *Die große Stadt. Das kulturhistorische Archiv von Weimar-Jena.* Heft 2 (4/2008), S. 313–326; Folge II. In: Ebd., Heft 2 (1/2009), S. 40–75. (Folgen III bis IV erscheinen in den Heften 2–3/2009).

Kalb, Charlotte von: *Charlotte. (Für die Freunde der Verewigten.) Gedenkblätter von Charlotte von Kalb.* Hg. von Emil Palleske. Stuttgart: Carl Krabbe 1879.

[Kalb, Charlotte von]: *Cornelia. Für die Freunde der Verewigten. Manuscript.* Berlin: Joh. Caspar Huber 1851.

Kiene, Hansjoachim: *Schillers Lotte. Porträt einer Frau in ihrer Welt.* Frankfurt/M.: Fischer 1996.

[Kimber, Edward]: *Maria, The Genuine Memoirs of a Young Lady of Rank and Fortune.* By the Author of The Life and Adventures of Joe Thompson. 2 Bde. London: R. Baldwin and T. Lownds 1765.

– *Maria, ou les véritables mémoires D'une Dame illustre par son mérite, son rang & sa fortune. Traduits de l'Anglois.* 2 Bde. London: [o. Verl.] 1765.

– *Mariane, ou la nouvelle Pamela, histoire véritable.* Rotterdam: Henri Beman 1765.

Kord, Susanne: *Sich einen Namen machen. Anonymität und weibliche Autorschaft.* Stuttgart, Weimar: Metzler 1996.

Kord, Susanne und Simon Richter (Hg.): *Unwrapping Goethe's Weimar. Essays in Cultural Studies and Local Knowledge.* Rochester: Camden House 1999.

Kormann, Eva: *Ich, Welt und Gott. Autobiographik im 17.* Jahrhundert. Köln, Weimar, Wien: Böhlau 2004.

Koschorke, Albrecht: *Geschlechterpolitik und Zeichenökonomie. Zur Geschichte der deutschen Klassik vor ihrer Entstehung.* In: Heydebrand, Renate von (Hg.): *Kanon Macht Kultur. Theoretische, historische und soziale Aspekte ästhetischer Kanonbildungen (DFG-Symposium 1996).* Stuttgart, Weimar: Metzler 1998, S. 581–599.

Kurscheidt, Georg: „... *das geistige Leben mehr in Idealen halten.“ Anmerkungen zu Caroline von Wolzogens Schillerbiographie.* In: Golz, Jochen (Hg.): *Caroline von Wolzogen 1763–1847.* Weimar, Marbach am Neckar: Deutsche Schiller-Gesellschaft 1998, S. 63–80 u. 152–156.

Lamb, Caroline: *Glenarvon. 1816.* (Reprint). Oxford, New York: Woodstock Books 1993.

[Lengefeld], Caroline [von]: *Schreiben einer jungen Dame, auf ihrer Reise durch die Schweiz.* In: Sophie von La Roche, *Pomona für Teutschlands Töchter.* Nachdruck. Hg. mit einem Vorwort von Jürgen Vorderstemann. Bd. 3 (1784), Heft 1–6. München, London u. a.: Saur 1987, S. 477–487.

La Harpe [Jean François]: *Abrégé de l'histoire générale des voyages.* Bd. 1. Paris: Hôtel du Thou 1780.

La Roche, Sophie von: *Journal einer Reise durch Frankreich. Nachdruck der Ausgabe von 1787.* Hg. von Heike Menges. Eschborn: Dieter Klotz 1992.

– *Reisetagebücher. Aufzeichnungen zur Schweiz, zu Frankreich, Holland, England und Deutschland.* Ausgewählt und mit Einführungen versehen von Klaus Pott und Charlotte Nerl-Steckelberg. Konstanz, Eggingen: Edition Isele 2006.

– *Tagebuch einer Reise durch Holland und England von der Verfasserin von Rosaliens Briefen.* Nachdruck der Ausgabe 1788. Mit einem Vorwort von Barbara Becker-Cantarino. Karben: Verlag Petra Wald 1997.

Lermann, Hilde (Hg.): *Schillers Sohn Ernst. Ein Psychogramm in Briefen.* Mit einem Vorwort. Frankfurt/M. 2002.

Loster-Schneider, Gudrun: *Kriegsgeschichte(n), Genre, Poetik: Friederike Bruns Ballade „Die sieben Hügel" (1793).* In: Böhn, Andreas, Ulrich Kittstein und Christoph Weiß (Hg.): *Lyrik im historischen Kontext. Festschrift für Reiner Wild.* Würzburg: Könighausen & Neumann 2009 (im Druck).

– *Sophie La Roche. Paradoxien weiblichen Schreibens im 18.* Jahrhundert. Tübingen: Narr 1995.

Loster-Schneider, Gudrun und Gaby Pailer (Hg.): *Lexikon deutschsprachiger Epik und Dramatik von Autorinnen (1730–1900).* Mit CD-ROM. Tübingen: Francke 2006.

Luserke-Jacqui, Matthias: *Friedrich Schiller.* Tübingen: Francke 2005.

Luserke-Jacqui, Matthias (Hg.): *Schiller-Handbuch. Leben – Werk – Wirkung.* Stuttgart, Weimar: Metzler 2005.

Mallet, [Paul Henri]: *Histoire de Dannemarc, Tome Premier. Contenant ce qui s'es passé depuis l'établissement de la Monarchie jusques à l'avénement de la Maison d'Oldenbourg au Throne.* Kopenhagen: C. & A. Philibert 1758.

– *Histoire de Dannemarc. Par Mr. P.* H. Mallet. 3me édition. Revue, corrigée & considérablement augmentée. Bd. 4. Genf: Barde, Manget & Compagnie; Paris: Buisson 1787.

– *Herrn Professor Mallets Geschichte von Dänemark. Aus dem Französischen übersetzt. Mit einer Vorrede Herrn Gottfried Schützens, Doctors und Professors in Hamburg der Academien der Wissenschaften zu Copenhagen, Berlin und Paris Mitgliedes.* 2 Tle. Rostock und Greifswald: Anton Ferdinand Rose 1765/66.

Martin, Laura (Hg.): *Harmony in Discord. German Women Writers in the Eighteenth and Nineteenth Centuries.* Oxford: P. Lang 2001.

Maurer, Doris: *Charlotte von Stein. Eine Biographie.* Frankfurt/M.: Insel 1997.

May, Georges: *Diderot et „La Religieuse". Étude historique et littéraire.* New Haven, CT: Yale University Press 1954, S. 115–141;

Merseburger, Peter: *Mythos Weimar. Zwischen Geist und Macht.* 4. Aufl. München: Deutscher Taschenbuch Verlag 2005.

Mosapp, Hermann: *Charlotte von Schiller. Ein Lebens- und Charakterbild.* 2. Aufl. Stuttgart: Max Kielmann 1902.

Nahler, Horst: *Zeugnissammlung und Briefkommentar. Charlotte Schillers Teilnahme an Schillers Korrespondenz.* In: Golz, Jochen (Hg.): *Edition von autobiographischen Schriften und Zeugnissen zur Biographie.* Tübingen: Niemeyer 1995 (Sonderdruck aus Beihefte zur editio, 7), S. 321–330.

Naumann, Ursula: *Carolines Dreiecksgeschichten.* In: Golz, Jochen (Hg.): *Caroline von Wolzogen 1763–1847.* Weimar: Schillergesellschaft 1998, S. 7–24 u. 145 f.

– *Schillers Königin. Das Leben der Charlotte von Kalb.* Frankfurt/M.: Insel 2006.

– *Schiller, Lotte und Line. Eine klassische Dreiecksgeschichte.* 3. Aufl. Frankfurt/M.: Insel 2006.

Oellers, Norbert und Robert Steegers: *Treffpunkt Weimar. Literatur und Leben zur Zeit Goethes.* Stuttgart: Philipp Reclam 1999.

Oellers, Norbert: *Schiller. Elend der Geschichte, Glanz und Kunst.* Stuttgart: Philipp Reclam 2005.

Pailer, Gaby: *Das Sappho-Leiden. Caroline von Wolzogens Dramenfragment „Der leukadische Fels".* In: Golz, Jochen (Hg.): *Caroline von Wolzogen 1763–1847.* Weimar: Schillergesellschaft 1998, S. 37–50 u. 147–149.

– *Erstürmungen der ‚Redoute'. Verkleidungslust und Geschlechterrollen in deutschsprachigen Komödien des 18. und 19. Jahrhunderts.* In: Goetz-Stankiewitz, Marketa und Thomas Salumets (Hg.): *Transatlantic Gathering: Essays in Honour of Peter Stenberg.* München: Iudicium 2007, S. 57–70.
– *Literaturbeziehungen und Geschlechterentwürfe um 1800: Autorinnen um Schiller.* In: *Lenz-Jahrbuch* 13 (2004–07), S. 59–87.
– *Männerfreundschaft, Frauenopfer und andere unerhörte Taten: Umschreibungen der tauridischen Iphigenie in deutschsprachigen Dramen des 18. Jahrhunderts.* In: *The Germanic Review* 78/2 (2003), S. 113–132.
– *Paris – London. Stadtraum und Gender in Erzählwerken und Reiseschilderungen Sophie von La Roches.* In: Becker-Cantarino, Barbara und Gudrun Loster-Schneider (Hg.): *Sophie von La Roche (1730–1807) im literarischen und kulturpolitischen Feld von Aufklärung und Empfindsamkeit.* Tübingen: Francke (im Druck).
Pester, Thomas: *Schillers Gartenhaus in Jena und der historische Gartenplan von 1799.* 2. Aufl. Golmsdof bei Jena: Jenzig 2005.
Ponton, Jeanne: *La religieuse dans la littérature française.* Québec: Les Presse d l'Université Laval 1969;
Pope, Alexander: *The Works of Alexander Pope. Esq. in Six Volumes Complete. With his Last Corrections, Additions and Improvements; Together with All his Notes, as they were delivered to the Editor a little before his Death; Printed verbatim from the Octavio Edition of Mr. Warburton.* London: C. Bathurst u. a. 1776.
[Préchac, Jean de]: *Le batard de Navarre. Novvelles [!] historiques.* Paris: Thomas Guilain 1683.
– *Le batard de Navarre. Nouvelle Historique.* In: *Bibliotheque de Campagne, ou amusemens de l'esprit et du coeur.* Bd. 13. Genf: [o. Verl.] 1761, S. 117–212.
Rasch, Wolfdietrich: *Goethes ‚Iphigenie auf Tauris' als Drama der Autonomie.* München: Beck 1979.
[Rez. von:] *Voyage de Dimo et Nicolo Stephanolopi en Grèce, pendant les années V et VI (1797 et 1797 v. st.) d'après deux missions, dont l'une du Gouvernement français, et l'autre du géneral en chef Bonaparte* (1800). In: *Allgemeine Geographische Ephemeriden.* Hg. von A. C. Gaspari und F. J. Bertuch. Weimar VI/1 (1800), S. 138–145.
[Rez. von:] *Voyage de Dimo et Nicolo Stpehanolopi en Grèce, pendant les années V et VI (1797 et 1797 v. st.) d'après deux missions, dont l'une du Gouvernement français, et l'autre du géneral en chef Bonaparte* (1800). In: *Monatliche Correspondenz zur Beförderung der Erd- und Himmels-Kunde.* Hg. von Fr. von Zach. Gotha 1 (1800), S. 555–564.
Richardson, Samuel: *Pamela, or, Virtue rewarded.* Ed. with explanatory notes by Thomas Keymer and Alice Wakely. Oxford, New York: Oxford University Press 2001.
Riedel, Volker: *Antikerezeption in der deutschen Litratur vom Renaissance-Humanismus bis zur Gegenwart. Eine Einführung.* Stuttgart, Weimar: Metzler 2000.
Rudnik, Christa: *Literarische Exzerpte Charlotte von Schillers – ein Beitrag zur Rezeptionsgeschichte um 1800.* In: *Im Vorfeld der Literatur. Vom Wert archivalischer Überlieferung für das Verständnis von Literatur und ihrer Geschichte: Studien.* Weimar: Hermann Böhlaus Nachfolger 1991, S. 140–146.
Safranski, Rüdiger: *Friedrich Schiller oder Die Erfindung des Deutschen Idealismus.* München: Hanser 2004.

Saße, Günter: *Die Ordnung der Gefühle. Das Drama der Liebesheirat im 18. Jahrhundert.* Darmstadt: Wissenschaftliche Buchgesellschaft 1996.

Schiller, Friedrich (Hg.): *Die Horen. Eine Monatsschrift.* (Fotomechanischer Nachdruck des Exemplars der Cotta'schen Handschriftensammlung im Schiller-Nationalmuseum Marbach am Neckar). Darmstadt: [o. Verl.] 1959.

– *Sämmtliche Werke.* 5 Bde. Hg. von Gerhard Fricke und Herbert G. Göpfert. Lizenzausgabe für die Wissenschaftliche Buchgesellschaft Darmstadt. Darmstadt [o. J.] (zitiert als *SW*).

– *Schillers Werke. Nationalausgabe.* 1940 begründet von Julius Petersen. Fortgeführt von Lieselotte Blumenthal, Benno von Wiese und Siegfried Seidel. Hg. im Auftrag der Klassik Stiftung Weimar und des Deutschen Literaturarchivs von Norbert Oellers. Weimar: Hermann Böhlaus Nachfolger 1943 ff. (zitiert als *NA*).

Schiller und der Weimarer Hof. Beiträge von Alexander Schmidt, Nikolas Immer und Olaf Müller. Hg. vom Weimarer Schillerverein, Weimar, und der Deutschen Schillergesellschaft, Marbach am Neckar. Tübingen: Gulde Druck 2008.

Schillers Familie. Beiträge von Michael Davidis, Gaby Pailer und Christine Theml. Hg. vom Weimarer Schillerverein, Weimar, und der Deutschen Schillergesellschaft, Marbach am Neckar. Tübingen: Gulde Druck (im Druck).

Schmidt, Eva: *Jüdische Familien im Weimar der Klassik und Nachklassik.* Weimar: Weimardruck 1993.

Schmidt, Karl (Hg.): *Schillers Sohn Ernst. Eine Briefsammlung mit Einleitung. Neue Ausgabe.* Paderborn: Ferdinand Schöningh 1905.

Schöll, Adolf (Hg.): *Goethes Briefe an Frau von Stein.* 2 Bde. 2., vervollst. Aufl. von Wilhelm Fielitz. Frankfurt/M.: Rütten & Loening 1883/1885.

Schuster, Gerhard und Caroline Gille (Hg.): *Wiederholte Spiegelungen. Weimarer Klassik 1759–1832.* Ständige Ausstellung des Goethe-Nationalmuseums. 2 Bde. München: Hanser 1999.

Ségur, [Alexandre Joseph Pierre de]: *Les deuz veuves, comédie en deux actes en vaudeville.* Paris: Huet 1797.

Sievern, Sabine: *„Ein Wesen, das nicht Mann nicht Weib". Historische Königinnen in vier Dramen von Autorinnen des 19. Jahrhunderts.* Dissertation (masch.) University of Alberta. Edmonton 2008.

[Smythies, Susan]: *The Brothers.* By the Author of The Stage-Coach, and Lucy Wellers. 2 Bde. 2. Aufl. London: R. and J. Dodsley 1759.

– *Les frères, ou, Histoire de Miss Osmond.* Amsterdam: [o. Verl.] 1766.

Stein, Charlotte von: *Dramen (Gesamtausgabe).* Hg. und eingeleitet von Susanne Kord. Hildesheim: Olms 1998.

– *Ein neues Freiheitssystem oder die Verschwörung gegen die Liebe.* Hg. von Felix von Stein. *Deutsche Schaubühne* H. 10 u. 11/1867.

– *Die Verschwörung gegen die Liebe. Lustspiel in vier Bildern.* Hg. von Franz Ulbrich. Braunschweig: Albert Limbach [1948].

– *Neues Freiheits-System oder die Verschwörung gegen die Liebe.* Hg. und mit einem Nachwort von Linda Dietrick und Gaby Pailer. Hannover: Wehrhahn 2006.

Stock, Frithjof: *Kotzebue im literarischen Leben der Goethezeit. Polemik – Kritik – Publikum.* Düsseldorf: Berthelsmann 1971, S. 59.

Sturz, Helfrich Peter, Seneca Otto Falkenskjold und Karl Landgraf zu Hessen-Kassel: *Authentische und höchstmerkwürdige Aufklärungen über die Geschichte der Grafen Struensee und Brandt.* Germanien [Berlin: o. Verl.] 1788.

Tezky, Christina und Viola Geyersbach: *Schillers Wohnhaus in Weimar.* Mit Beiträgen von Jürgen Becker, Jochen Klauß und Susanne Schwabach-Albrecht. München, Wien: Hanser 1999.

Unbehaun, Lutz: *„Ein Band der Freundschaft". Friedrich Schiller und seine Zeit in Rudolstadt.* Rudolstadt: Hain-Verlag, 1996.

– *Friedrich Schiller und seine Zeit in Rudolstadt.* Weimar, Jena: Hain-Verlag 2004.

Varrillas: *Histoire de François Premier.* Bd. 1 [O. O.]: Chez Claude Barbin, au Palais, sur le second Perron de la sainte Chapelle 1685.

Volney, C. F.: *Voyage en Syrie et en Ègypte, pendant les années 1783, 1784 et 1785.* 2 Bde. 2. Aufl. Paris: Desenne & Volland 1787.

Wehinger, Brunhilde und Hilary Brown (Hg.): *Übersetzungskultur im 18. Jahrhundert. Übersetzerinnen in Deutschland, Frankreich und der Schweiz.* Hannover: Wehrhahn 2008.

Winko, Simone: *Negativkanonisierung: August v. Kotzebue in der Litearturgeschichtsschreibung des 19.* Jahrhunderts. In: Renate von Heydebrand (Hg.): *Kanon Macht Kultur. Theoretische, historische und soziale Aspekte ästhetischer Kanonbildungen (DFG-Symposium 1996).* Stuttgart, Weimar: Metzler 1998, S. 341–364.

Wolzogen, Caroline von: *Schillers Leben verfaßt aus Erinnerungen der Familie, seinen eignen Briefen und den Nachrichten seines Freundes Körner* (Stuttgart, Tübingen: Cotta 1830). Reprint. Hg. von Peter Boerner. Hildesheim: Olms 1990 (Gesammelte Schriften, 2).

– *Literarischer Nachlaß.* 2 Bde. Leipzig: Breitkopf und Härtel 1848–1849.

Wychgram, Jakob: *Charlotte von Schiller.* Bielefeld, Leipzig: Velhagen und Klasing 1904.

Ziegler, Edda: *„Theuerste Schwester". Christophine Reinwald, geb. Schiller.* In Zusammenarbeit mit Michael Davidis. Marbacher Magazin 118. Marbach am Neckar: Deutsche Schillergesellschaft 2007.